예비사회복지사를 위한

현장실습 길라잡이

윤철수 · 김정진 공저

학지사

머리말

옛날부터 전해 내려오는 말 중에 "10년이면 강산도 변한다."라는 말이 있다. 그러나 현대 사회는 모든 것이 급변하고 있어 '조변석개(朝變夕改)'라는 말이 오히려 더 어울린다. 급변하는 세상 속에서 살아남기 위해서는 변화에 적응하고, 그 변화를 주도해야 할 것이다. 하지만 저자들의 생각에는 오히려 변하지 말아야 할 것도 있는 것 같다. 그중 하나가 "훌륭한 사회복지사는 현장실습에서 만들어진다."라는 교육 신념이다.

사회복지는 이론과 실천기술을 함께 배우는 실천학문이며 사람을 상대로 하는 휴먼서비스다. 따라서 사회복지사는 철저한 현장실습교육을 기초로 이론과 실천기술을 함양해야 한다. 그러나 사회복지 현장실습교육은 다양한 이유로 인해 그다지 철저하게 이루어지고 있지 못하다. 그 여러 이유 중 하나가 교재의 문제라고 생각한다. 기존의 교재는 학생들의 실습에 큰 도움을 주지 못할 뿐 아니라, 수업 교재로 활용하는 데 적합하지 않다는 아쉬움이 있다. 사회복지 현장실습은 대학교와 현장 기관, 학생, 실무자와 교수가 공동으로 만들어 가는 실천교육과정이다. 그러나 대부분의 학생은 사회복지 현장실습 과목을 '교과서가 필요 없는 과목' '별도의 준비가 필요 없는 과목' '자신의 실습 경험을 발표만 하면 되는 과목' 등 소극적이고 개인적인 작업으로 인식하고 있다. 안타까운 일이다.

저자들이 재직하고 있는 대학에서는 사회복지 현장실습교육을 내실 있게 진행하고자 의무 실습 2회, 심화 실습 과목 개설, 실습기관방문을 통한 협력교육 등 다양한 시도를 하고 있다. 최근에는 학생들이 실습을 하기 전에 현장 실무자를 초빙하여 '실습 아카데미'라는 교육과정을 열어 학생들의 사전준비와 자발적 학습동기 강화를 돕고 있다. 이는 학생들에게서 사회복지 실무 현장과 대학이 학생들의 욕구가 반영된 내용으로 공동 교육을 실시하기 때문에 도움이 된다는 평을 이끌어 내고 있다.

따라서 이와 같은 교육 경험에 기초하여 이 책을 구성하였다. 제1장 사회복지 현장실습의 개요와 이론, 제2장 사회복지 현장실습을 위한 자기점검과 준비, 제3장 사회복지 현장실습의 실제, 제4장 사회복지 현장실습 슈퍼비전 그리고 〈부록〉으로 한국사회복지사 윤리강령과 사회복지 현장실습에 필요한 서식 등을 배치하였다. 제1장과 제4장은 김정진 교수가, 제2장과 제3장은 윤철수 교수가 집필하였고, 사회복지 현장실습에 필요한 서식은 한국사회복지사협회의 권고안을 소개한 것이다.

이 책의 출간 과정을 도와주신 분들에게 고마움을 표시한다. 학지사 김진환 사장님, 편집을 맡아 준 이하나 선생님 그리고 자신의 실습 경험과 기록을 바탕으로 큰 도움이 되어 준 전혜영 조교, 김진경 학교사회복지사, 민지나 학생과 신정이 학생에게도 고마움을 전한다. 또 훌륭한 사회복지사를 배출하기 위해 함께 노력하고 열정적으로 실습교육에 임하는 나사렛대학교 사회복지학부 교수님들에게도 깊은 감사의 인사를 전한다.

아무쪼록 이 책이 학생 및 현장의 슈퍼바이저, 학교의 실습 교과 운영에 도움이 되기를 바란다.

2010. 6. 7.

저자 일동

차 례

제2장 사회복지 현장실습을 위한 자기점검과 준비 • 33

제3장 사회복지 현장실습의 실제 • 111

제 1 장
사회복지 현장실습의 개요와 이론

1. 실습교육의 목표
2. 현장실습교육 모델
3. 실습교육의 학습 특성
4. 실습교육의 내용
5. 실습교육의 일정
6. 실습 진행 단계

제1장 | 사회복지 현장실습의 개요와 이론

사회복지 현장실습은 강의실에서 습득한 지식과 개념을 실제 상황에 적용함으로써 학생의 실천적 지식, 기술 및 가치관을 학습하는 기회를 제공하는 전문교육의 핵심 교과과정이다. 그러므로 사회복지 교과목 중에서 현장실습은 실천현장의 직접 경험을 위해 학생이 투입해야 하는 교육 시간이 가장 큰 부분을 차지하고 있다.

이는 실천적 지식교육을 위해서 지식과 응용의 통합이 필요하며, 이를 위해 선지식(preparing), 직접적인 경험(action), 지식과 경험의 후 통합을 위한 반성적 재통합(retrospective learning)과 같은 일련의 과정이 수반되어야 함을 의미한다. 듀이(Dewey, 1972)는 인간이 기본적으로 반성적 고찰 능력과 성향을 가지고 있으므로 실제적인 경험 교육은 가치관과 전문적 견해의 발달에 효과적이라고 하였다. 이러한 개념에 기초하여 성인교육학(andragogy)이라는 교육 개념이 1970년대에 체계화되었다. 이 개념은 특히 성인학습자에 초점을 두고 있으며, 교육을 지식으로 전환하는 데에 초점을 두는 pedagogy(교육학)와 달리 자기 지향적인 질문의 반성적 고찰과 적극적이고 상호적인 활동을 통한 지식화의 학습 과정을 의미한다. 놀즈(Knowles, 1972)는 사회복지교육의 대상과 목적을 고려할 때 사회복지교육에 성인학습모델 도입이 다음과 같은 이유에서 필요함을 역설하였다.

① 전문적인 교육을 목표로 하는 대학 교육의 주 대상은 자기 지향적인 학

습 양식을 선호하는 성인이다.

② 성인학습자의 학습 과정에서는 학습동기에 영향을 미치는 생활 경험이 존중되어야 하고, 이를 학습에 활용하도록 성인학습자를 격려해야 한다.

③ 성인학습자는 역할 성취를 위한 학습동기가 높기 때문에 실천현장에서 클라이언트와의 직접 경험이 학습의 효과를 극대화한다.

④ 성인학습자는 학습에 있어 주제 중심 접근보다는 문제 중심 접근 경향이 있어 즉각적인 지식 적용 기회를 선호한다.

1 실습교육의 목표

사회복지 실습교육의 목적은 사회사업에 대한 이해와 지식을 함양시켜 전문직으로서의 사회복지사에 대한 정체감(Identity)과 자아인식을 갖게 해 주며, 실무 경험을 터득하게 함으로써 경험적 학습을 시켜 사회복지의 지식과 태도, 기술을 통합시키는 것이다. 다시 말해 사회복지 전문직으로서 갖추어야 할 지식, 기술 그리고 가치관은 사회복지 전문성의 공통 기반이며, 실습을 통한 실천과정 속에서 전문가로서 이들을 통합하는 것이 실습의 목적이다. 그러므로 실습교육은 실습을 통해 사회복지 실천현장에서 요구되는 실천적 지식을 습득하고 사회복지사로서 올바른 태도와 전문적인 기술을 개발하는 데 그 목표가 있다. 이러한 실습교육의 목표를 기반으로 학생이 실습을 통하여 습득해야 할 것을 지식, 기술, 가치의 3대 축으로 나누어 학습 목표를 정리하면 다음과 같다(김정진, 2004).

1) 지식의 목표

① 인간과 환경 간의 공식, 비공식 체계 간의 상호관련성을 이해한다.

② 클라이언트에 대한 보다 포괄적이고 실제적인 이해를 갖는다.

③ 클라이언트체계와 다양한 변수들(즉, 생물 · 심리 · 사회적 특성, 문화 차이

등)과의 상호관련성을 이해한다.

④ 클라이언트체계에 영향을 미치는 요소들에 대해 이해한다. 예를 들어, 빈곤, 차별, 연령, 생활방식, 장애, 성(性) 등을 이해한다.

⑤ 생태학적 체계의 영향, 기존의 전달체계의 기능과 역기능들, 보다 효과적인 원조를 위해 현재의 클라이언트체계와 전달체계를 어떻게 변화, 개선할 수 있을지에 대해 이해한다.

⑥ 이러한 체계에 대한 서비스를 제공하는 기관의 기능과 구조에 대해 이해하고, 효과적으로 개입할 수 있는 직접적인 실천 방법으로 원조 과정의 기본적인 원칙을 이해한다.

⑦ 사회복지실천을 평가하는 방법을 이해한다. 즉, 문제해결 과정, 특정 전문 실천 분야에서 활용하는 개입 방법과 결과에 대해 평가하는 방법을 이해한다.

⑧ 체계적인 관점에서 사회복지사의 역할, 지역사회 내에서의 사회복지기관과의 관계를 이해한다.

⑨ 다양한 사회복지실천 분야에 대한 사회복지 정책 · 행정과의 관계, 역동성을 이해한다.

⑩ 전문 사회복지사로서의 철학, 가치, 목적, 윤리와 실습생 자신의 개인적인 가치와의 관계를 이해한다.

⑪ 인접 학문과 상호관련성을 이해한다. 이는 학교에서 배운 이론과 실천 기술을 통합하는 데 요구된다.

2) 전문적 기술 개발의 목표

① 체계적인 관점으로 핵심 문제를 규정할 수 있어야 한다. 또한 그 문제에 영향을 받거나 포함될 수 있는 관련 문제 혹은 하위 문제들을 확인하고 문제에 대한 초기사정에 필요한 정보를 획득하는 기술이 필요하다.

② 획득한 정보와 자료를 조직화하고, 환경 요인의 영향을 평가하고, 문제와 관련된 사회정책 및 프로그램들을 평가하는 기술을 개발한다.

③ 문제 상황에서 클라이언트의 내적 요인과 대인관계 요인들이 미치는 영

향에 대해 인식하고 이를 명확히 할 수 있는 기술을 개발한다.

④ 클라이언트가 자신의 문제와 욕구를 인식할 수 있도록 돕는다.

⑤ 클라이언트의 능력과 동기를 파악하고 문제와 관련된 기관 정책, 그 외 다른 자원들을 이해하고, 이와 연관하여 현실적인 개입 목표와 문제해결 방법을 설정할 수 있도록 한다.

⑥ 문제해결을 위해 타 전문직과 기관의 자원을 활용할 수 있도록 한다. 이때 이들이 클라이언트의 문제해결에 적절히 도움을 줄 수 있도록 이들을 동기화하는 기술이 필요하다.

⑦ 문제해결 과정에서 요구되는 다양한 의사소통기법들을 활용할 수 있어야 한다.

⑧ 지역사회에서 이용 가능한 자원들을 개발하고, 클라이언트의 욕구와 능력에 따라서 이들 자원과 연결할 수 있는 연결자, 중재자로서의 기술을 습득해야 한다. 또한 필요시 클라이언트를 공식/비공식으로 타 기관에 의뢰할 수 있어야 한다.

⑨ 종결 과정에 포함되는 사회복지사, 클라이언트, 기관의 과업과 역할을 실행할 수 있어야 한다.

⑩ 업무량을 적절히 관리하고, 사회사업 기록(전문적인 기록)을 유지 · 보관하며, 전문적인 의견이 반영된 보고서를 작성, 다른 전문직들과 협조하는 기술을 갖추어야 한다.

⑪ 클라이언트와 원조관계를 맺음에 있어서 의도적으로 실습생 자신을 활용하여 개입의 효과성을 평가할 수 있어야 한다.

⑫ 기관의 구조를 이해하고 적절히 기능하며, 이용 가능한 기관 서비스의 장 · 단점을 인지하여 필요시 서비스 개선 방안을 모색할 수 있어야 한다.

⑬ 거시적인 관점에서 문제를 해결하기 위해 정부의 정책과 서비스를 알아야 한다. 또한 전문직의 가치 기준에 근거하여 이들 정책과 프로그램의 효과를 판단하는 지식을 갖추어야 한다.

⑭ 클라이언트의 가치를 침해하지 않으면서 효과적으로 서비스를 제공하는 기술을 개발한다.

⑮ 여러 가지 이유들로 인해 도움을 요청하지 못하는 잠재적인 클라이언트

에게 전문적으로 접근할 수 있는 방안을 개발할 필요가 있다.

⑯ 실습생 자신의 업무수행에 있어서 사회복지 전문직의 목표와 가치를 적용할 수 있어야 한다.

⑰ 실습생 자신의 역할을 수행할 때 발생하는 장점과 단점, 한계에 대해 평가할 수 있어야 한다.

3) 전문인으로서의 가치적 목표

① 클라이언트의 최선의 이익(best interest)을 위해 원조하는 태도를 기른다. 이는 실습생 자신의 능력에 적합하면서 클라이언트의 문제해결에 필요한 모든 방법을 동원함을 의미한다.

② 클라이언트에 대한 실습생 자신의 감정과 태도를 인식하고 전문직으로서 책임성 있는 태도를 기른다. 이는 특히 실습생과는 다른 삶의 방식과 배경, 가치를 갖고 있는 클라이언트를 원조하는 데 더 크게 요구된다.

③ 거시적인 관점에서 문제를 파악하는 태도가 요구된다. 이러한 태도는 보다 큰 사회체계 수준에서 발생하는 쟁점과 문제들을 평가할 수 있는 태도를 의미한다.

④ 사회복지실천의 과학적인 방법을 인식한다. 이는 실천 과정을 평가할 수 있는 방법일 뿐 아니라 이에 대한 중요성을 인식하는 태도를 의미한다.

⑤ 직접 서비스를 제공하는 데 요구되는 지식을 습득하는 책임성 있는 태도를 기른다.

⑥ 동료(타 학교 실습생, 기관 실무자, 슈퍼바이저 등)의 제안에 경청하고 이에 적절히 반응하여 책임 있게 수행하는 태도를 기른다.

⑦ 끊임없이 학습할 수 있는 태도가 요구된다. 이는 전문가로서 성장하는 책임 있는 자세다.

2 현장실습교육 모델

사회복지 실습교육의 목표를 성취하기 위해서 사회복지 실천현장과 연계하여 고안된 2가지 모델을 고려해 볼 수 있다. 하나는 교육기관이 중심이 된 교육기관 중심 현장교육 모델이고, 다른 하나는 사회복지기관이 중심인 기관중심 현장교육 모델이다.

1) 교육기관 중심 현장교육 모델(Faculty Based Field Instruction Unit Model)

대학에 소속된 실습지도교수요원이 사회복지 실습기관에 배치되어 현장에서 훈련하는 모델이다. 이들은 대부분 기관 실무 경험을 풍부하게 가진 교수요원으로 기관과 협의하에 다수의 학생을 동시에 한 기관에 배치하고 실습교육을 전담하여 이론과 실천기술의 통합에 효과가 높은 것으로 알려져 있다. 이는 또한 현장실습교육을 위한 실무계획부터 교과과정 계획에 포함함으로써 책임성 있는 실습교육을 시킬 수 있는 장점이 있다. 간호대학이나 의과대학의 실습교육 모델이 여기에 해당한다. 대학의 부설 사회복지기관이 있을 경우, 신설 사회복지기관으로서 슈퍼바이저 자원이 부족하여 대학에 슈퍼비전을 의뢰하기를 원하는 기관의 경우, 대학과 기관에 특별 협약을 맺는 기관의 경우 도입해 볼 수 있는 모델이다. 예를 들어, 의료사회복지가 도입된 시기인 1980년대 중반 이화여자대학교 사회복지학과에서 실습지도교수를 고려병원(현 강북삼성병원) 정신과에 배치하여 배치된 학교의 실습생에 대한 현장지도를 하게 하였다. 이를 계기로 이후 이 병원에서는 의료사회복지사를 채용하게 되었다. 학교사회복지사의 경우 대학에서 사회복지사를 학교현장에 투입하여 지속적인 슈퍼비전하에 성공적인 업무수행으로 그 역량을 인정받고 정식으로 채용되는 계기가 되었고, 이것이 학교사회복지의 효시가 되었다. 이와 같이 교육기관 중심 현장교육 모델은 새로운 영역을 개척할 때, 현장의 전문화를 견인하기 위해 교육기관이 적극적으로 개입할 수 있는 모델이다.

2) 기관 중심 현장교육 모델(Agency Based Field Instruction Model)

사회복지기관에서 선임된 슈퍼바이저가 기관의 욕구와 업무 계획에 의해 실습 내용을 선정하고 학교로부터 배치된 학생을 지도하는 모델이다. 그러므로 학생의 실습교육 경험은 학교의 교과과정 계획과 실습교육 목표에 의해서 결정되는 것이 아니라 기관의 상황과 욕구에 의해서 결정된다. 물론 의도적인 교육 경험을 위한 실습 내용의 고안이 아니라 현장의 욕구와 필요에 의한 업무배치가 이루어져 현장성이 높다. 현재 우리나라 사회복지 현장실습의 주 모델은 여기에 해당한다.

실습교육의 목표 측면과 우리나라 사회복지 현실을 고려할 때 이 두 모델을 절충한 현장실습교육 모델이 필요하다. 이를 위해 대학은 지역사회의 실습 가능한 사회복지기관과 협력관계를 유지하며, 학생의 실습 욕구와 교수의 교육 목표를 고려하여 학생이 실습기관 선택을 신중히 고려하도록 지도하는 것이 중요하다. 또한 실습지도를 담당하는 사회복지사에 대한 재교육을 실시하고, 대학 차원에서 학교의 외래교수로서의 지도자의 자격과 권위를 부여하며 도서관의 이용, 실습세미나의 참석, 학교 교과과정 참여 기회의 혜택 등을 부여하여 그 자질과 책임성을 높이는 제도적 보완이 필요하다. 현재 사회복지기관의 난립, 대학 교육기관의 급격한 확대로 현장실습교육이 부실화되는 경향이 있어 보완이 더욱 절실하다.

3 실습교육의 학습 특성

1) 실습지도를 통한 학습

실천현장에서 슈퍼바이저가 즉각적이고 실천적인 피드백을 제공하는 실습지도(supervision)는 현장 경험에 기초하여 실습학생의 지식, 기술 그리고 자아인식의 확장에 기여하는 학습 과정이다. 그러므로 학생은 슈퍼바이저가 제공하는 강화와 피드백이 학습의 중요한 과정임을 인식하고, 실습 슈퍼비전 시간을 생산적으로 활용해야 한다. 슈퍼비전을 통해 알게 된 생각과 제안을 실천하면서 전문가로서의 역할을 점차적으로 보다 명확하게 이해할 수 있다.

2) 레코딩(과정기록)을 통한 학습

학생의 실습기록은 자아인식을 개발할 수 있는 기반을 마련해 줄 뿐 아니라, 슈퍼비전의 근거 자료로서 실천 경험이 학습으로 전환되는 기회를 제공해 주어 기술 개발 및 클라이언트의 이해를 위한 도구로 활용된다. 실습기록이 지루하고 반복되는 시간 소비적 과제로 인식될 수도 있으나 기록 활동이 지닌 학습 가치를 인식하고, 클라이언트와의 상호작용, 실습생의 감정 및 다양한 사고와 이론적 지식을 통합하려는 노력이 드러나도록 명백하고 구체적으로 기록하는 자세가 필요하다.

실습기록은 문제해결의 목적과 방법을 수립하기 위해 수집한 사실 자료들을 활용하여 개념화하는 과정이며, 이를 반복적으로 수행하는 가운데 기록 기술도 지속적으로 향상된다. 그러므로 실습을 할 때 과정기록은 다음 2가지 측면에서 교육적으로 매우 중요한 의미를 갖는다.

① 학생이 클라이언트의 활동, 반응, 배경에 대한 인식 그리고 클라이언트와 관계하는 방법에 대한 자아인식을 개발하는 데 도움이 된다.
② 문제해결을 위한 조직적이고 체계적인 접근 방법을 개발하는 준거 틀을 제공하는데, 기록을 하면서 개입 과정을 점검하고, 목표에 대한 초점을 유지하는 데 도움이 되기 때문이다.

3) 전문가나 동료집단을 통한 학습

실습은 동료들과의 집단학습뿐 아니라 직원회의, 부서 내 직원들과 이루어지는 팀 회의와 같은 회합 참여기회를 제공한다. 이러한 집단 참여기회는 다양한 차원에서 학습 경험을 제공한다. 회합에서 요구하는 자료 준비, 의견 발표 및 경청, 다른 동료나 전문가 활동의 참여관찰을 통해 학습이 이루어진다. 또한 회의를 통해서 도출된 아이디어를 통합하고 수용하여 클라이언트와의 실천 상황에 적용할 수 있다. 동료들과 긍정적 관계를 갖고 자신을 확대시켜 아이디어와 사고를 교환함으로써 다른 사람들로부터 배우는 기회를 갖는다.

4 실습교육의 내용

미국사회복지교육협의회의 교육과정 지침에서는 일반적인 사회복지실천에 필요한 기본적인 기술, 내용, 지식을 다음과 같이 제안하고 있다. 미국사회복지교육협의회는 사회복지교육의 필수 내용이 구체적인 실천기술이며 미시적 · 중간적 · 거시적 실천기술을 사회적 맥락과 기관의 맥락 속에서 습득할 것을 강조하고 있다. 그러므로 이러한 필수 학습은 기본적으로 강의실에서 이루어지지만, 실습을 통해서만 응용력과 실천력이 향상될 수 있다. 사회복지실습은 학생이 임상적 슈퍼비전을 통하여 이러한 기본 지식을 실천적 지식으로 전환하도록 교육받을 수 있는 가장 좋은 기회다. 슈퍼비전과 사례자문을 통해서만 실습생이 한 인간으로서 개입 과정에 영향을 줄 수 있는 다양한 편견과 선입견을 인식하고, 이를 긍정적이고 건설적으로 전환하여 전문적이고 객관적으로 실천할 수 있는 힘을 키울 수 있기 때문이다. 물론 슈퍼비전 관계가 개방적이고, 진실되며, 지식의 적용과 실천력 향상에 대해 지지적일 때 이러한 학습 효과가 향상된다. 실습교육에서 다루어야 하는 주요 교육 내용에 대하여 살펴본다.[1)]

---

1) 배태순 외(2007), 『전문사회복지실천기술』에서 요약한 내용이다.

1) 미국사회복지교육협의회 지침

(1) 문제의 정의

사회복지실천을 위해서는 클라이언트가 가져오는 문제가 무엇인지, 그 문제를 어떤 관점으로 보고 해결 대안을 모색할 것인지가 중요하다. 이는 사회복지사가 어떤 분야의 기관에 있는가에 따라 달라지기 때문에 실습교육을 통한 지식의 적용 훈련이 매우 중요하다. 만약 실천 분야가 정신과 병동, 정신보건 분야라면 DSM-IV를 사용하여 문제를 진단할 것이며, 만약 분야가 가족과 아동을 돕는 전형적인 사회복지기관이라면 환경 속의 인간체계(PIE)를 활용하여 사정할 것이다.

한편 사회복지사가 어떤 이론적 관점을 가지고 있는가에 따라 문제를 정의하는 것이 달라질 수 있다. 행동주의 이론에 기반을 두고 있는 사회복지사는 '문제'를 관찰과 구체적 측정이 가능한 현재적 시점의 행동 용어로 정의하지만, 통찰력 중심의 정신분석 이론에 기반을 둔 사회복지사는 동일한 사람의 '문제'를 어린 시절의 학대와 관련된 미해결된 외상의 결과로 정의할 것이다.

또한 문제를 정의하는 데 있어서 클라이언트가 문제를 어떻게 보는가 하는 관점과 사회복지사의 관점이 다를 수 있다. 예를 들어, 부부 사이에 학대문제가 있을 때 여성은 학대를 용납할 수 없는 것으로 인식하기보다는 자기비난으로 받아들이는 경우가 많고, 남성은 아내가 자신의 말을 들어주지 않기 때문에 강압적으로 할 수밖에 없다는 입장을 취한다. 이때 사회복지사는 여성이 학대에 대한 관점을 '학대가 결코 그녀의 잘못이 아니라는 것'으로 인식할 수 있도록 학대관계에서의 '이슈'를 재정의할 필요가 있다고 본다. 그러므로 사회복지사는 개입의 목표를 '여성의 자신감, 독립성, 자존감 향상'과 '남편의 학대 혹은 위협적 행동의 부적절함과 위험성을 인식하게 돕는 것'으로 삼을 것이다.

이처럼 클라이언트가 가져오는 문제는 복잡하고 다차원적일 수 있으며, 이는 사회복지사와 클라이언트가 모두 이해할 수 있는 용어로 명확히 재정의되어 개입 가능한 업무와 성취 가능한 목표로 전환될 수 있어야 한다. 한편 사회복지사는 클라이언트가 문제해결에 활용할 수 있는 긍정적이고 잠재적인 치료적 강점으로서 자원을 파악하여야 한다. 클라이언트의 역량을 강화시키고 개입의 효과성을 향상시키는 도구로서 이를 적극적으로 활용할 수 있다.

그러므로 실습교육에서 슈퍼바이저는 클라이언트가 가져오는 문제를 실습생이 어떤 관점에서 정의할지, 어떤 이론을 토대로 사정할 것인지에 대한 전문적 훈습의 기회를 제공하여야 한다.

(2) 정보의 수집과 사정

사회복지실천에서는 이슈 및 문제와 관련된 사실과 정보를 수집하는 지식과 기술이 요구된다. 자료는 분명하고 객관적일수록 신뢰도가 높으며, 자료의 구성에는 연령, 교육, 수입, 인종 및 민족 배경(다문화사회에서는 중요한 이슈로 부상하고 있음), 직업력, 가족력 및 개인력과 같은 인구학적 배경 그리고 이슈 및 문제를 촉진, 유지, 동기화 혹은 강화시켰던 사회환경적 요소들이 포함되어야 한다. 이때 일반적으로 가계도, 생태도 등을 활용한다.

예를 들면, 학대문제의 경우 가해부모의 원가족에서의 학대 경험에 관한 상세한 내용을 포함시킬 필요가 있다. 유사하게 결혼생활의 문제가 있다면, 사회복지사는 클라이언트의 어린 시절에 모델이 되었던 부모의 결혼생활에 대해 조사할 필요가 있다. 슈퍼바이저는 실습생으로 하여금 정보 수집과 사정을 위한 면담 기술과 분석 기술을 갖출 수 있도록 클라이언트를 할당하고, 이를 수행하는 과정에 대한 피드백과 강화를 통해 현장감 있는 지도를 제공하여야 한다.

(3) 서비스 계획

사회복지실천에서는 클라이언트가 가져온 문제의 해결 및 감소를 위해 클라이언트와 함께 분명한 작업계획과 동의를 수립하는 기술이 필요하다. 이는 개입계획 또는 계약서로 문서화되며, 일반적으로 클라이언트와 사회복지사가 상호 동의한 문제의 해결이나 완화에 직접적으로 영향을 미치는 특정 업무와 역할에 서로 동의한다는 내용이 포함되어 있다. 공식적으로 문서화된 계약서에는 문제, 행동계획, 희망하는 목표가 명확하게 나타나 있어야 한다.

이러한 계약서는 행동주의 접근과 과제 중심 접근을 할 때 주로 활용된다. 그러므로 기관에 따라 동의된 계약서를 작성하지 않는 곳도 많지만 기본적으로 위의 내용이 포함된 서비스를 계획하는 능력이 요구된다.

하지만 클라이언트와의 첫 만남에서부터 사회복지사는 실천계획을 세우더라도 상황 변화에 따른 개입계획의 변화가 불가피함을 인정하는 유연성이 필요하다. 클라이언트와 사회복지사는 문제 정의, 과업계획, 목표 수립이 초기에 이루어지더라도 과정상 변화가 불가피하며 때에 따라 상당한 수정이 불가피하다는 것을 예측하고 있어야만 한다. 사회복지사는 최우선적으로 클라이언트를 위하여 문제와 목표를 변경하고 개선하는 데 필요한 유연성을 충분히 유지하면서, 분명한 태도를 견지하는 것과 '목표를 추구'하는 것 사이에서 기본적 균형을 유지하도록 도전을 받는다. 이러한 도전의 경험이 실습을 통하여 이루어지는 실천의 기회를 통해 자아인식이 확대되도록 슈퍼비전을 제공해야 한다.

(4) 적절한 행동계획의 선택과 수행

일반사회복지 접근은 종합적이며 합의된 행동 과정을 따른다. 모든 참여자들은 문제에 대한 관점을 공유하고, 성공적인 개선과 종결단계를 성취하기 위한 '최선의' 경로를 취하기 위해서 팀으로 일한다. 그러므로 적절한 행동계획의 선택을 위해 필요한 자원과 부가적인 참여자에 대한 토의 및 다양한 개입전략 논의가 필요하다.

경험이 부족한 사회복지사들이 흔히 부딪치는 문제는 선택한 행동계획에 집착해서 클라이언트를 관여시키지 않거나 합의를 위한 충분한 과정을 거치지 않고 계획을 세우고 시작하는 점이다. 이것은 오히려 치료 과정을 지연시키거나 혹은 중단되는 결과를 가져오기 쉽다. 사실 클라이언트는 문제해결을 위해 다양한 대안과 자원을 가지고 있는 경우가 많기 때문에 클라이언트가 가진 모든 가능한 체계를 탐색하여야 한다. 만약 클라이언트가 행동계획의 선택과 수행에 적극적이지 않고 정보를 잘 제공하지 않는다면, 클라이언트의 문제가 변화되기를 기대하기는 어렵다.

(5) 컴퓨터를 활용한 효과적 기록 보관과 증거 기반 지식 및 정보 처리 활용 기술

현대 사회복지사는 컴퓨터를 활용하여 보다 효과적으로 임상기록들을 유지하여, 이를 토대로 심리사회적 문제의 요인과 개입 대안을 개발한다. 사례기록들을 즉시 컴퓨터에 기록, 저장하고 정기적으로 정보 처리할 수 있으므로, 사회복지사는 클라이언트의 진행 과정에 관련된 자료 분석을 용이하게 할 수 있다. 예를 들어, 사회복지사들은 클라이언트의 행동을 분석하여 도표화할 수 있고, 웹에서 도움이 되는 참고문헌을 확인할 수 있다. 지역사회 자원도 컴퓨터 정보 검색을 통해서 쉽게 발견할 수 있어, 자원과 정보들을 활용하여 클라이언트를 도울 수 있다. 이처럼 기록은 증거 기반의 실천에 토대가 되므로 실습을 통하여 기록과 정보 수집 훈련이 될 수 있도록 슈퍼바이저는 기록에 대한 구체적인 피드백과 정보 수집 및 분석 과제를 제공하는 것이 중요하다.

(6) 객관적인 모니터링과 평가 능력

현재 일반사회복지실천은 지속적이고 객관적인 평가와 모니터링을 필요로 한다. 다양한 시간 간격으로 달성되는 구체적인 목표와 일정을 명확히 기록하는 것은 계획 달성을 위해 모니터링 진행 과정을 촉진함으로써 도움이 된다. 측정 가능한 구체적인 목표, 과업, 성과를 강조하는 행동주의적 접근의 측정은 모니터링을 효과적으로 할 수 있게 한다. 이처럼 과학적이고 객관적인 성과를 제시하는 것은 전문가의 책임이기도 하다. 그러므로 실습을 통하여 실천에 대한 평가를 수행하기 위해 체계적인 모니터링과 분석을 할 수 있는 능력이 함양되도록 이를 실습 내용에 포함하는 것이 중요하다.

(7) 다중적 클라이언트체계에 다양한 의사소통 기술의 적절한 활용

사회복지사는 많은 체계와 상호작용을 한다. 그들은 클라이언트의 사회체계, 이웃, 동료, 정책을 개발하는 정치체계, 사회를 지지해 주는 경제체계이며, 사회복지사는 이들의 각기 다른 특성과 욕구 수준에 따라 어떻게, 언제, 어디서 의사소통해야 하는지를 인식해야 한다. 예를 들어, 사회복지사는 오전에 청소년들을 직접 지도하고, 오후에는 시의원들을 대상으로 로비를 하는 데 시간을 사용할 수 있다. 사회복지사들이 상호작용하는 체계는 매우 다양하며, 상이한 의사소통 기술을 요구한다. 하루 동안 사회복지사는 클라이언트 집단을 위한 소식지를 편집하고, 강의실에서 동료들을 가르치며, 새로운 학생들에게 개입 방법에 대해 예를 들어 설명하고, 지역신문 편집자에게 자원개발을 위한 편지를 쓰기도 해야 하는 것이다. 그러므로 실습을 통하여 클라이언트에 대한 직접 개입의 실천을 경험하는 것도 중요하지만 후원자 개발, 옹호 활동과 같은 간접 개입으로 얻는 학습의 경험도 매우 중요하다.

(8) 사회적 · 경제적 정의 향상을 위한 지도력 제공

사회복지사는 효과적인 지도자가 되기 위해서 사회 변화를 분석하고, 개발하며, 옹호하는 기술을 필요로 한다. 사회적 · 경제적 정의는 사회복지사가 클라이언트의 삶의 질을 적절하게 개선하기 위해 개입해야 하는 가치 기반이다. 사회복지사에게 개입 기술과 실천지식이 필수적이지만 동시에 클라이언트를 억압하는 사람, 해를 입히는 사람, 클라이언트의 필요와 문제를 무시하는 사람들에 대해 도전하고 클라이언트를 옹호하는 기술도 가져야 한다. 즉 사회복지사는 클라이언트의 권리를 보호하여, 클라이언트가 그들 자신 혹은 가족, 지역사회에 영향을 주는 체계와 상호작용할 때 손해를 당하거나 불리한 입장에 놓이지 않도록 클라이언트의 역량을 강화시키는 행동 기술을 가져야 한다. 이는 실습 과정을 통하여 클라이언트가 처한 상황과 문제에 대해 인식하고 문제의 원인과 배경을 이해하기 위한 토론 및 실천 과정의 윤리적 이슈 등에 대한 토의가 슈퍼비전을 통하여 충분히 다루어져야 향상될 수 있다. 그러므로 슈퍼바이저는 실습교육을 위하여 항상 윤리적 이슈에 대한 자기점검을 할 수 있도록 실습생의 윤리적 민감성을 향상시키도록 도전하는 것이 중요하다. 또한 사회정의와 관련하여 관점을 거시적 · 사회적으로 확대할 수 있도록 질문하고 생각해 보게 하는 훈련이 필요하다.

2) 포춘(Fortune) 모델

이시연(2001)과 태화기독교사회복지관(2003)은 일반주의 실천을 위한 실습교육내용에 대하여 포춘(Fortune)의 모델을 기본으로 다음과 같이 정리하고 있다.

(1) 전문적 발달

사회복지의 가치와 윤리에 대한 사명감, 인간의 다양성을 존중하고 다양한 배경의 사람과 일할 수 있는 능력을 기르는 것, 사회적 억압과 차별 그리고 경제적 부정을 극복하려는 책임감과 사명감, 자기에 대한 객관적 지식과 자신의 강점 및 약점에 대한 자아인식, 자신의 전문적 성장에 대한 책임감, 자신의 수행 효과성을 평가할 수 있는 능력을 포함한다. 이는 미국사회복지교육협의회에서 제안하고 있는 필수 교육 내용과 비교해 볼 때 사회복지실천 대상이 가져오는 문제의 이슈와 정의에 해당하는 근본적인 문제의식의 출발이라고 하겠다. 이를 위해 실습의 내용에는 클라이언트가 가져오는 문제의 본질이 내포하고 있는 윤리적 이슈, 서비스를 제공하는 과정에서의 윤리적 이슈에 대한 토론과 반성적 고찰이 반드시 포함되어야 할 것이다.

(2) 행정적 지식과 기술

조직 상황을 이해하고 조직 내에서 효과적 서비스를 제공하는 데 도움이 되는 지식과 기술, 기관 사명 이해, 기관의 구조 파악, 조직 내에서 기능하는 방법을 학습하는 능력, 기록 유지와 기록 관리에 대한 학습을 포함한다. 일반적으로 사회복지서비스가 기관을 단위로 하여 실천되므로 대상 클라이언트에게 최대한의 서비스를 제공하기 위하여, 기관의 효율성을 극대화하고 사회적 · 윤리적 책임을 다할 수 있도록 기관행정이 이루어질 수 있게 하는 것이 기관행정가의 책임이고 기관행정의 목적이다. 그러므로 기관의 직접적인 서비스 제공자인 사회복지사는 기관행정에 대한 이해 그리고 그 구조와 조직을 활용한 서비스 제공 능력을 함양하는 것이 매우 중요하다.

(3) 정책적 지식과 기술

서비스전달체계의 상황 및 기관에 직접 영향을 주는 국가와 지방 사회복지 정책들, 지역의 경제적 · 정치적 · 사회적 · 문화적 구조에 대한 지역사회 지식, 지역사회복지서비스 연계망인 서비스전달체계에 대한 지식을 포함한다. 사회복지의 재원과 자원이 결정되는 과정은 정책 결정의 과정이며, 매우 정치적인 맥락 속에서 이루어진다. 그러므로 사회복지사에게는 이러한 맥락과 과정을 이해하고 활용하여 사회복지의 자원을 개발하는 능력이 요구된다. 특별히 거시적 실천에 관심이 있는 학생들은 이러한 정책 측면의 실습을 위하여 국회, 지역 NGO 등에서 실습할 수 있다. 한편 거시적 실천에 초점을 둔 조직이 아니더라도 사회복지기관 단위에서 실습을 할 때도 현재 이루어지고 있는 사회복지서비스의 충분성, 서비스 전달 과정의 접근성, 형평성, 책임성에 대한 이슈에 관심을 갖고 이를 이해하기 위한 노력이 필요하다.

(4) 기본적 대인관계 기술

다른 사람과 협력하여 일하거나 다른 사람들로부터 협력을 확보하는 데 필요한 기술이며 기본적 대인관계 및 의사소통 기술, 동료와의 관계 기술을 포함한다.

(5) 클라이언트체계 개입 기술

개인, 가족 및 치료 집단을 포함하는 클라이언트체계에 대한 개입으로 문제해결 과정을 포괄적으로 다루는 기술을 포함한다. 인간행동과 다양성에 대한 지식 적용, 클라이언트와의 면접 기술, 클라이언트체계 사정, 개입계획 및 개입 기술, 평가 기술, 종결 기술, 집단 개입 기술, 의뢰와 사례관리 기술, 옹호 활동 등을 포함한다.

3) 한국사회복지교육협의회 지침

한국사회복지교육협의회(2005)에서는 실습의 필수 공통 내용과 선택 내용으로 구분하여 설명하고 있다. 즉, 오리엔테이션과 행정 업무를 기본적인 필수 공통 내용으로 하고 실습생의 욕구와 실습교육기관의 특성에 따라 사례관리, 집단지도, 지역복지, 정책 개발의 4개 영역 중 최소 1개 영역을 선택하여 실습하도록 하고 있다. 그 외 자유 선택으로 개별상담, 가족상담 및 치료, 사회조사, 프로포잘 작성, 지역 탐방 및 타 기관 방문 등이 포함되어 있다(최원희, 2006 재인용).

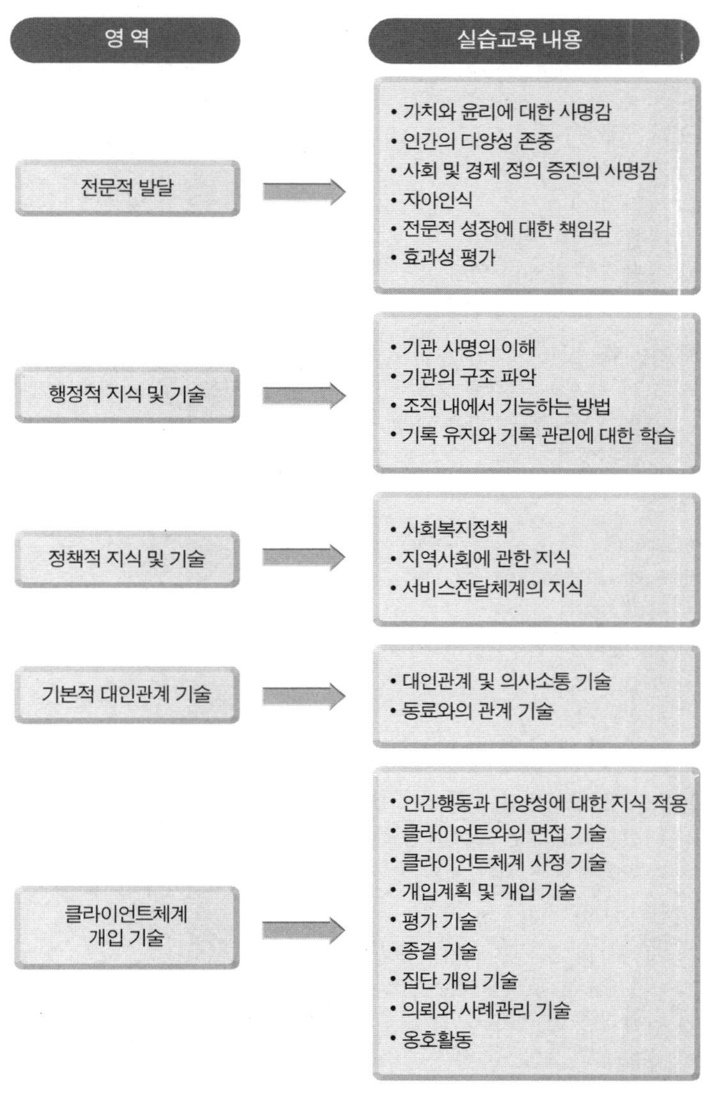

[그림 1-1] 실습교육 내용

4) 한국사회복지사협회 지침

한국사회복지사협회에서는 실습교육 내용에 대한 표준안을 마련하고 있다. 최근 한국사회복지교육협의회의 의견 수렴을 거쳐 마련된 표준 교육 내용은 필수 공통, 필수 선택, 선택 등 세 영역으로 나뉘어 있고 그 안에 다양한 실습 내용을 실시할 수 있도록 구성되었다.

〈표 1-1〉 한국사회복지사협회 실습 표준안

구분	실습 내용	과제물
필수 공통	1. 오리엔테이션 1) 기관 소개 2) 지역 소개 3) 대상 집단의 이해 4) 실습생의 자세와 역할 5) 실습 일정과 과제 안내	각 내용에 따른 보고서 및 일지 작성 제출
	2. 행정업무 1) 훈련 목적하의 각종 기안서(공문, 품의, 지출결의 등) 작성 및 결재 과정 참여 2) 기관운영과 관련된 규정 검토 3) 예·결산서 작성 연습	실습 내용에 대한 실습생의 의견서 및 관련서식 작성 제출
필수 선택(최소 1개 선택)	3. 사례관리 1) 사례접수(intake) 2) 사례회의 3) 자원연결 4) 개입 5) 사후관리	각 내용 중 실습 내용에 해당되는 자료와 기록 작성 제출
	4. 집단지도 1) 소집단지도(집단 역동성 중심의 프로그램) 2) 대집단프로그램(프로그램 개발과 운영, 캠프, 자원봉사관리, 노인대학 등)	집단 프로그램 계획서와 집단지도 및 활동 기록 작성 제출
	5. 지역복지 및 정책개발 1) 지역사회 조직(지역자원개발, 주민조직화, 주민교육, 복지 네트워크 구축 등) 2) 정책개발 및 평가 3) 사회행동, 홍보, 옹호 등	과정기록, 계획서 및 평가서 등 작성 제출

〈계속〉

구분	실습 내용	과제물
선택 내용	6. 개별상담	사례에 대한 전체 과정기록 3회 이상 작성 제출
	7. 가족상담 및 치료	3대 이상 가계도, 전체 과정기록 1회 이상 작성 제출
	8. 프로포잘 작성	해당 단체 양식에 부합하여 1개 이상 작성 제출
	9. 사회조사	설문지 작성, 조사 참여, 코딩과 분석 과정 전체 참여 및 보고서 작성 제출
	10. 타 기관 방문	실습 목적에 맞춰 2개 이하 기관 방문 및 보고서 작성 제출
	11. 지역탐방	지역의 특성과 자원에 대한 사정 및 분석 보고서 작성 제출

※ 필수 공통: 모든 기관이 반드시 실시해야 함.
필수 선택: 3개 내용 중 최소 1개 내용을 선택하여야 함.
선택 내용: 기관의 사정에 따라 최소 1개 이상을 선택하여야 함.
출처: 한국사회복지사협회(2010). 『사회복지현장실습 안내서』.

5 실습교육의 일정

1) 교육 여건

학교의 실습담당교수는 학생들의 실습교육에 대한 전반적인 내용을 총괄해야 하므로 많은 학생을 한꺼번에 담당하는 실습생을 교육시킬 수는 없다. 따라서 한국사회복지사협회와 한국사회복지교육협의회에서는 교수 1인당 담당하는 실습생을 30명 이하로 규정하고 있다. 학교에서 실시되는 실습 강의는 학생들의 실습에 대한 이론 강의, 실습 과정에 대한 이해, 실습 내용에 대한 발표 및 토론, 개별 및 집단 슈퍼비전 및 관련 이론 강의 등이 함께 이루어지므로 가급적 일반 강의실보다는 실습실을 활용하는 것이 바람직하다.

2) 실습교육의 일정과 내용

학교에서 이루어지는 현장실습 교과목은 실습 오리엔테이션, 실습지 선정, 현장실습지 방문 등을 포함하여 강의, 발표, 슈퍼비전 등으로 구성되어 있다.

최근에 각 대학에는 실습을 가기 전에 학생들을 교육시키는 '실습 아카데미'를 많이 운영하고 있다.

〈표 1-2〉는 현장실습 I과 II가 필수이며 본인의 희망에 따라서 심화실습 등 총 3회 실습을 할 수 있는 나사렛대학교의 실습 일정을 중심으로 재구성하였다. 비록 현장실습이 1회에 그치는 대학이 많이 있으나 점차 실습교육이 강화되어야 한다는 인식을 반영하여 총 3회 실습까지 운영할 수 있는 일정을 제시하였다.

〈표 1-2〉 ○○대학의 실습 일정 및 내용

절차	일정 및 내용			
	현장실습 I , 심화실습		현장실습 II	
	방학 중	학기 중	방학 중	학기 중
실습 OT	4월 초(8시간)		9월 초(8시간)	
실습 사전교육 (아카데미)	6월 8시간		12월 8시간	
실습기관 선정	학부에서 제공하는 실습기관 목록 내에서 선택하도록 하며 목록에 포함되지 않은 기관일 경우 담당교수의 허락을 받은 후 실습을 신청하도록 한다.		본인이 원하는 곳을 선택하여 실습을 신청하도록 한다.	
실습기관 선정	실습하고자 하는 기관에 전화를 하여 실습 의사를 밝힌다.			
실습 신청 및 공문 발송	4월 둘째 주~ 5월 셋째 주	7월 첫째 주~ 8월 둘째 주	10월 둘째 주~ 11월 셋째 주	1월 첫째 주~ 2월 둘째 주
기관 연락	기관 OT 날짜와 그 밖의 사항은 기관 사정에 따라 결정되며 실습생이 개별적으로 연락을 취한다.			
실습 기간	6월~8월	9월~12월	12월~2월	3월~6월
중간평가/ 종결평가	기관 일정 참조			
실습세미나	실습카페에 공지			
실습일지 제출	9월 둘째 주 (2주간)	12월 둘째 주 (2주간)	3월 둘째 주 (2주간)	6월 둘째 주 (2주간)
실습평가서 발송	슈퍼바이저가 학부사무실로 발송한다.			

출처: 『나사렛대학교 현장실습 지침서』(미간행) 부분 수정.

사회복지 현장실습교육은 학기 중의 경우 주당 8시간씩 최소 120시간 이상, 방학 중의 경우 1일 8시간 주 5회 이상 최소 120시간 이상으로 이루어져야 하며, 만일 직장 내 실습의 경우 직장 내 슈퍼바이저를 지정하고 실습 내용에 대한 슈퍼비전을 받아야 한다.

2년제 대학의 경우 실습은 1학년 겨울방학부터 이루어지고, 4년제 대학의 경우 3학년 여름방학부터 이루어진다. 대학원의 경우 학기 중 또는 방학 중 시행되며 학부생보다 기간 및 내용이 심화된 실습이 이루어진다. 실습을 나가기 전에는 학부생이나 대학원생의 경우 기본 필수 과목을 이수하여야만 실습을 수행할 수 있다. 학생들은 학기 중 실습과 방학 중 실습의 장단점을 고려하여 실습 시기를 결정해야 한다.

학기 중 실습의 장점은 담당교수의 정기적인 실습지도를 받을 수 있다는 점, 15주라는 기간 동안 클라이언트의 변화를 관찰할 수 있다는 점, 사회복지기관의 6개월간 변화를 볼 수 있다는 점이다. 단점으로는 제한된 요일에 실습이 이루어지기 때문에 전체적인 사회복지사의 업무나 기관을 이해하는 데 한계가 있으며 직원 및 클라이언트와의 관계 형성에 어려움이 있을 수 있다.

방학 중 실습의 장점은 주 5일 이상의 실습으로 기관 운영 전반을 파악할 수 있으며 기관 직원 또는 클라이언트와 관계를 형성하는 데 도움이 되며 사례관리 및 프로그램 진행 등 주요 업무를 수행할 수 있는 점이다. 단점으로는 학교의 실습교육이 매우 제한되며 계절의 영향이나 기관 행사에 동원되어 교육에 지장을 받을 수 있다는 점이다.

6 실습 진행 단계

각 기관에서의 실습생 모집은 교육기관의 사정에 따라 변동될 수 있으나, 대부분 실습생 모집과 선정, 실습생 수락, 오리엔테이션, 실습지도 및 실습평가 등의 일정으로 진행된다.

실습생 모집은 매 학기 또는 방학 시 필요한 경우 교육기관에 공문을 발송하거나 사회복지관련 홈페이지에 공지된다. 또한 한국사회복지사협회 홈페이지에도 공지가 된다.

실습생 선정은 서류전형, 실습생 태도 및 자질 등을 파악할 수 있는 면접 등을 활용하여 선발할 수 있는데 선정 기준은 실습에 대한 태도, 실습 전 전공이수과목 정도, 자원봉사 경력 등이 일반적이다.

면접을 통해 실습생이 결정되면 대학은 선정된 실습생이 실습할 사회복지기관에 실습 의뢰 공문을 발송하고 기관은 실습 수락 공문을 학교로 발송하게 된다.[2)]

실습 준비 및 오리엔테이션은 실습행정담당자 주관하에 실시된다. 슈퍼바이저는 실습계획에 따라 실습을 진행하고, 중간평가와 종합(종결)평가를 실시하며, 실습이 종료되었을 때에는 슈퍼바이저는 실습평가서를 작성하여 해당 대학에 공문으로 발송한다.

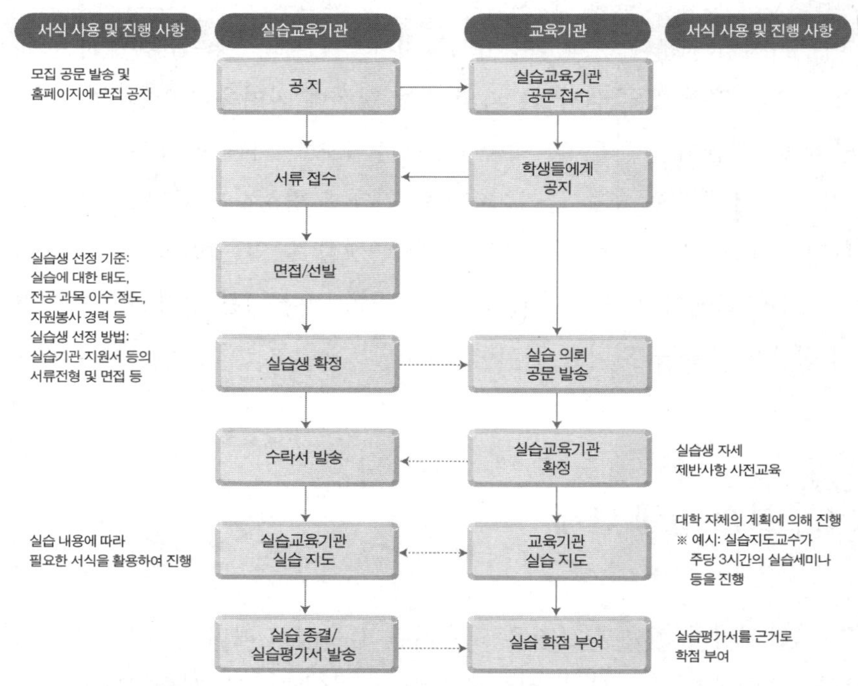

출처: 한국사회복지사협회(2010). 『사회복지현장실습 안내서』.

[그림 1-2] 실습 의뢰 경로

2) 〈부록 2〉 서식 1, 서식 7 참조.

제 2 장
사회복지 현장실습을 위한 자기점검과 준비

1. 자기점검
2. 지식 점검
3. 현장실습 준비
4. 실습기관 선정 후 준비

1 자기점검

사회복지 현장실습은 예비사회복지사로서 클라이언트들에게 전문적인 지식과 기술을 연마하는 과정이다. 또한 현장실습을 통해 클라이언트를 직접 만나기 때문에 많은 준비와 역량을 갖추어야 한다. 특히 자신이 가지고 있는 사회복지의 가치, 윤리 및 지식, 의사소통 유형 등을 점검하고 역량을 갖추도록 한다.

1) 사회복지 가치와 윤리

여러분은 예비사회복지사로서 사회복지에 대한 가치와 윤리에 대하여 알고 있는가? 알고 있다면 여러분들은 이에 동의할 수 있는가? 여러분은 클라이언트를 만날 때 사회복지의 가치와 윤리를 충분히 숙지하고 있어야 한다. 왜냐하면 가치와 윤리는 사회복지 실천가들이 활동하는 데 기준을 제공하고, 사회복지사의 역할과 개념 형성에 영향을 미치는 중요한 요인이기 때문이다. 그동안 시대적인 배경에 따라 사회복지사의 사회복지실천 가치와 윤리는 변화를 겪어 왔다.

(1) 가치

① 가치의 개념

가치(value)란 호의 · 선악 따위의 인간의 감정이나 요구(이기문, 2000)로, 인간을 위하여 바람직하고 선한 것에 대한 가정 · 선호 · 믿음이라 할 수 있으며, 또한 엄밀한 의미에서 도덕과 다르다고 할 수 있다. 또한 가치란 다수의 사회구성원들에 의해서 좋거나 바람직하다고 여겨지는 것 혹은 개인의 선호도를 나타내는 것으로 사회복지실천에서 사회복지사들이 가져야 하는 믿음이나 신념을 의미한다. 지식 및 기술과 함께 사회복지실천의 3대 중심축의 하나다.

② 사회복지 가치의 발전: 레머(Remer, 1995)

1단계 19세기 말 사회복지실천을 전문직으로 선언
– 자선조직협회를 통해 클라이언트에게 도덕을 강요

2단계 20세기 초 인보관 운동의 발전으로 시작
– 사회불평등의 문제를 주장하며 빈곤에 대한 사회적 인식 · 가치 변화를 주장

3단계 1940년대와 1950년대를 중심으로 클라이언트 중심의 가치체계에서 전문가의 가치체계로 변화되었다. 1947년 최초의 윤리적 강령 준비

4단계 1960년대 미국사회복지사협회가 첫 번째 윤리강령을 공식적으로 채택
– 한국의 경우 1992년에 윤리강령 제정 및 공포

③ 사회복지실천 가치

㉮ **사회복지실천의 본질적 가치**: 사회복지실천의 본질적 가치는 인간의 존엄성과 배분적 사회정의다. 인간의 존엄성이란 개개인의 개별적 특성이나 욕구의 차이를 중요시하며 모든 사람의 잠재능력과 발전 가능성을 확신하고 자기결정권을 존중하는 것을 말한다. 또한 배분적 사회정의의 가치는 개인의 발전을 위해 최소한의 사회적 자원을 공평하게 배분해 주어야 한다는 신념을 말한다.

㉯ 사회복지의 기본 가치에 대하여 프리들랜더(Friedlander)는 인간의 존엄성, 인간의 자율성, 기회의 균등성, 사회적 책임성(법과 규칙을 준수)이라고 말하였다.

④ 사회복지실천 가치의 구성체계

사회복지실천 가치는 개인의 가치, 전문직의 가치, 사회적 가치, 사회복지실천 기관의 가치, 클라이언트의 가치 등으로 구성되어 있다. 각각을 살펴보면 다음과 같다.

㉮ **개인의 가치**: 전문가 개인의 가치는 사회복지사가 자신의 성장 배경이나 종교적인 신념, 그리고 삶의 활동에 있어 중요하게 지녀 온 가치관을 말한다. 그리고 개인이 속한 사회 · 문화적인 가치 등에 의해 영향을 받고 있다.

㉯ **전문직의 가치**: 레머는 개인의 가치와 존엄성, 개인에 대한 존경, 개인의 변화 가능성에 대한 가치, 클라이언트의 자기결정권, 비밀보장과 사생활 보장, 적절한 자원과 서비스 제공, 클라이언트에게 권한부여, 동등한 기회보장, 비차별성, 다양성의 존중을 말하고 있다.

레비(Levy, 1973)는 사람우선, 결과우선, 수단우선 가치를 전문가의 가치라고 말하고 있다. 사람우선 가치란 클라이언트를 하나의 개별화된 인간으로 보고, 능력을 인정해 주며, 그에 따라 권한을 인정해 주는 가치관을 말한다. 결과우선 가치란 개인의 발전을 위해 사회참여에 대한 기회를 동등하게 제공해야 한다는 사회적 책임에 대한 믿음을 말한다. 수단

우선 가치란 존경과 존엄이라는 수단으로 사람을 다루어야 한다고 본다. 즉, 전문가는 클라이언트를 대할 때 클라이언트가 자기결정의 권리를 행사하도록, 사회변화에 참여하도록, 독특한 개인으로 인정받을 수 있도록 수단을 강구하여야 한다.

㉰ **사회적 가치**: 사회가 무엇을 중요하게 여기고 무엇에 가치를 두느냐에 따라 일반적으로 전문직의 가치 기준이 결정된다. 사회복지 가치와 윤리는 그 시대의 사회적 가치의 영향을 받기 때문에 전체 사회체계 혹은 적어도 그 체계의 지도층이나 대표 집단에 의해 인정된 가치를 갖는 것이 중요하다.

㉱ **사회복지실천 기관의 가치**: 기관의 활동은 기관의 가치에 영향을 받으며, 기관의 가치는 그 기관에 소속되어 있는 사회복지사 개개인을 통해 전달되기 때문에 사회복지실천에 영향을 미친다.

㉲ **클라이언트 가치**: 사회복지실천을 할 때 클라이언트의 가치가 중요한 영향을 준다. 클라이언트의 자기결정권이나 자율권은 클라이언트의 가치체계에 기반하고 있다. 클라이언트의 가치는 가족의 가치, 종교적인 가치, 문화적·사회적 가치의 영향을 받고 있다.

(2) 윤 리

① 윤리의 개념

윤리(ethics)란 어떤 행동에 대한 옳고 그름을 나타내는 판단 기준으로서 인간이 마땅히 행하거나 지켜야 할 도리다. 또한 윤리는 무엇이 옳고 그른지를 결정함에 있어 어떤 지침이 되는 원칙을 사람들에게 제시한다. 윤리란 인간의 행동을 통제하거나 규제하는 기준이나 원칙까지 포함하는 개념으로 일반적으로 타인에 대한 책임감에서 우러나오는 인간에 대한 기대를 말한다.

② 사회복지의 윤리 출현

1920년대에는 윤리의 필요성을 절감하고 전문직 윤리강령을 만들려는 시도를 하였고, 1960년대에는 최초의 사회복지사 윤리강령이 사회복지사협회에 의해 채택되었다.

③ 윤리강령

㉮ 윤리강령의 기능

윤리강령은 사회복지 실천현장에서 윤리적 갈등이 생겼을 때 지침과 원칙을 제공하고, 자기규제를 통해 클라이언트를 보호한다. 또한 사회복지 전문직의 전문성을 확보하고 외부통제로부터 전문직을 보호하며 일반 대중에게 사회복지 전문가로서의 기본 업무 및 자세를 알리는 일차적 수단으로 기능한다. 선언적 선서를 통해 사회복지 전문가들의 윤리적 민감성을 고양시키고 윤리적으로 무장시키는 기능을 한다.

㉯ 윤리강령의 역사

- 미국
  - 1951년 미국사회복지사협회가 최초로 윤리강령을 채택하였지만 전미사회복지사협회로 통합된 후에 비로소 1960년 최초로 공식적으로 공포됨.
  - 1960년대의 윤리강령은 사회복지사의 의무에 대한 나열로서 선언문과 같음.
  - 1967년 1차 개정 시 클라이언트에 대한 비차별 조항이 첨가됨.
  - 1979년 2차 개정 시 윤리강령의 형태가 6개 영역으로 나뉨. 극히 개인적인 복지 중심임을 지적받음.
  - 1996년 대폭 수정 후 1997년부터 효력이 발생하기 시작함(현재의 형태).
  - 윤리강령의 목적을 구체화시키고 서비스, 사회정의, 인간 존엄성 및 가치, 인간관계의 중요성, 성실성 그리고 능력 등 6대 핵심 가치를 중심으로 윤리의 원칙과 기준을 나눔.
- 한국
  - 1992년 한국사회복지사협회에서 제정되었으며, 2001년에 대폭 개정됨.
  - 1992년 제정된 윤리강령은 서문과 10개 조항으로 이루어지며, 내용으로는 전문가로서의 사회복지사, 클라이언트에 대한 의무, 동료 및

기관과의 관계 등을 포함함.

—2001년 개정의 주요 요지는 헌신성, 전문성 그리고 진보성임.

사회복지사의 기본 윤리는 전문가로서의 자세를 갖는 것, 전문성 개발을 위해 노력하는 것, 경제적 이득보다는 클라이언트의 이익에 민감한 것을 말한다.

④ 사회복지 실천현장의 가치 갈등

다양한 윤리적 딜레마는 크게 5가지로 나눌 수 있다.

㉮ **가치의 상충**(competing value)

- 클라이언트의 자기결정 가치와 인간생활의 보호 가치 사이에서의 갈등
- 예: 심각한 유전질병을 가진 부모가 자녀를 출산하고자 할 때

㉯ **의무의 상충**(competing loyalties)

- 기관과 클라이언트에 대한 의무 사이에서 갈등
- 예: 정신적 어려움을 가지고 있는 노숙자가 병원에 가지 않고 쉼터에 있으려 할 때

㉰ **클라이언트체계의 다중성**(multiple client system)

- 클라이언트체계가 복잡하고 다양할 때, 누구의 이익을 고려하여 어떤 문제에 개입하는가에 따른 갈등
- 예: 복잡한 문제를 가진 이혼부부의 자녀문제를 다룰 때

㉱ **결과의 모호성**(ambiguity)

- 사회복지사가 내린 윤리적 결정이 모호할 때 발생
- 예: 해외입양의 성공에 대한 확신이 없을 때 담당자의 갈등

㉲ **힘 내지 권력의 불균형**(power imbalance)

- 사회복지사와 클라이언트의 관계가 권력적으로 평등하지 않다는 사실에서 발생
- 예: 미성년자나 정신지체자인 클라이언트의 자기결정권 포기

※ 〈부록 1〉의 '한국사회복지사 윤리강령'을 읽어 보자.

2) 나의 가치와 윤리

사회복지 현장실습은 예비사회복지사인 실습생들에게 자신의 진로 방향성을 알 수 있는 중요한 계기가 될 수 있다. 특히 사회복지 영역이 나의 적성에 맞는지, 또한 직업인으로서 사회복지사가 될 수 있을지를 점검하는 것이다. 따라서 나의 가치, 삶의 목표를 점검하여 자신의 진로를 생각해 보자.

(1) 나의 가치를 점검하자

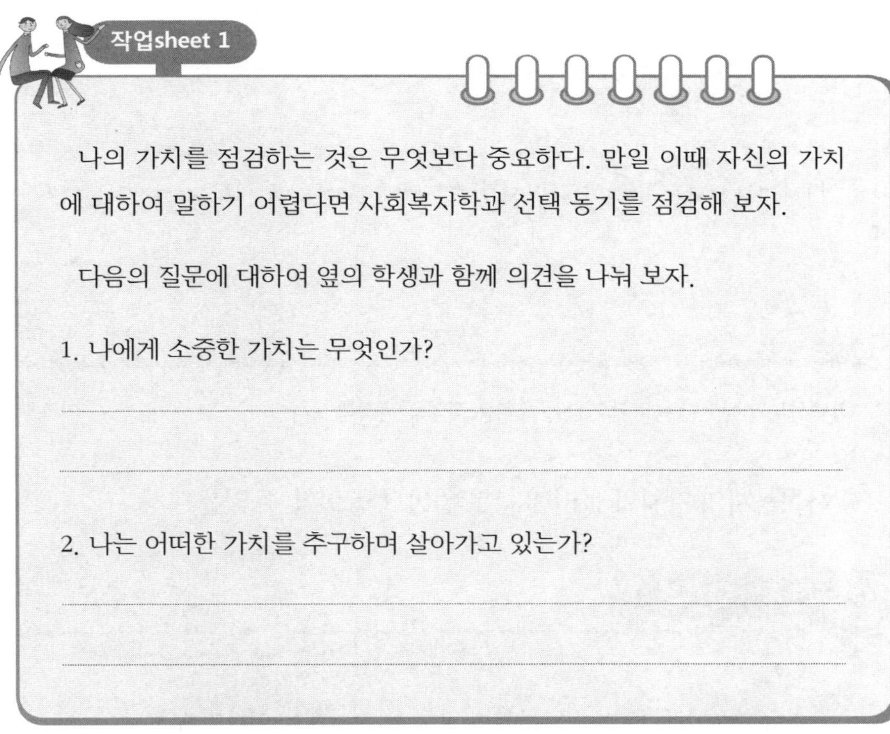

작업sheet 1

나의 가치를 점검하는 것은 무엇보다 중요하다. 만일 이때 자신의 가치에 대하여 말하기 어렵다면 사회복지학과 선택 동기를 점검해 보자.

다음의 질문에 대하여 옆의 학생과 함께 의견을 나눠 보자.

1. 나에게 소중한 가치는 무엇인가?

2. 나는 어떠한 가치를 추구하며 살아가고 있는가?

(2) 나의 윤리적 기준은 무엇인가

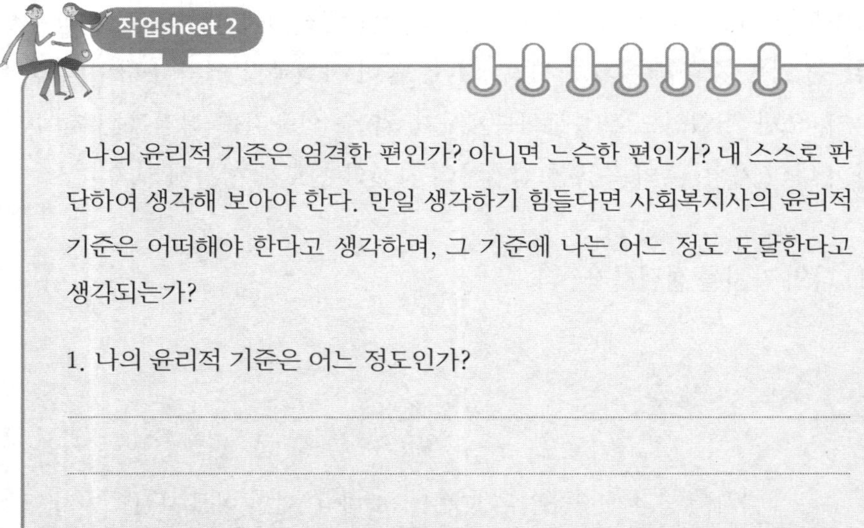

작업sheet 2

나의 윤리적 기준은 엄격한 편인가? 아니면 느슨한 편인가? 내 스스로 판단하여 생각해 보아야 한다. 만일 생각하기 힘들다면 사회복지사의 윤리적 기준은 어떠해야 한다고 생각하며, 그 기준에 나는 어느 정도 도달한다고 생각되는가?

1. 나의 윤리적 기준은 어느 정도인가?

2. 사회복지사는 어떠한 윤리적 기준을 가지고 있어야 한다고 생각하는가?

※ 사회복지사와 비슷한 윤리적 기준을 요하는 직업을 생각해 보자.

(3) 사회복지의 가치와 윤리에 나는 얼마나 동의할 수 있는가

작업sheet 3

윤리적 갈등 상황을 읽고 나라면 어떻게 할 것인지를 이야기해 보자.

나는 다음의 윤리적 갈등 상황을 어떻게 극복할 수 있을까?

1. 가치의 상충: 심각한 유전질병을 가진 부모가 자녀를 출산하고자 할 때 내가 사회복지사라면?

2. 의무의 상충: 정신적 어려움을 가지고 있는 노숙자가 병원에 가지 않고 쉼터에 있으려 할 때 내가 사회복지사라면?

3. 클라이언트체계의 다중성: 복잡한 문제를 가진 이혼부부의 자녀문제를 다룰 때 내가 사회복지사라면?

4. 결과의 모호성: 나는 해외입양의 성공에 대한 확신이 없다. 그러나 해외입양을 시켜야 할 상황일 때 내가 담당 사회복지사라면?

5. 힘 내지 권력의 불균형: 미성년자나 정신지체자인 클라이언트의 욕구와 시설의 욕구가 다를 때 자기결정권은 포기되어야 하는가?

3) 자기점검

작업sheet 4

이상의 작업을 통해 알아본 사회복지의 가치와 윤리, 그리고 자신의 가치와 윤리를 점검하며 자신이 사회복지를 선택하게 된 동기를 점검하기 바란다. 그 결과 어떠한 자세와 마음가짐으로 현장실습에 임해야 할지 다짐하기 바란다.

1. 내가 사회복지를 선택하게 된 동기와 가치를 말해 보자.

2. 어떠한 자세와 각오로 현장실습에 임할 것인가?

2 지식 점검

1) 사회복지 기본 어휘 점검

사회복지 현장실습을 할 때 사회복지 기본 용어를 숙지하지 못하면 난처한 경험을 하게 되곤 한다. 따라서 현장실습에서 사회복지사들에게 효과적인 슈퍼비전을 받기 위해 사회복지개론 수준의 기본 어휘를 숙지해야 한다. 다음에 주어진 기본 어휘 중에서 얼마나 알고 있는지 시험해 보자. 빈칸에 영어나 우리말 단어를 넣어 보고, 좀 더 알아야 할 내용은 여러분들이 스스로 공부하기 바란다.

사회복지 기본 어휘

1. 보완적 모형(   ): 가족이나 시장이 실패했을 때만 정부가 개입하여 사회복지의 욕구를 해결해야 한다는 사회복지의 한 모형
2. 사회보장(   ): 국민의 질병이나 고령, 실업 등으로 인해 생기는 생활상의 문제를 현금 또는 다양한 서비스의 형태로 국가가 제도적

으로 보장하는 일

3. 사회안전망( ): 근로자나 가구가 소득의 감소나 일자리의 상실 때문에 근로의욕을 상실하여 빈곤계층으로 빠지는 것을 방지하기 위해 최소한의 생계를 유지해 주는 정부 주도의 여러 프로그램
4. 제도적 모형( ): 사회복지를 하나의 권리로서 인식하여 보편적인 복지 수혜를 강조하며 국가의 복지적 역할을 강조하는 사회복지의 한 모형
5. 근로빈곤층( ): 경제가 성장하고 실업률이 낮아져도 임금 수준이 하락하여, 취업하고 있으나 빈곤 상태에 처한 계층을 말한다. 복지국가 개편 작업에 따라 복지재정을 축소하고자 하나 근로빈곤층이 증가하고 있으므로 사회복지재정은 감소하지 않고 완만하게 증가하는 경향이 있다.
6. 노동연계복지( ): 복지국가의 위기에 따라 복지재정을 축소시키기 위해 종전의 공공급여에 의한 복지(welfare)보다 능동을 전제로 복지를 제공하는 노동연계복지를 강조하게 되었다. 복지 수혜 후 일정 기간 안에 노동을 통해 자활하는 것을 전제로 급여를 제공한다.
7. 민영화( ): 복지국가 개편 방향의 하나로 이전에 중앙정부 또는 지방정부에서 제공하던 사회복지서비스나 프로그램을 민간기관에서 담당하도록 하는 경향이다.
8. 인보관운동( ): 이 운동의 참여자들은 박애사상을 실천하려는 상류계층인들로, 빈민 지역에 상주하면서 주민들의 생활 실태를 파악하고 빈민의 생활 개선과 교육을 위해 노력하였다. 인보관운동의 대표적인 사례는 런던의 토인비 홀(Toynbee Hall, 1884)과 시카고의 헐 하우스(Hull House, 1989)였다. 이들의 주요 활동은 ① 사회조사 및 입법 활동, ② 주민위생, 보건교육, 기술교육, 문맹퇴치 및 성인교육 등 교육사업, ③ 체육활동 및 오락, 예술 활동 장려, ④ 복지관을 설립하여 주택, 시민회관으로 활용케 하는 것이다.
9. 자선조직협회( ): 19세기 중반 영국에서는 빈민구제를 위하여 다양한 민간 중심의 구빈활동이 전개되었다. 그러나 단체들 간의 정보 교환이나 조정이 이루어지지 않아 서비스의 중복이나 낭비가 심하였다. 이러한 문제를 해결하기 위하여 1869년 자선조직협회가 설립되었다. 자선조직협회는 자원봉사자인 친구방문자(friendly visitor)를 통해 가정

방문과 조사와 함께 지원활동을 실시하고, 구호신청자들이 협회에 등록하여 구호의 중복을 방지하고자 하였다. 자원봉사자들은 이후 교육과 훈련을 거쳐 사회사업가(social worker)가 되었으며, 자선조직운동은 개별사회사업과 지역사회조직사업 발전의 기초가 되었다.

10. 인간의 존엄성(   ): 인간은 누구나 그 성취 여부나 능력과 관계 없이 존중받아야 한다는 천부적 가치에 대한 신념
11. moral hazard(   ): 도덕적으로 위험을 불러일으킬 수 있다는 뜻으로, 보험산업에서 주로 사용되는 용어. 사회복지 분야의 대표적인 사례는 사회보험 등 공공서비스를 사용할 때에 본인부담액이 적다고 하여 남용하는 경우를 들 수 있다.
12. income redistribution(   ): 자본주의 경제체제하에서 상품교환을 매개로 하는 재화의 유통은 당사자의 자유로운 교환으로 이루어진다. 따라서 소득의 분배 면에서 항상 불평등이 생길 수도 있기 때문에 국가는 정책으로 소득분배의 불평등을 시정하기 위하여 각종 정책적 조치를 취함. 예를 들면, 사회보장제도나 누진과세제, 기타 공공적 공동소득 소비 수단의 도입 등으로 가능한 한 개인이나 소득계층 간의 격차를 시정하고 축소화하는 조치를 취한다.
13. individualization(   ): 동일한 상황에서 발생된 사건일지라도 개별 사람에 따라 다른 의미로 인식될 수 있으므로 각자의 상황에 따른 독특하며 유일한 의미를 말한다.
14. confidentiality(   ): 사회복지사가 전문적 관계를 통해 알게 된 클라이언트의 비밀스러운 정보를 치료 목적 이외에 타인에게 알려서는 안 된다는 원리
15. non-judgemental attitude(   ): 문제의 원인이 클라이언트의 잘못과 어떠한 관련이 있는지를 판단하지 않으며 클라이언트의 특성과 가치관을 비난하지 않는다는 원칙
16. assessment(   ): 문제가 무엇인지, 그 원인과 해결 그리고 변화 과정에 관한 전문가의 의견
17. intake(   ): 문제를 가진 사람이 사회복지기관에 찾아왔을 때 사회복지사가 그의 문제와 욕구를 확인하여 기관의 정책과 서비스에 부합되는지를 판단하는 과정
18. system(   ): 일정한 경계선을 가지고 있으며 물리적 · 정신적 에너지는 그 경계선 밖에서보다는 안에서 더 많이 교환되고 상호

작용하고 있으며, 상호 의존적인 부분들로 구성된 전체

19. self-determination( ): 클라이언트는 자신의 인생에 대해 스스로 결정할 수 있는 욕구와 능력이 있다는 원리에 바탕을 둔 것이다. 이는 사회복지사가 클라이언트에게 뭔가를 해 주는 것이 아니라 클라이언트와 함께 해결하는 것을 말한다.
20. generalist approach( ): 사회복지사가 개인이나 사회문제 해결 과정에 개입할 수 있는 개입방법의 통합적 사용

0~10개: 이대로는 안 돼~!!
11~15개: 음~ 좀 더 노력해야겠군요!
16~19개: 이 정도는 기본 실력이 되도록~!
20개: 자만은 금물! 참 잘했어요 ♡

※ 정답은 〈부록 3〉에 있습니다.

2) 프로그램 개발과 평가

사회복지 현장실습기관에서 지도를 가장 많이 받는 것 중 한 가지는 프로그램 개발과 평가다. 대부분은 실습 전 프로그램 개발과 평가라는 과목을 수강한 후 현장실습을 하는 경우가 많으나 각 학교의 사정상 실습 후에 과목을 수강하는 경우도 있다.

현장실습을 준비하는 학생들이 사회복지 프로그램 개발과 평가에 대한 간단한 이론과 프로그램 연구계획서를 분석할 수 있다면 어느 정도 준비는 되었다고 볼 수 있다.

(1) 사회복지 프로그램이란 무엇인가

프로그램이란 '목록, 목차, 계획, 체계성 등이 한눈에 보아도 알 수 있게 해주는 것'을 의미한다(한국학교사회복지사협회부설 교육복지연구소, 2006). 다시 말하면 프로그램은 특정한 목표를 위해 계획된 활동들의 구조화된 집합체라고 할 수 있다. 그러나 사회복지기관에서 말하는 '프로그램'이란 단순한 프로그램의 의미가 아닌 사회복지의 의미가 있어야 한다. 즉, 사회복지 프로그램이란 클라이언트 삶의 질을 향상시키기 위한 목적으로 만들어진 계획된 활동들의 집합체이며 사회복지 구성원의 욕구를 충족시킴과 동시에 사회복지사에게는 성취감과 만족감을 주는 수단이라고 볼 수 있다.

(2) 프로그램의 구성 요소

① 프로그램 작성의 기본 요소-목적, 조직, 운영(서비스 기술, 예산, 평가)

대부분의 학생들이 목적과 목표를 혼돈하기 쉽다. 목적은 어떤 것을 하는 궁극적인 이유이며, 목표는 행동이나 프로그램이 지향하는 최종의 과업이 될 수 있다. 따라서 목적은 본 프로그램을 실시하는 가장 궁극적인 이유이기 때문에 상위 개념이라고 할 수 있고, 목표란 그 목적을 달성하기 위해 프로그램에서 지향하는 뚜렷한 과업, 즉 목적의 하위 개념이라고 말할 수 있다.

예를 들어, 학교 부적응 학생을 위한 프로그램을 기획함에 있어서 다음과 같은 목적과 목표를 세울 수 있다.

목적: 학교 부적응 학생들의 적응력 향상
- 목표 1: 개별 개입을 통한 자신의 이해 증진
- 목표 2: 집단 프로그램을 통한 자아 존중감 향상
- 목표 3: 등하교 도우미를 통한 지각, 결석 횟수 감소

여기에서 프로그램을 통해 목표 1, 2, 3을 완성하도록 노력하고, 3가지 목표가 완성되면 궁극적으로 프로그램의 목적이 달성될 수 있다. 사회복지 프로그램은 그 목적이 사회복지의 목적과 일치하여야 한다. 이러한 사회복지 프로그램의 목적이 프로그램 작성의 기본 요소라고 할 때, 이와 함께 프로그램을 운영할 수 있는 조직도 있어야 한다. 또한 계획된 프로그램을 운영하기

위한 서비스 역량과 예산 및 평가 능력 등을 함양해야 할 것이다.

② 프로그램 작성 시 점검해야 할 7요소

프로그램과 관련하여 일반적으로 고려해야 할 사항은 욕구, 과정, 성과(outcomes), 효율성(efficiency)의 4가지로 요약할 수 있다(Posavac & Carey, 1997). 여기에서는 기본적인 요소를 중심으로 7가지를 살펴보겠다.

㉮ What: 무엇을 해야 하는가?－종류(분야), 프로그램 구성 내용
㉯ Why: 왜 해야 하는가?－목적, 주제(표어), 강조점
㉰ When: 언제 해야 하는가?－예정 일시 및 기간
㉱ Where: 어디서 해야 하는가?
㉲ Who: 누가 하는가?－주최, 주관, 후원, 준비위원, 지도 책임자, 강사 등
㉳ For Whom: 누구를 위해서 하는가?－참가자 대상의 성격과 인원
㉴ How: 어떻게 해야 하나?－효율성, 일의 분담과 순서의 세부내용, 방법, 예산 수립 및 홍보 방법 등

③ 프로그램 과정

체계(system) 접근에 따르면 프로그램은 투입(input), 전환(throughput), 산출(outputs), 성과(outcomes)로 구성된다. 이때 각 단계에서 해야 할 사항과 고려사항은 다음과 같다.

㉮ **투입단계**

- 이 프로그램으로 인해 누가 이득을 볼 것인가?
- 필요한 스태프들은 누구인가?
- 필요한 장비, 시설, 자원은 무엇인가?

㉯ **전환단계**

- 프로그램 기획에서 정의한 클라이언트와 그 문제에 적합한 서비스 종류와 내용 그리고 개입 방법은 무엇인가?

㉰ **산출단계**

- 기대하는 결과를 얻기 위한 최소한의 서비스의 양과 질은 무엇인가?

㉣ **성과단계**

- 기대하는 결과는 얼마만큼 얻었는가?
- 프로그램의 한계상 어쩔 수 없이 얻게 된 결과는 무엇인가?

④ 프로그램 개발 과정에서 고려해야 할 사항

㉮ **가치**: 프로그램 참여자가 받아들일 수 있는 가치가 반영되어 있는가?

㉯ **실현 가능성**: 프로그램을 실행할 만한 정치적 승인과 경제적 자원이 있는가?

㉰ **준비성**: 주관 기관이나 조직이 제안하는 프로그램을 진행할 만한 준비가 되어 있는가?

㉱ **합리성**: 객관적 사실에 근거하여 준비되고 있는가?

이를 바탕으로 다음의 프로그램 계획서를 검토해 보자.

(3) 프로그램 계획서 검토[1)]

다음 어느 실습생의 프로그램 계획서를 살펴보도록 하자.

> 제목에는 프로그램의 내용이 함축되어야 한다. 일반적으로 제목을 먼저 적고 부연 설명하는 편이 무난하다. 따라서 〈노년은 아름다워〉라는 제목을 앞에 두고 부연 설명을 하는 형태가 더 자연스러울 것 같다. 그러나 부제와 〈노년은 아름다워〉와는 다소 연관성이 약해 보이므로 〈당당한 나를 찾는 자원봉사 여행!〉이 더 좋을 듯하다.

> 신문이나 뉴스 기사를 인용하여 노인의 사회참여활동의 중요성을 다룬 내용을 소개하는 것이 더 좋겠다.

프로그램 계획서의 예

자원봉사활동을 통한 퇴직 및 고령 노인의 심리 · 사회적 역할 되찾기
〈노년은 아름다워〉

1. 사업의 필요성

노인복지에 대한 공적 책임이 논란의 여지없이 수용되고 있는 오늘날에 있어서도 노인의 자발적인 사회참여활동의 중요성은 끊임없이 강조되고 있다. 이는 자의적 또는 타의적으로 사회적 역할을 상실하고 가정에 고립된 채 무의미한 생활을 영위하는 노인으로 하여금 지역사회주민과의 교류를

1) 〈부록 2〉 서식 23, 서식 24 참조.

통하여 새로운 삶을 살아가도록 고취하는 적극적 시도로서 사회참여활동의 중요성이 부각되고 있기 때문이다. 또한 지금까지 주부 및 청소년층이 주류를 이루고 있었던 자원봉사활동을 노인층에 기대하게 된 사회적 배경으로서는 경제적으로 안정된 노인층의 증가, 노인의 여가 시간의 증대 및 노인의 건강 수준 향상 등으로 사회에 유익한 활동을 통하여 삶의 보람을 찾으려는 노인이 증가하고 있다는 점을 들 수 있다. 이러한 사회적 배경하에 노인 자원봉사활동의 필요성이 대두되고 있는데 이는 다음과 같다.

첫째, 타인에게 봉사하며 여가를 즐기는 삶이 자신의 축적된 인생 경험을 살리고 사회적 위치도 재확인할 수 있으므로 노인에게 삶의 의미를 가져다주며, 창조적이고 성취하는 삶을 유지한다는 것에 자긍심을 가지게 된다.

둘째, 자원봉사활동을 하면서 해당 업무에 대하여 사회 교육적인 측면에서 끊임없이 재교육을 받고, 동료 자원봉사자들 및 이웃과 유대관계를 형성하면서 노인의 4대 고통 중 하나인 고독을 해소시킬 수 있다.

셋째, 타인을 이해하는 바탕이 되는 다양한 경험을 통해 변화하는 사회를 직접 체험함으로써 포용력을 키우고 젊은 세대를 보다 잘 이해하게 되어 세대 간의 갈등을 줄여 나갈 수 있다.

넷째, 노인의 사회적 지위 향상과 노화에 대한 사회적 인식의 확산 등을 기대할 수 있다.

> 긴 문장으로 주어와 술어의 혼돈을 가져온다. 주어와 술어를 명확하게 하는 간결한 문장이 필요하다.

> 역시 신문이나 뉴스의 기사를 인용하면 더 신빙성이 높을 듯하다

> 바로 필요성을 적는 것보다는 석사학위논문 등을 검색하여 노인 자원봉사의 필요성을 나열한 후 그중에서 자신이 중요하다고 판단하는 것과 프로그램에 필요한 사항을 추출하여 정리한다면 더 좋은 글이 될 것이다.

2. 목적

노인 자원봉사조직을 통한 노인 인적 자원을 자원봉사자로 활용하여 지역 내의 독거노인 및 불우한 이웃을 도울 수 있는 기회를 제공하며, 어르신들의 사회공헌활동을 적극 지원하는 것을 목적으로 한다.

> 목적은 클라이언트가 이 프로그램을 이수한 후에 얻는 궁극적인 상태가 되어야 한다. 명심할 것! 주체는 사회복지사나 실습생, 기관이 아니라 프로그램에 참여하는 클라이언트가 되어야 한다.

3. 목표

1) 목표 1

(1) 상위목표: 자원봉사 기본 교육을 통해 봉사자들의 자원봉사에 대한 이해와 체계적인 조직화를 꾀한다.

(2) 하위목표

① 자원봉사의 기초 지식, 역할 등에 관한 내용을 자원봉사센터에서 초입단계에 설명회를 1시간 가진다.

② 현장에서 자원봉사를 하고 있는 노인 분들의 경험담을 들을 수 있는 기회를 매월 첫째 주 월요일 1시간 마련한다.

③ 노인 자원봉사활동의 종류와 특성에 대한 내용을 초입단계 1회 1시간 청강한다.

2) 목표 2

(1) 상위목표: 노인이 사회 구성원으로서 주체성을 가질 수 있도록 사회공헌의 기회 제공

(2) 하위목표

① 자원봉사조직(= 자원봉사단)을 구성하여 주 1회 활동한다.

② 자원봉사단 운영 및 자체 조직 활동을 월 1회 실시한다.

③ 개인의 활동을 위한 특성 및 전문분야에 대해 조사를 실시 후 그에 맞는 자원봉사활동을 실시한다.

3) 목표 3

(1) 상위목표: 자원봉사조직을 활용한 노인 양자 간의(수혜자/봉사자) 심리/정서적 서비스 제공

(2) 하위목표

① 주 1회 독거노인 집을 방문하여 말벗 서비스를 한다.

② 매월 1회 1시간 자신의 주변 환경미화에 참여

③ 음식 만들기를 통하여 '정'을 나누는 서비스를 제공한다.

④ 주 1회 1시간 본 복지관의 방과 후 아이들에게 재미있는 옛날이야기를 들려준다.

⑤ 독거노인과 함께하는 가을 나들이를 통해 자원봉사자 및 독거노인 간의 친밀감 형성 및 사회문화 체험

> 비교적 무난하게 상위목표와 하위목표를 나누었다. 좀 더 욕심을 부린다면 목적에서도 밝혔듯이 주체인 클라이언트가 실질적으로 얻을 수 있는 실질적인 것이 목표가 되어야 한다. 즉, 자원봉사교육을 통해 자신의 삶에 있어서 자원봉사의 필요성을 인식한다든지, 사회봉사를 통해 삶의 보람을 인식하는 기회로 삼는다든지, 도움이 필요한 다른 노인들을 도움으로써 타인에게 의미가 되어 주는 기회로 삼는다든지 등 프로그램에 참여하는 노인이 주체가 되어야 한다.

4. 사업 개요

1) 세부 사업 내용

구분	대상	기간/실시 횟수	내용
① 건강한 자원 봉사자 만들기 교육	ㅇㅇ구에 거주하고 있는 55세 이상 어르신 중 프로그램 참가를 희망하는 분들	2008년 5~11월 매월 1회 총 7회	처음 시작하는 자원봉사자들에게 자원봉사에 대한 올바른 인식을 갖도록 도와주고, 봉사활동으로 인한 시행착오를 사전에 방지하고자 자원봉사활동의 절차와 활동 기관에 대한 교육을 실시한다.
② 소곤소곤 말벗 서비스	〃	2008년 5~11월 매월 2회 총 14회	독거노인 댁을 방문하여 말벗 서비스를 하며 정보를 제공하고, 독거노인의 안전여부를 확인하며, 지역과의 연계유지를 돕는다.
③ 情 나누기	〃	2008년 6~11월 매월 1회 총 6회	주 1회 독거노인 댁을 방문하여 음식을 직접 만들어 먹고 함께 시간을 보냄으로써 심리·정서적 서비스를 제공한다.
④ 술술~ 이야기 보따리	〃	2008년 5~11월 매월 1회 총 7회	ㅇㅇ복지관의 아이들에게 방과 후 어르신들이 알고 있는 재미있는 옛날 이야기를 들려줌으로써 아동들과 친밀감 형성 및 사회·가정의 역할을 수행할 수 있도록 한다.
⑤ 인생 사는 재미 찾기	〃	2008년 10월/1회	어느 정도 친밀감 형성이 된 자원봉사자들과 대상자들이 모여 함께 가을 나들이를 감으로써 소속감과 유대감을 더욱 증진시키고 추억을 만드는 시간을 마련한다.

④번과 ⑤번은 세부 목표에 어느 곳에 해당되는 것인지 명확하지 않다. ④번은 독거노인과 아동 등 도움이 필요한 대상에 포함시켜 목표에 삽입시키는 것이 좋겠고, ⑤번의 경우 세부 목표 1의 자원봉사의 의미와 기쁨을 느낄 수 있게 한다는 목표와 연관될 수 있겠다. 세부 목표와 세부 사업은 명확한 연계성이 있어야 한다.

프로그램 세부 계획서	
프로그램명	情 나누기-1차
일시	2007년 6월 ○일 ○○시 ○○분 ~ ○○시 ○○분
장소	각 독거어르신 댁
진행자 역할	주 진행자(봉사자): 프로그램 진행 및 공지사항 안내, 일지 작성
참여자	독거어르신 30명, 자원봉사자 30명
목표	• 주 1회 봉사자가 어르신과 함께 시간을 보내며 정서적 지지를 할 수 있다. • 봉사자와 독거어르신이 음식을 만들어 나눔으로 가족애를 형성한다. • 봉사자가 어르신에 대한 경로효친 사상에 대해 생각할 수 있다.
준비물	명찰, 사진기, 요리 재료

'어르신에게 정서적 지지 제공'과 같은 간결한 표현이 좋겠다.

음식을 통한 가족의식 형성이 어떨까?

기대효과와 목표를 혼동하고 있다.

	세부 진행	소요 시간
도 입	봉사자가 요리 재료를 준비하여 자신이 담당한 독거어르신 댁에 각각 찾아간다. (음식 재료 및 만드는 방법은 미리 숙지하고 준비하여 둔다.) * 음식 재료 준비 및 만드는 방법-진행자 * 情 나누기 세부내용 • 1주-부침개 만들기 • 2주-떡국 만들기 • 3주-백숙 만들기 • 4주-주먹밥 만들기	20″
전 개	• 봉사자가 각각 담당한 독거어르신의 댁에서 음식, 청소, 빨래와 같은 집안일을 도와드리도록 한다. • 봉사자가 함께 직접 음식을 만들어 보고, 만든 음식을 어르신과 함께 먹으면서 이야기를 나눈다.	50″
정 리	• 음식을 만들기 위해 사용했던 도구 및 재료를 정리한다. • 어르신께 다음 약속을 알려 드리고 봉사자 퇴장 • 봉사자는 일일 평가지를 작성한다.	20″

2) 수행 방법

구분	수행 방법	비고
건강한 자원봉사자 만들기 교육	• 참석 회원 명단 확인하고 그에 따른 준비를 한다. • ㅇㅇ구 자원봉사센터에서 강사를 초빙한다.	
소곤소곤 말벗 서비스	• ㅇㅇ종합사회복지관에 등록된 독거노인과 1:1 연계를 한다. • 대상자의 입장에서 보면 '情' 나누기 프로그램을 진행할 때 모르는 사람이 자신의 집에 와서 부엌일을 한다는 것에 거부감이 있을 수 있으므로 말벗 서비스를 통해 친목도모를 먼저 꾀하여야 한다.	
情 나누기	• 자원봉사하시는 어르신들이 ㅇㅇ종합사회복지관에 등록된 재가복지서비스 수급대상자의 집에 월 1회 방문하여 직접 반찬 및 음식을 만들어 먹으며 육안으로 확인할 수 있는 건강 상태나 가정의 환경을 파악한다.	
	• 음식의 재료는 ㅇㅇ복지관에서 후원받은 재료를 제공한다. • 식단은 영양사에게 의뢰한다. • 음식 재료가 무거울 경우 복지관의 젊은 자원봉사자와 동행하여 배달에 도움을 받는다.	
술술~ 이야기 보따리	• 복지관 방과 후 교실에 협조 공문을 보낸다. • 월 1회로 진행한다.	
인생 사는 재미 찾기	• 나들이 장소를 탐색한다. • 일정 및 차량, 각종 물품 준비	

> 수행 방법에는 주체, 준비물, 시간 등 자세한 사항이 제시되어야 하는데 간략하게만 제시되었다. 주체, 준비물, 기간, 시간, 도움을 받을 부서 등을 한눈에 알 수 있어야 한다.

3) 추진 일정

사업 내용 \ 기간		5월	6월	7월	8월	9월	10월	11월	비고
도입 단계	계획서 작성 및 기획	▩							
	자원봉사자 모집	▩							
	상담, 접수	▩							

〈계속〉

사업 내용 \ 기간		5월	6월	7월	8월	9월	10월	11월	비고
실행 단계	자원봉사단 발대식		■						
	봉사자 교육		■						1회
	팀별 활동		■	■	■	■	■	■	매월 1회
	소곤소곤 말벗 서비스		■	■	■	■	■	■	월 1회
	情 나누기(음식만들기) 1차		■						매월 1회
	情 나누기 2차			■					매월 1회
	情 나누기 3차				■				매월 1회
	情 나누기 4차					■			매월 1회
	情 나누기 5차						■		매월 1회
	情 나누기 6차							■	매월 1회
	술술~ 이야기 보따리		■	■	■	■	■	■	매월 1회
	인생 사는 재미 찾기 (가을 나들이)							■	1회
마무리 단계	만족도 조사				■			■	
	간담회 실시							■	
	전체 평가							■	

4) 담당 인력 구성

이름 (역할)	담당 부서/ 직위	투입 시간 (단위:1주일)	경력(년)/주요 업무/역할	자격증 (신청 사업 관련)
○○○	사회복지사	1일 2시간× 주 1회 = 2시간	3년/노인복지 담당 총괄	사회복지사 1급
○○○	사회복지사	1일 2시간× 주 1회 = 2시간	프로그램 지도감독 및 자원봉사자 교육	사회복지사 1급
○○○	사회복지 실습	1일 2시간× 주 1회 = 2시간	프로그램 주 진행 및 보조진행	사회복지학과 재학중

〈계속〉

이름 (역할)	담당 부서/ 직위	투입 시간 (단위:1주일)	경력(년)/주요 업무/역할	자격증 (신청 사업 관련)
○○○	사회복지 실습	1일 2시간× 주 1회 = 2시간	프로그램 주 진행 및 보조진행	사회복지학과 재학중
○○○	사회복지 실습	1일 2시간× 주 1회 = 2시간	프로그램 주 진행 및 보조진행	사회복지학과 재학중
○○○	사회복지 실습	1일 2시간× 주 1회 = 2시간	프로그램 주 진행 및 보조진행	사회복지학과 재학중
○○○	자원봉사자	1일 2시간× 주 1회 = 2시간	프로그램 참여자	30명

5. 기대효과

> 기대효과는 클라이언트, 기관, 지역사회 등 영역에 따라 각각 적시해 주어야 한다. 이 프로그램을 마치고 클라이언트에게 어떠한 변화가 일어날 것인지, 기관 및 지역사회에 어떠한 인식과 변화가 나타날 수 있을지, 그 변화의 의미는 무엇인지까지 적어야 한다.

1) 삶의 질 향상

지속적인 활동을 통해 노인은 건강을 유지할 수 있고, 자존감을 높이며, 노후생활에 만족을 느낄 수 있게 된다. 또한 지역사회와 주민과의 소통을 가능케 하여 사회적 지지망을 형성할 수 있으며, 퇴직 후 역할을 상실한 노인에게 자신의 능력과 열정을 쏟을 수 있게 한다. 이를 통해 노인은 자기 성장을 도모하고, 자아실현을 이룰 수 있다.

2) 복지관 홍보

긍정적 이미지를 심어 주며 복지관을 알리는 계기가 된다.

3) 지역사회의 의식 변화

지역주민들에게 있어 노인과 봉사활동에 대한 인식을 긍정적으로 바꾸어 준다.

4) 인적 자원 확보

5) 지역사회 발전

경제적 · 사회복지적 발전을 가져온다. 오랜 경험과 기술 그리고 지식을 지역사회에 투입(봉사)시킴으로써 사회적 발전에 이바지할 수 있다.

평가 항목은 목적과 목표를 어느 정도 달성했는지 측정해야 하므로 목적과 목표가 평가 항목이 된다. 또한 기대효과도 평가 항목이 될 수 있기 때문에 평가 항목에 포함되어야 한다. 평가 지표는 객관성을 높여야 하지만 소규모 설문으로는 객관성을 확보한 문항을 얻기 어려우므로 양적·질적 관찰 등 다양한 평가 방법을 활용하여 측정할 필요가 있다.

6. 평가

평가 항목	평가 지표	측정도구	평가 시기	평가 방법
자원봉사활동에 대한 올바른 이해	봉사의 필요성 인식도	봉사활동 인식에 관한 설문지	교육 프로그램 진행 전·후	사전·사후 설문의 봉사활동 인식 항목을 통해
노인의 사회 구성원으로서 주체성 인식	• 자아인식도 • 자기주장 능력	자존감 척도	프로그램 진행 전·후	사전·사후 설문의 자존감 척도를 통해
자원봉사조직을 통한 심리·정서적 서비스 효과	이용자 만족도	만족도 설문지	프로그램 종결 시	프로그램 진행 7개월 후 대상자 설문하여 평가
자원봉사조직의 활동성	지각, 결석 일수	출석부	매 프로그램 진행 시	매 프로그램 진행 시 출석체크를 통해 평가

예산은 가급적이면 구체적으로 명시해야 한다. '운영비'라고만 기입하는 것은 그다지 좋은 방법이 아니므로 그 안에 구체적인 내역을 포함하여 적어야 한다.

7. 예산

1) 세입

2) 세출: 일금 삼백일십구만 오천 원(₩ 3,195,000)

(단위: 원)

항	목	세 목	예 산	산출 내역
지역사회조직사업	자원봉사활동을 통한 노인 사회참여 사업	건강한 자원봉사자 만들기 교육	350,000	운영비 50,000 × 7회 = 350,000
		소곤소곤 말벗 서비스	840,000	운영비 60,000 × 14회 = 840,000
		'情' 나누기	1,800,000	운영비 300,000 × 6회 = 1,800,000
		술술~ 이야기보따리	105,000	운영비 15,000 × 7회 = 105,000
		인생 사는 재미 찾기	100,000	운영비 100,000 × 1회 = 100,000
합계			3,195,000	

3) 사례관리[2)]

사례관리는 최근 사회복지 현장에서 많이 사용되는 방법론으로서 사회복지현장실습에서 학습해야 할 중요한 과목이 되었다. 따라서 사례관리에 대한 기본적인 내용을 학습하자.

(1) 도입 배경

① 탈시설화로 인한 가족책임의 과도와 지역사회보호 기능 강조

1960년대 초 미국에서 정신지체장애인과 정신장애인을 대단위 수용시설에서 퇴소시켜 지역사회로 돌려보내는 탈시설화 정책을 실시하였다. 이때 가족들은 클라이언트를 직접 돌봐야 하는 책임감이 과도하게 증가되었고, 이들은 종합적인 서비스를 찾게 되었다. 그 결과 각 기관이나 단체의 경계를 넘는 종합적인 서비스가 요구되었고, 이러한 요구에 의해 사례관리라는 포괄적이고 지속적인 방법론이 대두되었다.

② 장기적이고 복잡한 욕구를 가진 클라이언트 증가

정신지체나 정신질환 혹은 신체장애인과 노인 인구의 증가로 인하여 소득, 주택, 사회화, 재활, 의료 중에서 2개 이상의 서비스를 필요로 하는 클라이언트들이 증가하였고 다양한 욕구를 가진 클라이언트에게 통합된 서비스를 통합하여 제공하기 위하여 사례관리 방법론이 대두되었다.

③ 다양한 서비스체계 통합 연계 필요성 증가

욕구가 다양한 클라이언트의 증가와 다양한 서비스 기관들이 출현하면서 서비스체계의 연계성이 요구되었다. 특히 비공식적인 지원체계와 사회적 지원망의 중요성이 부각되면서 공식적이고 전문적인 서비스와 비공식적 지원체계 및 지원망을 조정하는 통합 연계 방법론이 필요하게 되었다.

---

2) 〈부록 2〉 서식 16, 서식 17, 서식 18 참조.

④ 서비스 비용 절감의 필요성 증대

1970년대 중반부터 등장한 복지국가의 위기 속에서 나타난 복지다원주의 사상의 등장으로 말미암아 점차 서비스 비용 절감에 대한 인식이 등장하였다. 특히 서비스 간의 중복을 피하고 서비스 비용 대비 효과를 높이는 방안이 요구되는 시대적 상황 속에서 사례관리가 등장하게 되었다.

(2) 정의

사례관리는 미시적인 동시에 거시적 접근, 개별 실천과 통합적 실천, 지역사회 실천을 통합한 형태를 지니고 있다. 다음은 다양한 학자들의 정의다.

① 레빈과 플레밍(Levin & Fleming, 1984)

정부나 사회복지기관과 같은 서비스체계 차원에서는 클라이언트에 대한 서비스를 조정하는 전략이며 클라이언트 차원에서는 특정한 서비스를 제공받을 수 있도록 지향하는 과정이다.

② 오스틴(Austin, 1983)

클라이언트에게 다양한 서비스를 전달하는 데 목적을 둔 일련의 연속적으로 관련된 직무들로 구성되어 있는 체계적인 문제해결 과정이다.

③ 로버트-드제나로(Robert-DeGennaro, 1987)

사례관리는 특별한 위험 대상 표적인구를 위하여 지역사회복지실천의 노력과 직접적인 서비스 실천인 개별 접근이 혼합되어 있는 실천이다.

④ 오코너(O'Conor, 1988)

사회복지실천의 핵심 기술로 사례관리를 정의하고 사례관리의 개념과 사례관리 체계에 관한 개념 간에 중요한 구별을 하였다.

⑤ 모슬리(Moxley, 1989)

복합적 욕구를 가진 사람들의 기능화와 복지를 위해 공식적 · 비공식적 지원과 활동의 망을 조직하고 조정하고 유지하는 것이다.

⑥ NASW(1984)

여러 가지 문제와 장애가 있는 클라이언트에게 적합한 형태로 적절한 시기에 필요로 하는 모든 서비스의 보장을 돕는 포괄적 서비스 방법이다.

따라서 사례관리란 다양한 욕구를 가지고 자원 접근과 활용 역량이 부족한 클라이언트에게 사회복지의 미시적/거시적 실천기술을 활용하여 욕구 해결과 주체적 사회적응을 지원하는 포괄적 서비스를 말한다.

(3) 목적과 목표

사례관리의 목적은 클라이언트의 욕구 해결과 주체적 사회적응 능력을 향상시키는 것이고 목표는 개인의 자원 접근성, 잠재력 강화 등을 목표로 하는 개인의 변화, 자원의 효율적 전달체계 구성 및 전문가 간 협력관계 증진을 목표로 하는 지역사회의 변화, 공식 · 비공식 자원망의 개발과 보호역량 극대화다.

(4) 특성

파편적인 서비스체계를 클라이언트 중심으로 통합하여 효율성을 증진시키며, 비공식 자원체계 개발을 통한 지역보호 능력 향상과 서비스 연속성을 보장하며, 지속적인 평가/점검을 통한 조정(coordination) 기능의 강화, 서비스 전반에 대한 사례관리자와 기관의 권한 및 책임성 부여, 클라이언트와 자원망의 상호작용을 촉진한다.

(5) 사례관리의 과정

① 초기접수

사례관리를 필요로 하는 이용자를 발견하고 그들의 욕구를 개략적으로 파악하여 적성심사를 거쳐 서비스를 받을 자격이 있는지를 결정하는 단계다. 선별(screening), 초기면접이 이 단계에서 행해진다.

② 사정

이용자의 주위 환경을 포함해 그의 상황을 이해하는 집중적이고 체계적인 과정이다. 서비스 적격성 여부, 이용자의 욕구, 능력 및 잠재적 자원 확인, 이용자의 진행 과정을 평가하는 방법 등을 구체화하기 위해서 사정 과정이 중요하다. 이때에는 욕구 및 문제사정과 자원사정, 장애물사정 등을 실시한다.

③ 개입계획(자원 확인 및 목록화)

개입계획 수립은 누가 사례관리 과정에서 사례관리자의 역할을 수행할 것인가, 한 사람의 사례관리와 관련된 사람들은 어떤 사람들인가, 사정에서 확인된 욕구나 문제의 우선순위는 무엇인가 등의 문제에 대하여 잠정적으로 해답을 내리는 과정이라고 말할 수 있다.

이때에는 상호 간의 목적 수립하기, 우선순위 정하기, 전략 수립하기, 최선의 전략 선택하기, 전략 실행하기 등이 실행된다.

④ 개입(연결)

이용자가 질 좋은 서비스나 원조를 원활히 받을 수 있도록 실행하는 과정으로 서비스를 선별해서 이를 조정한다. 개입은 크게 2가지로 나누어 볼 수 있다. 첫째는 사례관리자 자신이 제공하는 직접 서비스가 계획대로 잘 유지되도록 하는 경우이며, 둘째는 외부자원 획득을 통한 간접 서비스 제공으로 타 기관이나 다른 사람에 의해 서비스가 적절히 유지되고 있는지에 대하여 확인한다.

⑤ 점검 및 재사정

서비스가 계획된 바에 따라 전달되고 있는지 검토하고 이용자의 상태에 따라 계획을 수정하는 단계다. 또한 새로운 개입계획의 수립과 연결에 이르는 이용자 서비스 과정에 대한 계속적인 서비스 평가 단계다. 보통 3개월에 한 번씩 점검이 이루어지며 재사정 단계를 거쳐 이용자의 욕구가 충족되지 않았을 경우 목표 설정과 개입계획으로 돌아가 사례관리의 과정을 반복한다.

이 단계에서는 구체적으로 계획된 서비스의 전달 정도, 서비스와 지원 계획의 목표 성취 정도, 서비스와 사회적 지지의 산출 정도, 이용자의 욕구 변화 점검, 서비스 계획의 변화 여부 검토 등이 이루어진다.

⑥ 평가 및 종결, 사후지도

평가단계는 사례관리자에 의해 형성되고 조정되는 서비스 계획, 구성 요소, 활동 등이 어떤 효과를 나타내었는지를 알아보기 위한 과정이다. 서비스 평가는 년 1회 정도 정기적으로 실시하는 것이 바람직하다. 평가를 거쳐 목표가 달성되었고, 현재의 상태가 계속 유지될 것이 확실하고 이용자에게 더 이상의 서비스를 제공할 수 없게 될 경우에 서비스를 종결 또는 중단한다. 그러나 사례가 종결되더라도 지속적인 의사소통이 이루어질 수 있도록 통로를 유지하는 것이 중요하다. 종결이 이루어지면 사후지도가 실시된다.

작업sheet 5

사례관리 정의 및 목적 등을 중심으로 설명하시오.

1. 사례관리의 등장 배경과 정의를 말해 보자.

2. 사례관리의 과정을 이야기해 보자.

사례관리에 대한 개념을 보고서로 정리하며 핵심 사항을 학습할 수 있도록 하자.

다음 사례는 사례관리가 이루어진 전 과정을 기록한 것이다. 주의 깊게 읽고 사례관리 과정을 학습하자.

※ 이하의 사례는 기관의 동의를 얻어 학습용으로 공개하였고, 모든 개인의 실명은 삭제하였다.

1. 가구 초기면접 기록지

■ 가구번호: 이▲▲-4 (○○○-○○○)

작성일시	20○○.○○.○○	면접자	○○○	면접장소	■방문 □내방 □전화	
의뢰경로	○○시 We Start 시범단지 ○○마을 아동			의뢰자		의뢰일시
의뢰사유	We Start 시범사업과 관련하여 서비스 제공에 동의하심으로 가정방문 상담함.					

성명 (주양육자)	이@@	성별	■남 □여	주민번호	○○○○○○-○○○○○○○
주소	○○ 1단지 ○○○-○○○	전화번호	(집) ○○○-○○○○ (H.P.) ○○○-○○○-○○○○		
방문/연락 가능한 시간	저녁시간 가능	주양육자 이외 비상 연락처	(성명) 양## (관계) 모 (전화번호) ○○○-○○○-○○○○		

가족사항	연번	관계	성명	생년월일	직업	학력	장애/질병유무	동거여부	비고
	1	부	이@@	19**.0.0	식당	고졸	없음	○	
	2	모	양##	19**.0.0	자활근무	고졸	없음	○	
	3	we 아동	이▲▲	19**.0.0	학생	초재	없음	○	
	4	자	이**	19**.0.0	학생	초재	없음	○	

세대유형	보호 유형	□수급자 □조건부수급자 □차상위 ■기타 저소득	책정연도	
		■의료보험 □의료급여1종 □의료급여2종 □기타 ( )		
	가구 형태	■부 모 □편 부 □편 모 □조부모 □친척양육 □기타( )		

소득현황	총월소득	170만 원	지출현황	총월지출	180만 원
	주요 소득원	부모 경제활동 수입		주요 지출내역	생활비 150만 원 학원비 22만 원

주거환경	주거 형태	□자가(소유주) □전세(보증금 만원/전세금 만원) □월세(보증금 만원/월세금 만원) ■영구임대 □무상임대 □기타( )			아동환경	침실/놀이공간	■양 호 □협 소 □무
	주택 유형	■아파트 □연립 □단독주택 □다가구주택 □기타( )				컴퓨터	■유 □무
	거주 기간	14년 개월	이사 계획	□유( ) ■무		주변 환경	□소 음 □악취/불결 □환기부적절 □채광부족 □대로변 □유흥가
	동거인원	4 명	방	2 개(14 평)			

가족의 주요문제 / 가족이 원하는 도움	가구의 특이사항/ 면접자 의견 (필요 시 가족력, 생태도 기타 가족관련 사항 포함)
• 가족사항: 부모님이 아동을 잘 양육하고 있으나 경제적으로 빚이 많아 아동 양육에 거의 신경을 쓰지 못함. 부부싸움을 자주함. • 경제적: 부는 중국집을 운영하다가 사업실패로 7천만 원 빚이 생겨 신용 불량자가 됨. 현재는 중국집에 취업하여 일하고 있음. 모는 인근에 있는 시설에서 자활근무로 일을 하고 있음. • 정서적: 부모의 잦은 싸움으로 아동의 정서가 안정적이지 못하며 공격적인 성향을 많이 보임(모가 많이 걱정함). • 아동 양육 및 교육적: 부모가 경제적으로 어려운 상황으로 다툼이 잦아 아동 양육에 많은 관심을 가지고 있지 못한 상황임. 교육적인 면에 있어 학습 능력 떨어짐. 아동이 다리 장애가 있어 수술이 요구됨.	1. 경제적인 어려움으로 인해 부부관계가 좋지 않아 부부상담을 연결하는 것이 필요함. 2. 클라이언트가 다리에 장애가 있어 수술이 필요한 실정임으로 자원을 연결하여 수술비를 지원하는 것이 필요함. 또한 방과 후 보호과 학습 서비스를 받을 수 있도록 자원을 연결하는 것이 필요함. 3. 클라이언트가 가정생활과 학교생활에 있어 공격적인 성향을 많이 나타내고 있어 전문적인 상담을 통해 아동에게 필요한 서비스를 연계하는 것이 필요함.

가족 및 환경 관련 위험 사정

	항목	0	1	2
1	아동에 대한 구타와 욕설 등 신체적 · 정서적 학대가 있다.	○		
2	아동에 대한 신체적 · 의료적 · 교육적 방임이 있다.	○		
3	보호자가 정신분열증이나 정신지체 등과 같은 정신장애가 있다.	○		
4	보호자가 알코올 중독이나 남용의 징후가 보인다.	○		
5	배우자 학대가 있거나 부부갈등이 심각하다.		○	
6	가정환경의 위생 및 안전 상태가 불량하다.	○		
7	보호자에게 신체장애가 있다.	○		
8	보호자에게 신장병, 당뇨병 등 만성적인 신체질환이 있다.	○		
9	주 보호자 외에 가족 내 지속적인 관리를 요하는 치매노인, 중증장애인 등이 있다.	○		
10	부모님 모두가 돌아가셨거나 안 계시다(조손가정, 친인척 보호 등)	○		
11	한부모가정이다.	○		
12	보호자가 만성적인 실직 상태다.	○		
13	외국인 근로자 가정이다.	○		
합계	1점 × (1)문항 + 2점 × (0)문항 =	1 점		

1) 해당 항목의 심각성 표시 방법

(1) 0점: 해당하지 않음.

(2) 1점: 임상적 주의나 지속적인 관찰을 요함.

(3) 2점: 매우 문제가 심각하여 즉각적인 개입이나 진단과 치료가 필요함.

2) 문항에 대한 설명

(1) 1~5번: 가정폭력 및 보호자 정신건강으로 인해 건전한 양육이 불가능한 경우로서 즉각적인 격리보호나 의료적 지원이 요구되는 위험 요소

(2) 6~9번: 가정환경의 안전, 위생 상태, 보호자의 신체질환, 간병 부담 등으로 인해 양육환경 지원이 필요한 경우

(3) 10~11번: 가족구조적 결손이나 실직 등으로 인한 만성적인 위험 요소

3) 고위험 사례 판정 기준

1번에서 5번까지의 고위험 항목(가정폭력 및 부모의 정신건강 등) 중 단 1개 항목에서라도 2점이 있으면 고위험으로 판정한다.

2. 아동 초기면접 기록지(만 6~12세용: 취학아동)

■ 아동번호: 이▲▲-4 (○○○-○○○)

작성일시	20○○.○○.○○	면접자	○○○	면접장소	■방문 □내방 □전화
추가 면접시 작성일시/ 면접자/ 면접장소					

아동성명	이▲▲	성별	■남 □여	실제생년월일	19○○.○○.○○ (만 11세)

건강 상태	출생 상태	■만숙아 □미숙아 □과숙아 □선천성기형____________ □선천성질환____________	
	현재 건강 상태	전반적인 건강/발육 상태	■매우 양호 □양호 □보통 □불량 □매우 불량
		영양 상태	■매우 양호 □양호 □보통 □불량 □매우 불량
		장애유무	■무 □유 (장애명 : 발생/진단시기:)
		질병유무	■무 □유 (질환명 : 발생시기:)
		현재 약물복용/기타 치료 상황	없음.
		주 이용 의료기관	□보건소 ■개인병원( ) □종합병원( )
원하는 건강 관련 도움/특이 사항	태어나면서부터 오른쪽 다리가 5cm 정도 길어 수술이 필요함. 병원에서는 성장기이므로 좀 더 두고 보자고 하나 올해 겨울쯤 수술을 원함.		

가정 생활	주 양육자	■모 □부 □조모 □조부 □친척( ) □기타( )	
	모 취업 형태	□가사 ■취업(■종일 □반나절 □심야까지) □기타( )	
	양육 태도	■엄격한 편 □보통 □허용 □ 방임	
	가정생활 습관	청결	■매우 양호 □양호 □보통 □불량 □매우 불량
		취침	■매우 양호 □양호 □보통 □불량 □매우 불량
학교 생활	학교명/학년	♥♥ 초등학교 4 학년	
	학교적응상태	■매우 양호 □양호 □보통 □불량 □매우 불량	
	교우관계	■매우 원만 □원만 □보통 □불량 □매우 불량	
	학업성취도	□상 □중상 □보통 □중하 ■하	
	문제 경험	□없음 □상습결석/지각 □성적 부진 □수업태도 불량/산만 □폭력(피해/가해) □도벽 □집단따돌림(피해/가해) □인터넷/게임중독 □기타(공격성으로 인해 또래들과 다툼이 잦음)	
방과 후 활동	주 활동 장소	□외부 방과 후 지도기관 ■집 □친구집 □놀이터 □기타:	
	외부 방과 후 지도기관 종류	□학교특기적성 □복지관 □공부방( ) ■사설학원(합기도학원) □기타:	
	학습 지도/숙제	□가정에서 지도 ■가정에서 혼자 □방과 후 기관의 지도 □하지 않는다	
	저녁식사	■가정에서 가족과 □가정에서 혼자 □방과 후 지도기관에서 □기타:	
원하는 교육 관련 도움/특이 사항	■ 학습: 학습 능력이 또래에 비해 많이 떨어짐. 학습에 대한 동기가 부족하며 학습 습관이 형성되지 않았음. ■ 정서: 감정 조절이 되지 않으며 공격적인 행동을 자주함(또래들과 다툼이 많음). ■ 신체: 전체적으로 건강하나 다리에 장애가 있어 수술이 요구됨.		

아동 발달 관련 위험사정

	항목	0	1	2
1	정신지체가 있거나 의심된다.	○		
2	신장병이나 소아당뇨 등 지속적인 관리를 요하는 만성질환이 있다.	○		
3	언어청각 장애나 지체장애 등의 신체장애가 있다.	○		
4	선천적 기형이 있다.		○	
5	주의집중을 하지 못하고 행동통제 및 충동조절에 어려움을 겪는 등 주의력 결핍 과잉행동 장애의 징후가 보인다.		○	
6	사회적 · 정서적 상호작용이 거의 안 되고, 제한된 관심사에 사로잡혀 있는 등 자폐성 장애의 징후가 보인다.	○		
7	대변이나 소변을 잘 가리지 못한다.	○		
8	우울이나 불안 수준이 높다.	○		
9	도벽, 가출, 폭력, 약물 남용 등과 같은 비행행동을 보인다.	○		
10	또래따돌림과 같은 학교 부적응 행동을 보인다.		○	
11	학습부진 또는 학습장애 등 학습 관련 문제행동이 보인다.		○	
12	연령에 비해 전반적으로 발달이 늦다(신체발달, 운동발달, 언어발달 등).	○		
13	출생 시 미숙아로 태어났다.	○		
합계	1점 × (4)문항 + 2점 × (0)문항 =	4 점		

1) 해당 항목의 심각성 표시 방법

(1) 0점: 해당하지 않음.

(2) 1점: 임상적 주의나 지속적인 관찰을 요함.

(3) 2점: 매우 문제가 심각하여 즉각적인 개입이나 진단과 치료가 필요함.

2) 문항에 대한 설명

(1) 1～4번: 선천적인 기형이나 장애와 관련된 위험요소로서 의료적 지원 서비스나 특수교육서비스, 수술 지원 등 서비스 제공의 우선적 고려대상

(2) 5～11번: 사회적 · 정서적 · 행동적 문제 징후가 의심되는 경우로 진단, 평가와 관련

(3) 12～13번: 미숙아로 태어나거나 신체적, 언어적, 운동적 발달과 관련된 위험요소로 발달에 대한 관찰 및 주시 필요

3) 고위험 사례 판정 기준

1번에서 4번까지의 고위험 항목(선천적 기형, 장애 관련) 중 단 1개 항목에서라도 2점이 있으면 고위험으로 판정한다.

3. 사정기록지

■ 아동번호: 이▲▲-4 (○○○-○○○)

작성일시	20○○.○○.○○			작성자(주조정자)	○○○
아동성명	이▲▲	성별	남	실제생년월일	

<table>
<tr><td colspan="2" rowspan="2">위험도 사정</td><td colspan="2">위험도 점수</td><td colspan="2">위험도 평가</td></tr>
<tr><td>총점</td><td>발달관련 위험도(4 점)
가족/환경관련 위험도(1 점)</td><td colspan="2">□ 고위험사례
■ 저위험사례</td></tr>
<tr><td rowspan="3">아동의 특징</td><td>신체적 장애/ 발달적 특징</td><td colspan="4">• 발육상태가 양호하며 매우 건강함. 또래에 비해 몸집이 크며 다소 비만임. 체육활동에서 쉽게 지침.
• 태어날 때부터 오른쪽 다리가 5cm 길어 약간 다리를 저나 표시 나지 않음. 수술이 필요함.</td></tr>
<tr><td>정서적 특징</td><td colspan="4">• 감정조절 능력이 부족하여 공격적인 행동을 하는 경우가 많음.
• 첫째라 책임감을 많이 느끼는 편이나 자존심이 셈. 또래에 비해 의젓하다가도 자신이 무시당한다고 느끼면 크게 분노함.</td></tr>
<tr><td>대인관계/ 행동적 특징</td><td colspan="4">또래관계가 활발하지 않으며 대인관계 형성 방법을 잘 모름.</td></tr>
<tr><td colspan="2">아동의 당면 문제</td><td colspan="4">자신이 느끼는 감정에 대해 표현하는 능력이 부족하며 불리한 상황이나 기분이 나쁜 상황에 있어 표현하지 못하고 쌓아 두었다가 폭발하는 경향이 있음. 학습 능력이 많이 떨어짐.</td></tr>
<tr><td colspan="2">아동의 강점</td><td colspan="4">선생님의 설명에 대해 수긍하며 잘 받아들임. 자신의 생각이 뚜렷하여 옳게 행동해야 한다고 생각하며 매우 바른 모습을 보임.</td></tr>
<tr><td rowspan="2">가구의 특징</td><td>가족의 당면 문제</td><td colspan="4">부모님께서 맞벌이로 아동의 양육에 많은 시간을 할애하지 못하여 아동과 대화가 부족하며 경제적인 어려움으로 다툼이 잦아 아동에게 부정적인 영향을 미침.</td></tr>
<tr><td>가족의 강점</td><td colspan="4">경제적으로 어려운 상황이나 좋은 가정을 만들고자 노력하며 아동에 대한 관심이 있음.</td></tr>
<tr><td colspan="2" rowspan="7">주변 자원
(비공식 자원)</td><td>지원처
(이름/관계)</td><td>지원 가능한
도움의 종류</td><td>과거 도움의
종류와 기간</td><td>연락처</td></tr>
<tr><td>○○초등학교</td><td>학교사회복지실 서비스</td><td>진행 중</td><td>031-000-0000</td></tr>
<tr><td>합기도 학원</td><td>방과 후 체력단련</td><td>진행 중</td><td>031-000-0000</td></tr>
<tr><td></td><td></td><td></td><td></td></tr>
<tr><td></td><td></td><td></td><td></td></tr>
<tr><td></td><td></td><td></td><td></td></tr>
<tr><td></td><td></td><td></td><td></td></tr>
</table>

4. 사례관리 계획서

신규 사례회의 결과	신규 사례회의 일시: 20○○. ○월
	종합의견:

	욕구/문제 영역	서비스 목표	서비스 계획 내용	담당 서비스관리자	소속 기관/연락처
사례 종합 계획	복지 · 보건	태어날 때부터 가진 다리 장애 어려움 해결	We Start 연계 병원인 ○○대병원 의료사회사업팀과 연계하여 수술 지원	○○○ 건강조정자 ○○○ 학교사회복지사	031-000-0000
	복지	경제상황으로 발생하는 부부관계 어려움 해결	• 부부상담 연계 - 건강가족지원센터 또는 ○○시 정신보건센터 • 지속적인 상담을 통해 부와 모의 역할을 지지하고 격려	○○○ 학교사회복지사	031-000-0000
	교육	학습 능력 향상 및 특기활동 지원	• 학교특별활동 지원 • 학습 지도 지원	○○○ 학교사회복지사	031-000-0000
	복지	아동의 감정조절 능력 향상을 통해 학교적응력 향상	• 아동 개별 상담 진행 • 또래관계 관련 집단프로그램 지원 • 긍정적인 모델 제시와 아동지지체계 마련을 위한 멘토 연계	○○○ 학교사회복지사	031-000-0000

2차 사례회의 결과	2차 사례회의 일시: 20○○.○○.○○
	종합의견:
3차 사례회의 예정 일시	20○○.○○.○○

5. 사례관리 점검일지

■ 아동번호: 이▲▲-4 (○○○-○○○)

작성일시	20○○.○○.○○	작성자(주 조정자)	○○○
욕구/문제 영역	서비스 제공 내용	서비스 점검/평가 내용	비고 (서비스관리자 의견)
교육	학교 3월 진단평가	국어 35점, 수학 75점	
보건	20○○.○○.○○보건소 구강검진	보건소 구강검진에서 치아가 많이 썩어 진료 시간이 오래 걸렸으며 영구치가 많이 썩어 별도의 치료를 요함.	보건소 치료 외에 별도 진료가 요구되어 모와 상담하였으나 치료가 이루어지지 않고 있음.
복지	20○○.○○. ○○체육 프로그램	탄천종합운동장에서 하는 프로그램 중 축구를 신청함.	관심이 많아 학교사회복지실에 들러 언제 하는지 계속 확인함.
보건	학부모 상담	모와 아동 다리 수술 관련하여 상담을 실시함. 아동이 아직 성장기라 성장이 멈춘 후에 수술하는 것이 안정적이라 추후 지원받고 싶다고 말씀하심. 아동의 학교생활에 있어 감정조절이 잘 되지 않아 또래관계에 어려움이 있으며 공격적인 행동으로 인하여 교사에게 지적을 많이 받아 이 부분을 어떻게 하면 좋을지 고민이 된다고 하심.	

사례회의 결과	사례회의 일시: 20○○.○○.○○
	종합의견:
차기 사례회의 예정 일시	20○○.○○.○○

■ 아동번호: 이▲▲-4 (○○○-○○○)

작성일시	20○○.○○.○○	작성자(주 조정자)	○○○
욕구/문제 영역	서비스 제공 내용	서비스 점검/평가 내용	비고 (서비스관리자 의견)
교육	7월 기말고사	국어 65점, 수학 60점, 과학 60점, 사회 65점	지난번 성적과 비슷하나 과학이 많이 올랐음. 방과 후 교실과 학원을 다니지 않고 혼자 공부한 것에 비해 성적은 좋은 편임.
복지·교육	학교 특기적성교육 컴퓨터	6~8월 특기적성으로 컴퓨터를 신청하였음.	컴퓨터 시간을 잊어버려 잘 참석하지 못해 학교사회복지사가 주의를 줌.
복지	집단 프로그램 '새로운 나 꿈꾸기'	공격성 아동 프로그램을 부모님 동의를 받아 실시함.	1~8회기 결석 없이 잘 참여함. 첫 회기 감정 폭발 이후 바른 모습을 보이려고 노력하였음. 모든 프로그램에 적극적이었으며 프로그램이 없는 날에도 학교에 와서 학교사회복지사에게 모르는 문제를 물어보고 자신의 숙제를 점검해 줄 것을 요청하는 등의 적극적인 모습을 보임. 프로그램 동안 일반 아동과 친해져 서로의 집을 왕래하는 등 긍정적인 모습을 보임.
복지	신체발달 프로그램	축구를 신청하여 참여하고 있음.	방학 이후 가족과의 시간으로 잘 참여하지 못함.
복지	6월 문화체험	인천 용유도 갯벌체험 다녀옴.	잘 참여하였으며 즐거워하였음.
복지	인성교육	복지관 인성교육 참여함.	적극적인 모습과 바른 모습으로 잘 참여함.
복지	대학생 멘토링 '함께 가는 구름다리'	멘토링 발대식	멘토 선생님과 첫 대면에 설레어 하였으며 좋아하였음.
		7월 전체문화체험 인사동 전통거리 체험 및 서대문 자연사박물관 관람	자신만의 선생님이 생겼다는 사실에 대해 좋아하였으며 체험활동에 적극적이었음. 자신이 잘 모르는 것에 대해서는 선생님에 질문하는 모습을 보였으며 자신의 일상생활을 나누어 주는 모습을 보였음. 또한 자신의 잘못된 부분에 대해 고치기로 선생님과 약속을 하기도 했음.
		학습활동	3회기 학습활동 계획에서 4회기로 늘려 진행되었으며 멘토 선생님이 다니는 교회도 다녀옴으로써 앞으로 교회를 다니고 싶다는 이야기를 함.

사례회의 결과	사례회의 일시: 20○○.○○.○○
	종합의견:
차기 사례회의 예정 일시	20○○.○○.○○

■ 아동번호: 이▲▲-4 (○○○-○○○)

작성일시	20○○.○○.○○	작성자(주 조정자)	○○○
욕구/문제 영역	서비스 제공 내용	서비스 점검/평가 내용	비고 (서비스관리자 의견)
복지 · 교육	9~11월 특기적성 과학	학교 특기적성으로 과학을 신청하여 수강함.	아동 스스로 과학이 하고 싶다며 과학 특기적성을 신청함. 현재 1회 진행되었는데 흥미를 가지고 잘 참여하고 있음.
복지	여름방학캠프 8월 8~9일	○○유스호스텔로 캠프를 다녀옴.	캠프 내내 바른 모습으로 지냈으나 캠프 후 학교사회복지사와 상담을 하며 캠프 동안 있었던 불만에 대해 토로함. 클라이언트에게 즐거움과 불만이 공존한 캠프였던 것으로 생각됨.
복지	'함께 가는 구름다리'	8월 개별 문화체험 (CGV 영화관람)	영화 〈아이스케키〉를 관람하였음. 자신이 보고 싶었던 괴물 영화를 보지 못해 아쉬워하였으나 학교사회복지실에서 작성한 소감문을 훌륭하게 완성함(맞춤법이 불안함).
		학습멘토	방학 동안 멘토 선생님과 가정에서 학습을 진행하였음. 과제를 성실히 수행하는 모습을 보이고 있으며 공부에 대해 의욕이 생김.
복지	신체발달 프로그램 ○○종합운동장	축구프로그램에 참여하고 있음.	방학 동안 친척집에서 보내는 시간이 많아 잘 참여하지 못했음.
상담	학교사회복지실 상담	방과 후 학교사회복지실에 들러 상담을 실시함.	클라이언트는 피해의식이 있으며 부정적인 편이나 현재 많이 좋아지고 있으며 긍정적인 사고를 하도록 스스로 노력하고 있음. 가정 안에서 불만인 것들에 대해 부모님에게 말을 하지 못하고 있으나 학교사회복지사에게 이야기함으로써 쌓였던 감정을 조금씩 풀고 있음.
보건	○○○의료원 무료건강검진	건강검진진단 종합소견 참고	요당, 요단백, 요ph, 요잠혈, 백혈구수, 적혈구수, 혈색소, 혈소판 수 등 비정상

사례회의 결과	사례회의 일시: 20○○.○○.○○
	종합의견:
차기 사례회의 예정 일시	20○○.○○.○○

■ 아동번호: 이▲▲-4 (○○○-○○○)

작성일시	20○○.○○.○○	작성자(주 조정자)	○○○
욕구/문제 영역	**서비스 제공 내용**	**서비스 점검/ 평가 내용**	**비고 (서비스관리자 의견)**
복지 · 교육	6~8월 컴퓨터 9~11월 과학	컴퓨터는 자주 결석하였으나 과학은 결석 없이 잘 참여하고 있음.	과학에 흥미가 있으며 수업을 마친뒤 학교사회복지실에 들러 특기적성에 참여했음을 알리고 가는 성실함을 보이고 있음.
복지	지역사회연계 문화체험(○○복지관)	IT월드로 문화체험을 다녀옴.	잘 참여하였으며 체험하는 과정에서 주어진 과제를 성실히 수행하는 모습을 보임. 하지만 자신이 잘 모르는 부분에서 짜증을 내는 등의 행동이 보임.
	신체발달 프로그램 ○○종합운동장	스케이트에 참여함.	축구를 신청하였으나 축구화가 없어 강사에게 계속적인 지적을 받아 축구가 싫어졌다며 스케이트를 이용하고 있음.
복지	'함께 가는 구름다리' 멘토링	학습멘토, 문화멘토, 상시멘토	9월 맹산, 10월 율동공원에 다녀옴.
복지 · 교육	학교폭력예방교육 및 사과의 날	인터넷중독예방교육과 학교폭력예방교육 및 사과의 날 행사에 참여하였음.	전교생 교육프로그램으로 진행됨.
복지	학교생활	학교생활에 만족해하나 내부에 감정을 쌓아놓는 경향이 있음.	클라이언트는 교사와의 상호작용이 활발하며 예의바름. 하지만 아직은 또래관계에 부적절한 부분이 많으며 자신의 감정을 잘 해소하지 못함.

사례회의 결과	사례회의 일시: 20○○.○○.○○
	종합의견:
차기 사례회의 예정 일시	20○○.○○.○○

■ 아동번호: 이▲▲-4 (○○○-○○○)

작성일시	20○○.○○.○○	작성자(주 조정자)	○○○
욕구/문제 영역	서비스 제공 내용	서비스 점검/평가 내용	비고 (서비스관리자 의견)
복지 · 교육	특기적성교육	과학을 신청하여 수강하고 있음. 매우 성실하며 흥미를 가지고 참여하고 있음.	열심히 참여하여 과학 특기적성 강사로부터 칭찬을 많이 받고 있음.
교육	겨울방학 아카데미	방학 중 겨울방학 선행학습 프로그램에 참여하고 있음.	초반기에는 학습에 대한 거부감이 컸으나 잘 적응하여 매우 성실하게 참여하고 있음. 학습에 있어 모르는 부분을 질문하고 스스로 해결하는 능력을 키우고자 노력함.
복지	사물놀이캠프	○○도 ○○면으로 4박 5일 장구 초급반 사물놀이캠프를 다녀옴.	사물놀이캠프 기간이 너무 길어 가는 것에 대해 두려워하였으나 잘 적응하면서 참여하였으며 장구에 소질을 보이면서 열심히 참여함. 클라이언트는 평소 교우관계가 활발하지 않아 캠프를 보내면서 걱정을 많이 하였는데 친구를 사귀고 와 긍정적임.
교육	기말고사	국 80, 수 65, 사 70, 과 65, 평균 70, 등수 25	20○○학년도 1학기에 비해 성적이 많이 향상되었으며 학습하는 자세가 차분하며 집중력이 강함. 다만 학습하는 시간이 학교교육과 멘토 선생님과의 학습멘토 시간밖에 없어 학습을 할 수 있는 기회를 제공하는 것이 필요함.
복지	'함께 가는 구름다리'	학습멘토 국, 수 문화멘토 11월 캐니빌리지 12월 에버랜드	학습멘토로 국어와 수학을 지도하고 있음. 문화체험으로 캐니빌리지와 에버랜드에 다녀옴. 자신의 체구가 크다는 것에 콤플렉스가 있어 작은 농담에도 크게 화를 내는 모습을 보였음. 자신의 감정을 적절하게 조절하는 능력이 부족함. 방학 동안 클라이언트의 멘토가 일본에 선교를 가 활동이 이루어지고 있지 않음.
복지	교사상담 아동 개별상담	학교생활 잘 적응함.	교우관계에 있어 적절한 방법을 모르나 많이 개선되었음.
복지	방과 후 생활	가정에서 시간을 보내고 있음. 학습과 보호의 기능이 부재함. 저녁 7시에 합기도 학원을 다니고 있음.	학교에서 진행되는 프로그램에 참여할 수 있도록 지도하는 것이 필요함.

사례회의의 결과	사례회의 일시: 20○○.○○.○○
	종합의견:
차기 사례회의 예정 일시	20○○.○○.○○

■ 아동번호: 이▲▲-4 (○○○-○○○)

작성일시	20○○.○○.○○	작성자(주 조정자)	○○○
욕구/문제 영역	**서비스 제공 내용**	**서비스 점검/평가 내용**	**비고 (서비스관리자 의견)**
복지 · 교육	특기적성교육	3~5월 과학을 신청하여 수강하고 있음.	열심히 참여하여 과학 특기적성 강사로부터 칭찬을 많이 받고 있음.
복지 · 교육	○○종합운동장 신체발달 프로그램	○○종합운동장에서 스케이트를 신청하여 타고 있으며 자유탁구대가 있어 자주 이용하고 있음.	운동으로 스케이트를 타기보다 선생님 그리고 또래들과 어울리기 위해 열심히 타는 모습을 보이며 탁구를 치고 싶어 하나 탁구채가 없어 자존심을 상해하였으나 곧 적응하여 즐겁게 참여함.
복지	대학생 멘토링 '함께 가는 구름다리'	학습멘토: 국, 수 문화멘토: 2월 스타워즈전	멘토 선생님이 대학 4년생으로 시간이 많이 부족하게 되어 학습멘토를 자주 하지 못하고 있음. 멘토 선생님과 상의하여 4월부터 새로운 멘토를 맺어 주는 것으로 이야기를 함.
교육	학습지원 겨울방학아카데미	국 · 수 · 사 · 과 학습지를 모두 다 풀었음. 결석 없이 잘 참여함.	학습에 있어 중위권이며 클라이언트의 학습 능력으로 보아 계속적인 학습 지도와 관심을 가져 주었을 때 상위권으로 올라갈 수 있을 거라 생각됨. 클라이언트가 지속적으로 학습 지원을 받을 수 있도록 방법을 모색하는 것이 필요함.
복지	교사상담 아동 개별상담	5학년이 되어 학교생활에 잘 적응함.	교우관계에서 부족한 부분이 많음. 이러한 부분에 있어 또래상담반을 신청하여 대화하는 법, 타인을 이해하는 법에 대해 집단상담하는 것이 필요함.
복지	방과 후 생활	가정에서 시간을 보내고 있음. 학습과 보호의 기능이 부재함. 저녁 7시에 합기도 학원을 다니고 있음.	클라이언트는 방과 후 학교사회복지실을 배회하다가 집에 가곤 하는데 방과 후 집에 가면 할 일이 없고 누군가와 대화를 나누고 관심을 나누고 싶기 때문인 것으로 보임. 이러한 부분을 새롭게 맺어진 멘토 선생님과 나눠 아동이 일상생활 속에서 지지받을 수 있도록 하는 것이 필요함.

사례회의 결과	사례회의 일시: 20○○.○○.○○
	종합의견:
차기 사례회의 예정 일시	20○○.○○.○○

■ 아동번호: 이▲▲-4 (○○○-○○○)

작성일시	20○○.○○.○○		작성자(주 조정자)	○○○
욕구/문제 영역	서비스 제공 내용	서비스 점검/평가 내용	비고 (서비스관리자 의견)	
복지 · 교육	특기적성교육	3~5월 과학을 신청하여 수강하고 있음.	열심히 참여하여 과학 특기적성 강사로부터 칭찬을 많이 받고 있음.	
복지 · 교육	○○종합운동장 신체발달 프로그램	○○종합운동장 스케이트를 신청함. 최근 일반 친구들과 야구게임들을 하느라 참여하지 못함.	클라이언트는 작년에 적절한 교우관계를 맺는데 어려움이 있었으나 5학년이 되면서 많이 좋아졌음. ○○종합운동장에 나오지 않고 친구들과 다른 게임을 하면서 관계하는 것에 대해 긍정적으로 평가됨.	
복지	대학생 멘토링 '함께 가는 구름다리'	멘토를 구하지 못해 진행하지 못하고 있음.	멘토를 모집하는 것이 필요함.	
보건	구강 · 영양교육	구강과 영양교육을 실시함.		
복지	집단프로그램	CAC 프로그램 신청 (○○지원 음악치료)	학부모, 아동과 상담을 실시하여 프로그램에 참여하기로 함.	
복지	교사상담 아동 개별상담	5학년이 되어 학교생활에 잘 적응함.	학교생활이 원만하며 또래관계가 많이 향상되었음.	
복지	방과 후 생활	가정에서 시간을 보내고 있음. 학습과 보호의 기능이 부재함. 저녁 7시에 합기도 학원을 다니고 있음.	클라이언트는 방과 후 합기도 학원을 제외하고 활동하는 것이 없음. 고학년이 되어 가고 있으므로 학습 보충이 필요함.	

사례회의 결과	사례회의 일시: 20○○.○○.○○
	종합의견:
차기 사례회의 예정 일시	20○○.○○.○○

■ 아동번호: 이▲▲-4 (○○○-○○○)

작성일시	20○○.○○.○○	작성자(주 조정자)	○○○

욕구/문제 영역	서비스 제공 내용	서비스 점검/평가 내용	비고 (서비스관리자 의견)
복지·교육	특기적성교육	3~5월 과학을 신청하여 수강하고 있음.	열심히 참여하여 과학 특기적성 강사로부터 칭찬을 많이 받고 있음.
교육	3월 진단평가 4월 중간고사	국 30 수 65 사 75 과 95 국 / 수 / 사 / 과 / 평균 / 등수 40 / 65 / 60 / 55 / 55 / 36	4학년 때에 비해 성적이 많이 떨어지고 있음. 국어 성적이 많이 안 좋으며 평소 문화체험 보고서를 작성할 때도 한글 어순을 많이 틀리는 모습을 보임. 학습에 대한 지원이 필요함.
복지·교육	○○종합운동장 신체발달 프로그램	○○종합운동장 스케이트를 신청함.	
복지	대학생 멘토링 '함께 가는 구름다리'	문화체험 5월 ○○시민안전체험관 6월 ○○공원, ○○미술관 ⇒ 7월 20일 멘토가 맺어질 예정	멘토가 중단된 이후로 학습과 문화 멘토를 실시하지 못했으나 5월부터 학교사회복지사의 인솔로 문화체험에 참여하고 있음. 학교사회복지사가 여러 명의 학생들을 지도하는데 어려움이 있어 학생들 간에 저학년과 고학년을 짝을 지워 활동할 수 있도록 지도하였음. 클라이언트는 동생들을 잘 챙기나 강압적으로 행동하는 경향이 있어 주의를 주었음.
복지	집단프로그램	CAC 프로그램 진행 (○○지원 음악치료)	결석 없이 잘 참여하고 있으며 프로그램에 적극적임. 프로그램 도중 자주 눈물을 보이며 화나는 감정을 참아내는 모습을 보이고 있음.
복지	교사상담 아동 개별상담	5학년이 되어 학교생활에 잘 적응하나 감정조절이 필요함.	또래들과 관계를 형성하는 것은 긍정적이나 다소 폭력적이며 감정조절이 어려워 싸움을 일으키는 일이 종종 있어 문제가 됨.
복지	방과 후 생활	가정에서 시간을 보내고 있음. 학습과 보호의 기능이 부재함. 저녁 7시에 합기도 학원을 다니고 있음.	클라이언트는 방과 후 합기도 학원을 제외하고 활동하는 것이 없으며 ○○○ 학생과 집에서 컴퓨터 게임을 자주함. 이 둘의 활동을 긍정적으로 이끌어 줄 인적 자원이 필요함.

사례회의 결과	사례회의 일시: 20○○.○○.○○
	종합의견:
차기 사례회의 예정 일시	20○○.○○.○○

■ 아동번호: 이▲▲-4 (○○○-○○○)

작성일시	20○○.○○.○○	작성자(주 조정자)	○○○
욕구/문제 영역	서비스 제공 내용	서비스 점검/평가 내용	비고 (서비스관리자 의견)
복지 · 교육	특기적성교육	3~5월 과학을 신청하여 수강하고 있음.	열심히 참여하여 과학 특기적성 강사로부터 칭찬을 많이 받고 있음.
교육	2학기 기말고사	국 85 / 수 50 / 사 65 / 과 85 / 평균 71.25 / 등수 33	1학기에 비해 성적이 향상되었음. 수학 점수가 떨어졌으나 크게 문제되지 않는 것으로 사료되며 꾸준한 학습 지도가 필요함. 이번 시험에 평균 70점 이상을 받기로 하였는데 약속을 지켰음.
복지 · 교육	○○운동장 신체발달 프로그램	○○운동장 스케이트를 신청함.	
복지	대학생 멘토링 '함께 가는 구름다리'	학습멘토 매주 금요일 문화체험 9월 ○○박물관 10월 ○○ 하우스 11월 인사동, 청계천 체험	학습멘토에서 제대로 외우지 못해서 어려움이 많았던 알파벳을 외우고 영어 단어를 암기하기 시작하였음. 자신감이 생길 수 있도록 계속적인 지도가 필요함. 학습에 있어 적극적인 모습을 보이고 하고자 하는 의욕이 있음. 클라이언트의 긍정적인 부분에 대해 칭찬과 격려가 요구됨(이러한 부분에 대해 멘토와 구체적인 목표를 다시 설정하는 것이 필요함). 문화체험 진행에 있어 아동의 욕구를 반영하여 진행하였으며 모두 즐거워하였음(9월 ○○박물관은 클라이언트보다 어린 아동들이 많아 클라이언트가 문화체험 하기에는 부적절하였음. 다음번 문화체험에는 고학년과 저학년 문화체험에 따라 학년의 특성을 고려하는 것이 요구됨. 10월 문화체험의 경우 또래아동 사이에서 패밀리 레스토랑을 가는 것이 문화로 자리 잡아 클라이언트의 요구로 진행됨).
복지	또래상담 '어깨동무'	20○○.○○.○○~ 현재 또래상담가 훈련 과정 참여	프로그램 시작 시간보다 항상 먼저 옴으로써 프로그램에 대한 높은 참여도와 적극성을 보임. 화를 조절하는 부분에 어려움이 있고 자신에 대해 솔직한 표현을 함(자신에 대해 잘 알고 있으며 타인에게 이해시킬 수 있는 강점을 가지고 있음). 계속적인 지지와 상담 목표를 설정하여 정기적인 상담을 실시하는 것이 요구됨. 집단지도자와 상의하는 것이 필요함.
	심성수련	20○○.○○.○○ ~ 현재 심성수련 프로그램 참여	자아를 발견하는 회기에 자신에 대한 별칭을 못 지어 교우들이 클라이언트가 학급에서 솔선수범하므로 '키다리 아저씨'로 하면 좋을 것 같다고 하여 별칭을 정함. 프로그램 동안 남학생이 클라이언트 혼자여서 수줍어하여 적극적으로 참여하지 못함.
복지	교사상담 아동 개별상담	교사-학교생활(또래관계, 학습) 아동-핸드폰 구입, 학교생활	학급에서 선생님을 도우며 적극적으로 참여하는 아동임. 학습에 있어서도 힘들어하지만 의욕이 있고 실천함. 클라이언트가 핸드폰을 구입하여 상담을 실시함. 부모님께서 핸드폰을 사 주셨다는 이야기를 함. 초등학생의 핸드폰 사용에 대한 이야기를 나누고(주의사항, 핸드폰 사용의 좋은점과 나쁜점) 상담을 마침.

사례회의의 결과	사례회의 일시: 20○○.○○.○○
	종합의견:
차기 사례회의 예정 일시	20○○.○○.○○

■ 아동번호: 이▲▲-4 (○○○-○○○)

작성일시	20○○.○○.○○	작성자(주 조정자)	○○○
욕구/문제 영역	서비스 제공 내용	서비스 점검/평가 내용	비고 (서비스관리자 의견)
복지 · 교육	특기적성교육	6~8월 축구를 신청하여 수강하고 있음.	We Start 지원
교육	3월 성취도 평가 중간고사 기말고사	19 28 20 22 19 50 65 35 70 55/37 60 60 50 60 57.5/36	성적이 향상되고 있음.
복지	We Start 문화체험 7월	문화체험: 캐리비안 베이, 수상스키 참여	
복지	대학생 멘토링 '함께 가는 구름다리'	학습멘토 매주 금요일 문화체험 6월 한마음 미니 올림픽	
복지	대인관계 프로그램 '친구야 놀자'	20○○. 5 ~ 7	
복지	학부모 상담 6, 7월	아동 학교생활 및 가정생활 상담 (가정에서 챙겨 줘야 하는 부분에 대해 부와 상담을 실시함)	얼마 전 부와 모가 별거를 시작하였으며 최근에 이혼함. 부모님의 이혼에 대해 아동에게 잘 설명하여 이해시켰다고 함. 부가 양육하기로 하였으며 모와 정기적으로 연락하는 것이 필요함.
	아동상담 6, 7월	학교생활 및 학습에 관련하여 상담을 실시함.	
복지	비만교실 참여	보건소 비만교실 참여	inbody 검사지 참고

사례회의 결과	사례회의 일시: 20○○.○○.○○
	종합의견:
차기 사례회의 예정 일시	20○○.○○.○○

■ 아동번호: 이▲▲-4 (○○○-○○○)

작성일시	20○○.○○.○○	작성자(주 조정자)	○○○
욕구/문제 영역	서비스 제공 내용	서비스 점검/평가 내용	비고 (서비스관리자 의견)
복지 · 교육	특기적성교육	6~8월 축구를 신청하여 수강하고 있음. 9~11월 미술을 신청하여 수강함. 수강생이 아동 1명인데도 성실하게 잘 참여함. 특기적성 강사분도 아동이 소질이 있으며 잘한다는 말씀을 하심.	We Start 지원
복지	사랑쉼터 이용	교우들과 방과 후 시간을 이용하여 상담을 자주함. 미술 특기적성과 관련하여 준비물을 학교사회복지실에서 준비해 줌.	
복지	대학생 멘토링 '함께 가는 구름다리' 2006. 6 ~ 현재	학습멘토: 매주 화요일 멘토 선생님과 라포형성이 잘 되고 아동이 성실하여 잘 진행되고 있음.	
복지	학부모 상담 8, 9월	멘토 활동에 대해 아버님께 어떻게 진행되고 있는지 알려 드림. 미술 특기적성 지원에 대해 알려 드림.	부자가정의 특성이 모자가정과 다르므로 그 특성에 맞는 접근이 필요함.
	아동상담 8, 9월	야구에 관해 상담함(자신의 직업으로 야구를 하는 것을 진지하게 생각해 볼 것에 대해 이야기함. 이러한 부분에 대해 아동 스스로 부모님과 이야기할 수 있도록 지지함). 학교생활에 대한 상담(교우관계, 학습에 대해 상담함). 특기적성 욕구에 대해 상담함.	아동 스스로의 역량이 많으므로 역량을 이끌어 주는 역할을 교사, 학교사회복지사, 멘토가 해 주어야 함.
	교사상담 9월	아동의 학교생활에 대해 상담함. 야구로 중학교에 진학하고자 하는 부분에 대해 상담함. 수학여행비 지원에 관해 상담함.	
보건	건강검진 8월	무료건강검진 실시	
교육	여름방학 아카데미	6학년 2학기 선행학습을 실시함. 수학 부분에 많은 향상을 보였으며 기존에 싫어하던 과목을 집중적으로 교육하여 2학기 성적을 기대해 볼 만함.	멘토 선생님과 상담하며 아카데미와 연속적으로 학습이 이루어질 수 있도록 해야 함.

사례회의의 결과	사례회의 일시: 20○○.○○.○○
	종합의견:
차기 사례회의 예정 일시	20○○.○○.○○

■ 아동번호: 이▲▲-4 (○○○-○○○)

작성일시	20○○.○○.○○	작성자(주 조정자)	○○○
욕구/문제 영역	서비스 제공 내용	서비스 점검/평가 내용	비고 (서비스관리자 의견)
복지 · 교육	특기적성교육	9~11월 미술을 신청하여 수강함. 성실하게 잘 참여하고 있음.	We Start 지원
복지	사랑쉼터 이용	교우들과 방과 후 시간을 이용하여 상담을 자주함. 미술 특기적성과 관련하여 준비물을 학교사회복지실에서 준비해 줌.	
복지	대학생 멘토링 '함께 가는 구름다리' 20○○.○○.○○	학습멘토: 매주 화요일 멘토 선생님과 라포형성이 잘 되고 아동이 성실하여 잘 진행되고 있음.	
복지	학부모 상담 10, 11월	성남장학회 장학금, 철도방송 장학금 관련 상담 야구 관련하여 상담	
	아동상담 10, 11월	야구 관련하여 상담을 실시함. 아동이 야구를 하려는 의지는 확고하나 가정환경에 대해 우려하고 있음. 학교생활에 대한 상담(학습 부분에 대한 상담을 많이 함).	
	교사상담 11월	아동, 교사, 학교사회복지사 3명이 함께 상담을 실시하였음. 아동의 야구와 관련하여 담임선생님께서 실제적인 이야기를 많이 해 주셨으며 야구를 하는 방향보다는 공부를 하는 방향으로 이야기를 많이 하였음. 담임선생님과 방과 후 계획표를 작성하여 매일 학습을 실시하기로 하였음.	
보건	영양교육 11월 ○○○ 보건소 비만검사	보건소 영양교육을 실시함. BMI 27.2(과체중)/체지방률 25.1(비만)/복부지방률 0.91(복부비만)/기초대사량 1640(표준 이하)	
교육	방과 후 학습 11월	담임선생님과 매일 학습을 실시하고 있음.	담임선생님과 상담하여 아동의 학습을 방과 후 담임선생님이 지도하기로 함.
복지	○○장학회	장학금 연결하여 30만 원 지급 예정임.	

사례회의의 결과	사례회의 일시: 20○○.○○.○○
	종합의견:
차기 사례회의의 예정 일시	20○○.○○.○○

■ 아동번호: 이▲▲-4 (○○○-○○○)

작성일시	20○○.○○.○○	작성자(주 조정자)	○○○
욕구/문제 영역	서비스 제공 내용	서비스 점검/평가 내용	비고 (서비스관리자 의견)
복지 · 교육	특기적성교육 ~ 현재	미술과 컴퓨터를 지원하여 수강하고 있음. 종종 결석함(야구시합 연습). 컴퓨터 자격증 시험을 보았으나 떨어짐.	We Start 지원: 컴퓨터 국고지원: 미술 We Start 지원아동 15명을 담당교사와 협의하여 국고 지원으로 함.
복지	사랑쉼터 이용	교우들과 방과 후 시간을 이용하여 상담을 자주 함. 미술 특기적성과 관련하여 준비물을 학교사회복지실에서 준비해 줌.	
복지	대학생 멘토링 '함께 가는 구름다리' ~ 현재	학습멘토: 매주 화요일 멘토 선생님과 라포형성이 잘 되고 아동이 성실하여 잘 진행되고 있음. 문화멘토: 에버랜드 다녀옴.	멘토 선생님의 경제적인 상황으로 2009년 2월에 종결 예정
복지	학부모 상담 12, 1월	야구 관련하여 상담 전입과 관련하여 상담(가정 상황이 여의치 않아 고민하고 계심). 교복 지원관련 상담.	
	아동상담 12, 1월	학습 관련하여 상담 문화체험 관련하여 상담 진로에 관한 상담	
복지	겨울방학 아카데미	결석 없이 잘 참여함. 하려는 의지는 있으나 기초가 부족하여 함수, 이차방정식 이해를 어려워함.	

사례회의 결과	사례회의 일시: 20○○.○○.○○
	종합의견:
차기 사례회의 예정 일시	20○○.○○.○○

6. 종결기록지

■ 아동번호: 이▲▲-4 (○○○-○○○)

<table>
<tr><td>작성일시</td><td colspan="2">20○○.○○.○○</td><td>작성자(주 조정자)</td><td colspan="2">○○○</td></tr>
<tr><td>종결
유형</td><td colspan="5">□ 목표 달성 후 종결
■ 중도탈락 (□ 이사 □ 서비스 거부 ■ 서비스 자격 변동 □ 연락 두절 □ 기타( ))</td></tr>
<tr><td>종결
처리</td><td colspan="5">□ 사후관리 실시
□ 타기관 의뢰 (의뢰기관/담당자:)
□ 접촉 불가
■ 기타(연계된 기관이 없어 사후관리가 필요하나 지속적으로 연락하는 것이 필요함)</td></tr>
<tr><td>사례
요약</td><td colspan="5">본 가정은 일반가정이었으나 부부간의 불화가 있어 서비스 중간에 아동의 부모님이 이혼하는 일이 있었음. 아동은 부, 모, 초등학교 여동생과 함께 거주하였으며 부는 중국집, 운수업 등 다양한 일에 종사하였음. 모는 자활근무를 하였으나 이혼 후 아동들과 일시적으로 연락하다가 연락 두절됨. 아동은 We Start 사업 초기 학교생활에 어려움이 많았으며 학습 부분에 있어 부진아로 분류되어 지도받고 있었음. 정서적인 부분에 있어 폭력적이고 자기표현이 적절하지 않아 학급 안에서 매일 싸움을 벌이고 또래관계, 교사와의 관계에서도 어려움이 있었음. We Start 서비스를 통해 아동의 어려움에 대해 교사에게 이해시킴으로 아동에 대한 교사의 관심이 긍정적이고 수용적으로 변화되었으며 멘토링 서비스, 정서지원 프로그램을 통해 아동의 공격적인 성향과 학습적인 어려움이 많이 해소되었음. 또한 학급에서 봉사와 나눔을 실천하는 아동이 되어 졸업식 때 전교생 앞에서 모범상을 받기도 하였음. 6학년 때 자신의 꿈을 발견하여 스스로 리틀 야구단에 들어가 야구 활동을 지속적으로 하며 꿈의 목적과 목표를 키워 가며 열심히 하는 모습을 보였음. 중학교 입학 후에도 학교사회복지사 선생님과 지속적으로 연락을 취하며 열심히 자신의 꿈을 향해 나아가는 모습으로 자신감과 성취감을 느끼며 성장하고 있음.</td></tr>
<tr><td rowspan="2">종결
평가</td><td>아동의 변화</td><td colspan="2">가족의 변화</td><td colspan="2">사례조정자
종합 의견</td></tr>
<tr><td>아동은 정서, 사회, 학습적인 부분에 있어 어려움이 많은 아동으로 학급 안에서 문제를 일으키는 아동이었음. We Start 서비스를 받으며 학교생활이 안정되어 자신의 일을 성실하게 수행하고 꿈을 찾아 열심을 다하는 긍정적인 아동으로 변화하였음.</td><td colspan="2">가정 안에 부부싸움으로 인한 불화가 많아 결국에 부모님이 이혼하는 일이 발생하였으나 부가 자신의 일을 성실하게 하며 아동들에게도 관심을 많이 쏟아 아동들이 삐뚤어지지 않고 건강하게 잘 성장할 수 있도록 하였음.</td><td colspan="2">본 가정은 부부불화로 이혼이라는 어려움을 겪었으나 부가 아동 양육에 관심이 많고 아이들도 부모님의 이혼에 대해 잘 받아들임으로 어려움이 없을 것으로 사료됨. 또한 아동이 부정적으로 생각하던 부분들이 긍정적으로 전환되면서 자신의 꿈을 발견하고 자존감이 높아지면서 건강하게 잘 성장할 것으로 사료됨. 하지만 계속적인 관찰과 지지가 요구됨.</td></tr>
<tr><td rowspan="2">사후
관리/
의뢰
계획</td><td colspan="2">담당자</td><td>사후관리/
의뢰 일정</td><td colspan="2">사후관리/의뢰 내용</td></tr>
<tr><td colspan="2">학교사회복지사 ○○○</td><td>6개월 1회</td><td colspan="2">학교생활 및 가정생활 점검</td></tr>
</table>

4) 나의 정보 수집 기술

예비사회복지사로서 클라이언트체계를 사정하기 위해서는 먼저 자신의 정보 수집 기술에 대한 점검을 할 필요가 있다. 자신의 정보 수집 기술 중에서도 가장 중요한 것은 의사소통 기술과 정보를 인식하는 기능인데 이를 알아보기 위해서 간단한 작업을 하도록 하자.

작업 후 자신이 어떠한 정보에는 민감하고, 또한 어떠한 정보에는 둔감한지 파악할 수 있어야 하며 이러한 자신의 장점과 단점을 보완하기 위한 방법을 고려할 수 있도록 한다.

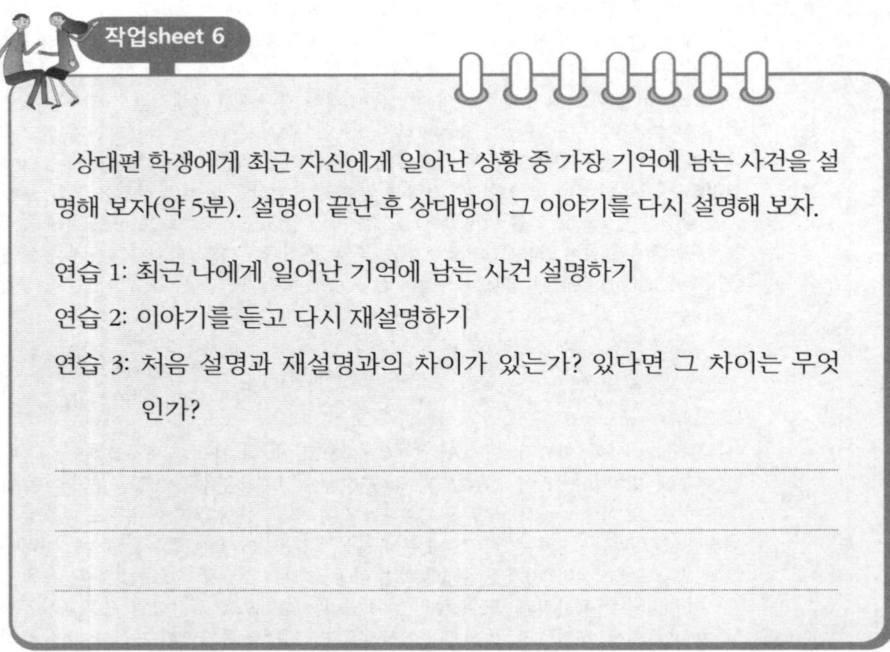
작업sheet 6

상대편 학생에게 최근 자신에게 일어난 상황 중 가장 기억에 남는 사건을 설명해 보자(약 5분). 설명이 끝난 후 상대방이 그 이야기를 다시 설명해 보자.

연습 1: 최근 나에게 일어난 기억에 남는 사건 설명하기
연습 2: 이야기를 듣고 다시 재설명하기
연습 3: 처음 설명과 재설명과의 차이가 있는가? 있다면 그 차이는 무엇인가?

※ 대부분 사람들은 자신이 관심을 가지고 있는 정보만을 수집하는 경향이 있다. 따라서 자신이 수집하지 못한 영역에 대해서도 관심을 갖도록 노력하자.

작업sheet 7

1. 자신이 주로 사용하는 정보 수집 방식은 무엇인가?

2. 자신의 정보 수집 방식의 장점은 무엇인가?

3. 자신의 정보 수집의 단점은 무엇인가?

1. 사회복지 분야에서 클라이언트를 사정하는 도구에 대하여 설명하시오.
2. 이 도구들 중에서 자신이 작성해 보았거나 자신이 잘 사용할 수 있는 도구에 대하여 설명하시오. 만일 자신이 작성해 본 도구가 없다면 자신부터 먼저 사정하고 분석하시오.

※ 가계도, 에니어그램 및 MBTI 등 각종 심리 검사 도구 등을 활용할 수 있도록 한다.

3 현장실습 준비

1) 실습 분야 및 기관 선정에 관한 유용한 Tip

현장실습 분야를 선정하는 것은 중요한 결정이다. 학교마다 차이는 있지만 현장실습의 기회가 1회인 경우가 대부분이기 때문이다. 필자는 개인적으로 현장실습이 2회 정도는 되어야 한다고 생각한다. 1회는 종합사회복지관의 실습을 통해 우리나라 사회복지에 대한 전반적인 이해를 도모하고 나머지 1회는 각자 자신이 관심을 갖는 노인, 청소년, 여성, 아동, 장애인 등 분야별 복지 영역의 전문 지식과 기술을 익혀야 사회복지 전반에 대한 이해가 높아지기 때문이다. 또한 실습은 취업으로 연결될 수도 있기 때문에 최종 실습은 신중해야 한다. 다음은 실습 분야 및 기관을 선정할 때 유용한 몇 가지 사항이다. 참고하기 바란다.

(1) 나의 실습 목적은 무엇인가

먼저 자신의 실습 목적을 점검해 보자. 실습의 목적에 따라 실습 분야 및 기관의 선정이 크게 달라질 수 있기 때문이다.

작업sheet 9

자신의 실습 목적을 생각해 보고 목적에 적합한 실습기관을 모색해 보자

나의 실습 목적은 무엇인가?

....

....

※ 실습 목적을 솔직하게 나누자. 실습 목적에 따라 기관 선정이 달라질 수 있기 때문에 실습 목적을 명확히 해야 한다.

(2) 실습기관 선정을 위한 지침

① 훌륭한 예비사회복지사가 목표라면 힘들고 명성이 높은 곳으로

이런 학생들은 실습교육에 대하여 어느 정도 교육 강도가 높고 명성이 있는 기관을 선정하는 것이 좋다. 교육 강도가 높으면서도 학생들 사이에서 명성이 있다는 것은 그만큼 실습교육이 체계적으로 구성되어 있고, 학생들이 노력하는 만큼 많이 배울 수 있기 때문이다. 단순한 실습교육만이 아니라 기관에서 근무하는 역량 있는 사회복지사들과의 인맥이나 그들의 삶과 생활 속에서 사회복지의 많은 부분을 학습할 수 있다는 장점이 있다. 무엇보다도 기관에서는 바쁜 업무 중에서도 학생들을 위한 교육 일정을 확보해 주고 실질적인 교육관리가 이루어지기 때문에 힘든 과정이기는 하지만 나름대로 도전하라고 권하고 싶다.

② 사회복지에 대한 생각이 유동적이거나 아직 관심 분야가 확정되지 않았다면 가까운 종합사회복지관으로

사회복지에 대한 확고한 신념이 아직 없거나 사회복지는 하고 싶은데 특정한 분야를 정하지 못한 학생들에게는 일단 종합사회복지관을 추천한다. 왜냐하면 사회복지를 전공하든 전공하지 않든 종합사회복지관은 다양한 대상들에게 사회복지서비스가 제공되기 때문에 사회복지에 대한 전반적인 이해와 관심을 높일 수 있기 때문이다.

③ 사회복지 분야로 나갈 생각이 전혀 없다면 사회복지 행정지원 기관이나 노력봉사활동이 필요한 곳으로 실습을 나가도록

개인의 사정에 따라 사회복지분야로 진출할 상황이 아니거나 다른 영역으로 진출하기로 한 학생들에게는 사회복지 행정기관이나 사회복지 실천현장에 체험과 참여를 통해 실습교육이 이루어지는 곳으로 실습기관을 추천한다. 이들에게는 사회복지의 실천 기회가 이번이 마지막일 수 있는 확률이 많기 때문에 마지막 기회를 사회복지의 행정체계를 파악하거나 대상자들과 함께 호흡할 수 있는 데 갖는 것도 의미가 있기 때문이다.

(3) 사회복지의 기본을 알도록 하자

자신의 실습 분야를 고려하여 실습기관을 결정해야 할 것이다. 물론 의료, 정신 보건, 학교 등과 같이 특별한 과정을 요구하는 분야라면 그들의 분야가 우선 고려되어야 하겠다. 그러나 본인의 경험에 비추어 볼 때 종합사회복지관의 경험이 바탕이 된다면 어느 분야에 가서도 큰 도움이 된다고 말하고 싶다. 먼저 종합사회복지관에서 실습을 한 후 자신이 필요한 곳에서 2차 실습을 하는 것이 가장 좋으나 학교에서 실습이 1회만 제공된다면 자원봉사활동을 통해서라도 종합사회복지관의 특성을 파악하는 것이 중요하다. 학생들 중에는 특별한 분야를 원하는 사람이 있다. 예를 들어, 군사회복지나 산업사회복지, 교정사회복지 등 특수한 분야의 실습을 원하는 학생이 있지만 현실적으로 이러한 실습지는 그 숫자도 매우 적고, 실습의 기회가 제공된다 하여도 교육 여건이 충분하지 못하기 때문에 학습이 제대로 이루어지지 않을 수 있다. 따라서 실습을 통해 사회복지의 기본 사항을 알게 되면 다른 분야에서 일할 때에도 큰 도움이 될 수 있음을 기억하자.

자신의 관심 영역을 쓰고, 그곳에서 현실적으로 실습이 가능한지 생각해 보자.

1. 나의 관심 영역은 어디인가?

2. 해당 관심 분야에서 현실적으로 실습이 가능한가?

3. 현재의 상황을 고려하여 나에게는 어떤 실습기관이 유리한지 생각해 보자.

(4) 실습기관을 3순위로 압축하자

실습기관을 고려할 때 자신의 목표, 관심 영역, 현실적인 조건, 교통 및 시기 등을 고려한다. 이러한 사항을 고려한다고 할지라도 자신이 심사숙고한 실습기관에 자신이 선정될 확률도 그다지 높지 않다. 따라서 실습기관을 최소한 3순위로 정하고 시간을 두어 차례차례 실습 지원을 해 두는 것이 좋다.

(5) 선배 및 동료들의 실습 보고서를 확인하자

실습기관은 한정되어 있고 학생들은 계속 실습기관을 모색하기 때문에 동일한 실습기관에서 실습을 한 선배나 동료가 있다. 이들은 학교에 실습 보고서를 제출하게 되어 있으며 이 보고서에는 각종 실습의 내용과 과제 등이 포함되어 있다. 실습기관을 선정할 때에 자신이 희망하는 기관을 선정한 후, 학과사무실에 보관된 해당 실습 보고서를 참고하여 3순위 기관을 결정하자. 이때에는 슈퍼비전이 잘 이루어진, 두꺼운(?) 실습 보고서를 참고하라. 슈퍼비전이 잘 이루어졌다는 것은 해당 슈퍼바이저와의 상호작용이 어떠했는가를 볼 수 있으며, 보고서의 부피가 두껍다는 것은 그만큼 관련 자료의 제공과 검색이 활발했다는 것임을 나타내는 것이기 때문이다.

(6) 해당 실습기관에서 실습한 학생에게 문의하자

보고서만 봐서는 이해가 잘 되지 않는 부분도 있고 궁금한 사항도 있다. 따라서 가능하다면 보고서를 작성한 학생에게 연락을 하여 궁금한 사항이나 관련 자료에 대한 질의응답, 해당 기관의 분위기 및 교육 중점 사항 등에 대하여 질문하는 것이 필요하다.

2) 실습기관 지원서 작성하기

이렇게 심사숙고하여 실습기관이 3순위로 정해졌다면 이젠 구체적인 준비를 해야 한다. 특히 이력서와 실습 지원서 작성에 많은 노력을 기울여야 할 것이다.

(1) 이력서 작성 요령

① 사진

3개월 이내에 촬영한 것으로 단정하고 밝은 인상을 주는 사진을 부착하자. 특히 머리 모양에 신경을 써서 깔끔하고 단정한 인상을 줄 수 있도록 해야 한다. 일명 '사자머리' 등과 같은 연출된 헤어스타일보다는 단정한 스타일을 갖추도록 하며 렌즈에 색이 들어가 있는 안경은 쓰지 않는다. 사진은 스테이플러로 고정하지 말아야 하며 스냅사진이나 스티커 사진 역시 금물이다.

② 학력사항

일반적으로 고등학교 입학부터 군경력을 포함하여 연대순으로 작성한다. 그러나 최종학력이 지원부서와 밀접한 관련이 있을 경우에는 최종학력부터 역순으로 작성해도 무방하다.

③ 경력사항

지원업무와 관련된 경력을 최근 것부터 기재한다. 기간과 기관명 등도 명확히 적는다. 관련된 사항에 아르바이트 경력도 포함시키는 것이 좋다. 사회복지학 전공자들의 경우 자원봉사 경력이 비교적 많은데, 기간을 명시하고 담당자와 봉사 총 시간을 함께 기재하는 것이 좋다.

④ 자격사항

지원업무에 가장 필요한 자격증을 먼저 쓴다. 특히 MOS나 워드프로세서 자격증 등 행정업무 관련 자격증을 빠짐없이 기록하도록 한다. 현재 자격증이 없다면 지금부터라도 반드시 자격증을 취득해야 한다.

⑤ 어학시험

자신이 추측하는 어학 능력을 적는 것이 아니라 공인된 어학시험 점수를 적는 것이다. 졸업할 때까지 어느 정도의 토익, 토플, REPS, JPT 등 공인된 어학시험 점수를 확보해 두어야 한다.

(2) 자기소개서 작성 요령[3)]

① 성장 과정

성장 과정은 현재 자신의 이미지를 나타내어야 한다. '저는' '나는'과 같은 상투적인 문장으로 시작하는 것보다는 자신의 가치관이나 진로에 도움이 되었던 일화를 부연 설명하는 것이 바람직하다. 성장 과정에서는 가정의 분위기, 중요한 사건과 그 사건이 자신에게 주는 의미, 특히 어려운 상황에 대하여 어떠한 의미를 부여하는지를 소개하는 것이 좋다.

② 성격의 장단점

성격에 대하여 기술할 때는 단편적으로 장점과 단점을 이야기하는 것보다는 일화로 설명하는 것이 좋다. 특히 성격의 장점을 이야기할 때에 '적극적이다' '성실하다' '긍정적이다' '책임감이 강하다' 등과 같은 추상적인 표현은 별다른 인상을 주지 못한다. 따라서 일화나 자신의 성격에 맞는 사자성어나 속담 등을 활용하여 표현하는 것이 좋겠다. 그리고 단점에 대하여 기술을 하지 않는 경우도 많은데 이것보다는 보다 적극적으로 밝히는 것이 좋다. 즉, 장점에 대하여 약 3가지를 말한다면 단점에 대하여 1가지를 말하면서 그 단점이 갖고 있는 긍정적인 측면을 부각하고 긍정적인 면으로 만들기 위한 노력을 밝혀 준다면 더 좋다.

모범문장

주위의 친구들은 제 성격에 대하여 백절불굴(百折不屈), 즉 '어떤 어려움이 있어도 한 번 마음 먹은 일은 꼭 해내는 친구'라고 평가합니다. 누구를 만나든지 저와 함께하는 시간을 편안하고 재미있게 했으면 하는 게 제 마음입니다. 아주 가끔은 너무 친근해지고 싶은 이 성격 때문에 상대방에게 오히려 부담을 주어 곤란한 경우가 있지만 그런 경험을 통해서 더욱 세련된 제 성격을 만들기 위해 노력하고 있습니다.

---

3) 내용의 일부는 『꿈 NA-Star에서 이루다』, 2권(나사렛대학교 종합인력개발센터, 2008)의 자료를 수정 및 보완하였다.

③ 학창생활

학창생활은 주로 초 · 중 · 고등학교 때의 생활을 간략히 기록한다. 주로 임원의 경력이나 학생회 활동 및 연합봉사활동과 시상활동 등을 기록한다. 아무래도 고등학교 때의 자원봉사 경험과 그 결과 현재의 사회복지학을 전공한 동기에 대하여 밝히는 것이 필요하다. 그리고 대학생 때의 경험을 주로 하여 기록한다. 대학 때에는 학업, 전공 관련 활동, 동아리 및 취미, 봉사활동 등 주로 경력과 관련된 사건을 중심으로 다양하게 기록한다.

모범문장

화장품 판매 아르바이트를 할 때 '어떻게 하면 고객의 관심을 끌어서 실제로 팔 수 있을까?'를 항상 생각하였습니다. 오랜 생각과 경험 끝에 '고객이 원하는 것'과 '고객에게 가장 잘 어울리는 것'의 장점을 재빨리 찾아내 권하는 것이 매출 신장에 도움이 된다는 것을 알게 되었습니다.

④ 복지관의 지원 동기

기관의 입장에서 지원 동기는 실제적인 관심사가 되므로 자기소개서의 핵심적인 평가 항목이 된다. 다른 항목에서 유능한 인재로 판명되었다고 하여도 이 질문에서 확고한 모습을 보여 주지 못한다면 결정적인 신뢰감을 얻을 수 없다. 전체 구성은 복지관의 지원 동기를 3가지 정도로 구성하는데 귀 기관에 관심을 갖게 된 계기에 대하여, 귀 기관의 인상적인 특징에 대하여, 그리고 본인이 귀 기관에서 실습을 할 경우에 배울 것 등을 명확하게 제시하는 것이 좋다.

모범문장

제가 ㅇㅇ종합사회복지관을 실습기관으로 선택한 이유는 첫째, 학교사회복지나 청소년복지로 특화된 사업을 하고 있기 때문입니다. 저는 청소년복지에 많은 관심이 있습니다. 이 기관에서 학교사회복지를 비롯한 많은 청소년복지에 대한 것을 배우고 싶습니다. 둘째, 실습교육이 훌륭하다는 명성이 있었기 때문입니다. 저의 담당교수님이신 ㅇㅇㅇ 교수님께서도 학교사회복지에 관심이 있는 저에게 ㅇㅇ종합사회복지관을 추천해 주셨습니다. 셋째, 기회가 된다면 청소년 프로그램에 대해 가르침을 받고 싶기 때문입니다. 저는 이 기관에서 실습을 하면서 청소년을 대상으로 하는 프로그램을 많이 접해 보고 싶고, 청소년에 대한 많은 것을 배우고 싶습니다. 청소년과 관련된 봉사활동 같은 것을 해 본 적이 없기 때문에 많이 부족하겠지만 열심히 많은 것을 배우고 싶어서 선택하게 되었습니다.

⑤ 앞으로의 포부

앞으로의 포부에서는 추상적인 표현을 금한다. 일단 이곳에서 실습을 할 경우 자신은 어떠한 목표에 도달할 것으로 예상되며 어떠한 발전을 할 것인지에 대해 구체적인 항목과 목적을 말하는 것이 좋으며 끝으로 귀 복지관에서 자랑스러워할 만한 실습생이 되고 싶다는 표현을 쓰는 것이 좋겠다.

모범문장

사회에 나가면 모든 것이 '1'에서부터 시작합니다. '천리 길도 한걸음부터'라는 겸허한 마음을 가지고 열심히 배워 인간관계전문가, 사회복지전문가, 사례관리전문가, 프로그램기획전문가 등 유능한 사회복지사가 되겠습니다. 그래서 귀 복지관이 자랑할 수 있는 실습생이 되고자 최선을 다하겠습니다. 감사합니다.

3) 면접 준비하기

면접은 정해진 시간 안에, 제한된 질문으로, 자신을 최대한 보여 주는 일련의 자기 PR 시간이다. 따라서 면접장에 들어서는 순간부터 나오는 순간까지 최선을 다해야 한다.

(1) 복장

① 남성 복장

남성 양복은 짙은 감색이나 브라운 계열, 검정색 줄무늬가 보일 듯 말 듯한 정장이 좋다. 너무 밝거나 옅은 색은 좋지 않아 보일 수 있으니 주의한다. 세로 줄무늬 양복은 줄과 줄 사이의 폭이 넓지 않아야 하며 상의는 더블 버튼을 피하는 것이 좋다. 하체가 마른 사람은 바지 폭을 너무 좁게 하지 말고 넉넉

하게 입는 것이 좋다. 셔츠는 흰색 또는 양복보다 밝은 색이 무난하다. 넥타이는 정장과 같은 색이 섞인 줄무늬 단색이나 물방울무늬가 적당하고, 좁은 타이는 금물이다. 양말은 구두와 같은 색으로 신되, 구두는 보통 검은색을 선택하여 단정해 보이도록 한다.

② 여성 복장

차분한 회색, 갈색, 검은색이나 화사한 베이지색 등의 무릎길이 스커트 또는 원피스가 무난하다. 옷 전체에 들어가는 색상을 세 가지 이내로 줄이는 것이 좋으며 특히 재킷과 치마의 색상이 대조적인 것은 피해야 한다. 어깨가 강조된 스타일은 좋지 않고 너무 꼭 끼거나 여유가 많은 옷은 금물이다. 스타킹은 색이나 무늬가 들어가지 않은 살색이 적당하다.

블라우스는 정장에 어울리는 무난한 것으로 입되 체격이 큰 사람은 단순한 디자인의 블라우스를 입고 큰 단추는 피해야 한다. 허리가 긴 경우는 넓은 벨트를 눈에 띄게 할 수도 있다. 과다 노출은 금물이다.

구두는 단순한 디자인의 검은색을 선택하고 재질은 가죽, 세무 등이 무난하며 굽은 보통 5~7cm면 된다. 샌들이나 슬리퍼는 금물이다. 귀고리는 달랑거리지 않는 것을 선택하고 부착형 큐빅이나 작은 진주가 적당하다. 목걸이는 한 줄로 되어 목선에 닿는 짧은 것이 바람직하다. 반지는 중지나 약지에 하나 정도가 무난하지만 착용하지 않는 것이 바람직하다.

(2) 기본 태도

① 일단 웃자

면접이란 상대방에게 자신의 좋은 이미지를 최대한 보여 주는 것이다. 면접관과 지원자 중에서 누가 웃어야 할까? 당연히 지원자다. 그러나 이러한 당연한 원리를 무시하고 웃지 않는 지원자들이 상당히 많다. 웃는 것도 훈련을 해야 한다. 거울을 보고 웃으면서 말하는 연습을 해 보자.

② 타인이 대답할 때도 잘 경청하자

면접에 임하면 문을 열고 들어가는 순간부터 나오는 순간까지가 모두 면접 과정이다. 따라서 자신이 답변하지 않는 경우라도 주의 깊게 경청하며 타인의 이야기에 고개를 끄덕이는 적극적인 자세를 취하라. 이러한 자세는 보기에도 좋을 뿐 아니라 상대편의 의견을 묻는 돌발질문에도 잘 대처할 수 있다.

③ 묻는 질문에 정확히 대답하자

의외로 간단하지만 쉽게 되지 않는 일이다. 지원자들은 면접을 할 때 긴장하여 평소의 모습을 잃게 된다. 대표적 사례로 얼굴이 굳어지거나 질문에 대해 엉뚱한 대답을 하게 되는 경우인데 이는 매우 심각한 감점의 요소가 된다.

예를 들어, "이름이 뭐예요?"라고 묻는 질문에 "열여덟 살입니다."라고 대답해 보자. 얼마나 어처구니없는 상황이 될 것인가 짐작할 수 있다. 이렇게 질문을 기억하여 정확하게 대답하기 위해 가장 좋은 조언은 복명(復命) 복창(復唱)을 하는 것이다. 이것은 질문에 대하여 다시 한 번 자신이 말하면서 엉뚱한 대답을 하는 상황을 어느 정도는 예방할 수 있다.

예를 들어, "우리 복지관에 왜 지원하시게 되었죠? 이유를 말해 보세요."라고 질문하면 "네! 귀 복지관에 지원하게 된 동기에 대하여 말씀드리겠습니다!" 라고 질문을 다시 한 번 말하는 것이다.

④ 결론을 먼저 말하자

면접은 제한된 시간이 있다. 따라서 충분한 시간이 주어지지 않는 경우가 많고 이렇게 짧은 시간조차도 함께 면접하는 다른 사람과 나누어 가져야 한다. 따라서 효과적으로 면접을 하기 위해서는 일단 결론을 말하고 결론에 대한 자신의 의견을 설명하는 것이 효과적이다.

예를 들어, "우리 복지관에서 배우고 싶은 것이 있으면 말해 보세요."라고 할 경우 "네! 귀 복지관에서 배우고 싶은 사항에 대하여 말씀드리겠습니다. 저는 귀 기관의 사회복지 정신, 그리고 사회복지사 선생님의 열정, 그리고 훌륭한 프로그램의 운영 등 이 세 가지를 꼭 배우고 싶습니다. 왜냐하면……."

⑤ 주어진 기회를 놓치지 마라

짧은 시간 내에 물어보는 질문으로 당락이 결정된다. 면접관 한 사람이 수십 명의 응시자를 대하기 때문에 보통 강하게 어필하지 않으면 별로 기억에 남지 않는다. 따라서 만일 정해진 질문이 다 끝나고 마지막으로 하고 싶은 말이 있는 사람 해 보라는 질문에 자신의 인상을 깊게 남길 말을 준비해라. 기회는 주어지는 것이 아니라 준비된 사람에게 찾아오는 선물이기 때문이다. 이런 때를 대비하여 나의 표어를 만들어 두는 것이 중요하다. 아무리 주어진 시간이 짧아도 내 마음을 전달할 수 있는 최후의 소스를 마련해야 한다.

⑥ 기관과 관련된 자신의 가치를 알려라

면접 때 이력서에 기입한 자신의 경력을 되풀이하는 것은 현명하지 못한 태도다. 만약 면접자가 "당신은 어떠한 사람인가?"라고 묻는다면 이력서에 나타난 경력을 암기하여 답하기보다는 이를 종합하여 기관에 이런 도움을 줄 수 있는 가치를 지니고 있다고 답하는 것이 좋다.

예를 들어, 다음과 같이 말할 수 있다. "저는 학창시절 광고학 수업은 모두 최고 점수를 받았고, 광고 동아리에서 왕성한 활동을 한 만큼 홍보에는 천부적인 감각을 지니고 있다고 생각합니다. A상사의 신생 브랜드 ㅇㅇ의 홍보를 위해 제가 꼭 필요한 사람이라고 생각하여 지원하였습니다."

"저는 최근 중국 시장에 진출하려는 이 회사의 의도에 맞는 사람입니다. 지난 2년간 중국 어학연수와 현지 기업에서 아르바이트를 한 경력이면 충분히 회사에 기여할 수 있을 것이라고 말씀드리고 싶습니다."

⑦ 그 일에 대한 열정을 드러내라

지나치게 당당하면 조직 속에서 어울리지 못할 것이라는 느낌을 줄 수 있고 소극적이면 자신감이 없어 보인다는 느낌을 줄 수 있다. 가장 좋은 방법은 그 일에 대한 열정을 보여 주는 것이다. 면접관의 대부분은 현재의 능력도 중요하지만 교육적 잠재력을 더 중요하게 보기 때문이다.

⑧ 기관에 대한 정보를 수집하라

누울 자리를 보고 다리를 뻗으라는 말이 있다. 지원처에 대한 사전조사는 면접관에게 좋은 인상을 줄 수 있다. 각 기관의 홍보실이나 홈페이지를 통해 최근 동향을 알아볼 수 있으며 기관에서 실시하고 있는 각종 프로그램이나 공모사업에 대한 정보를 수집하여 면접에 활용하라.

⑨ 예상 질문을 만들어라

질문을 예상하여 준비하는 것도 면접 준비에 필수사항이다. 예상 질문은 사회복지와 관련된 시사적인 것을 반드시 준비하고, 실습생으로서의 각오와 노력을 묻는 질문이 주류를 이룰 것이다. 따라서 면접 일주일 전의 신문을 정독해야 하며, 그 밖에도 지역사회복지관과 지역사회와의 유기적인 협력 방안이라든지, 사회복지기관과 사회복지학과가 있는 대학과의 연계 협력 방안, 자원봉사와 실습과의 차이, 실습생으로서의 각오와 어떠한 노력을 할지 등 구체적인 질문을 만들어 갈 수 있도록 하자.

작업sheet 11

면접에 대하여 다음과 같이 준비해 보자.

1. 나의 면접 복장은 어떠한가?

....

2. 나의 태도는 어떠한가?

....

3. 예상되는 면접 질문을 작성하고 대답해 보자.

....

....

※ 가장 좋은 준비는 복장을 갖추고 가족이나 친구들 앞에서 모의면접을 하는 것이다. 이것이 여의치 않다면 전신거울을 보면서 자신의 모습을 동영상으로 녹화하여 분석하고 연습하자.

실습신청서의 예

실습신청서[4)]

20○○학년도 1학기

성명	민○○	학번	200702010	지도교수명	윤○○
주소	대한민국 행복특별시 행복동 사랑아파트 ○○동 ○○○				
전화번호	○○○○－○○○○				
주민등록번호	○○○○○○－○○○○○○○	성별	남( ) 여(o)	연령	만20세
학교명	○○○대학교	학과명	사회복지학과		
실습기수	없음	전실습지			
실습 희망 분야	가정강화사업	희망 이유	청소년복지에 많은 관심을 가지고 있음		
자원봉사기관	○○복지회관	자원봉사 활동 내용	사랑＋희망 아동 멘토링(1년), 지역아동센터 '옹기종기' 보조교사(30일) (슈퍼바이저－김○○ 사회복지사)		
기타					
실습 기간	방학 중(o) 학기 중( )				

상기와 같이 본인은 귀 기관의 실습생으로서 적극적인 학습 태도를 가지고 실습에 참여하고자 하오니 수락하여 주시기 바랍니다.

20○○년 ○월 ○일

신청인 민○○ (인)

🗁 기간과 시간을 명시하면 좋다.

🗁 누구로부터 자원봉사자 교육을 받았는지를 밝히는 것이 좋다.

---

4) 〈부록 2〉 서식 2 참조.

실습생 프로파일의 예

실습생 프로파일[5)]

1. 인적사항

	성 명	민○○	성별	여	생년월일	
	소 속					
	현주소					
	전화번호		E-mail			

2. 이수전공과목

교과목명	이수 완료	현재 이수	교과목명	이수 완료	현재 이수	교과목명	이수 완료	현재 이수
사회복지개론	○		사회복지정책론	○		사회복지실천론	○	
인간행동과 사회환경	○		사회복지조사론		○	사회복지실천기술론	○	
지역사회복지론			사회복지법제			사회복지행정론		○
사회복지현장실습1			※ 상기 10교과목은 자격시험 필수교과로, 5과목 이상 이수해야 실습 신청이 가능함.					
성과 인간			청소년심리			산업복지론		
사회심리학			의료사회사업론			재가노인복지		
아동복지론			프로그램개발과 평가		○	학대와 방임		○
가족과 사회복지			사회보장론	○		장애와 인권		
가족복지론			교정복지론			노인사례관리		
학교사회사업론		○	여성복지론		○	정신보건사회복지론		
사회문제론			사회복지지도감독론			장애인복지론		
노인복지론	○		사회복지윤리와 철학			청소년육성법규와 행정		
정신건강론	○		치매와 케어			자원봉사론		
사회복지자료분석론			사회복지현장실습2			상담지도		
사회사업영강			사회복지세미나			청소년상담		
청소년복지론	○		사회복지실천특강			사회복지실천기법실제		
청소년문화론			노인여가프로그램기법			사회복지발달사		

5) 〈부록 2〉 서식 3 참조.

경력은 실습, 자원봉사, 직장체험, 아르바이트 순으로 기록하는 것이 좋다. 또한 기간에는 총 이수시간을 기록하는 것이 좋다(예: 총 30시간). 또한 내용에는 자신이 참여한 프로그램 명과 슈퍼바이저를 실명으로 적는 것이 바람직하다.

3. 경력

구분 (실습, 자원봉사, 직장체험 등)	기관	기간	내용
자원봉사	○○복지회관	2008.7.1~ 2008.8.31	옹기종기교실, 결혼이민자학교 보조교사 (슈퍼바이저-김○○ 사회복지사 선생님)
아르바이트	○○복지회관	2008.12.1~ 2008.12.31	사무보조 등 아르바이트 (슈퍼바이저-김○○ 사회복지사 선생님)
자원봉사	○○○노인복지회관	2008.9.24~ 2008.12.3	컴퓨터 작업과 프로그램 이용자 관리(슈퍼바이저- 이○○ 사회복지사 선생님)
자원봉사	○○복지회관	2007.6.1~ 2008.6.31	사랑+희망 아동멘토링 (슈퍼바이저-김○○ 사회복지사 선생님)

4. 사회복지를 전공하게 된 동기

비교적 잘 정리하였다. 고등학교의 봉사 동아리에 가입하면서 그때 느꼈던 감정과 사건들 그리고 자신의 가치관, 전문인으로 가고 싶다는 생각 등 구체적으로 자신의 생각을 잘 정리하였다.

저는 고등학생 시절에 '인터렉트' 라는 봉사동아리에 들었습니다. 제가 사회복지학과에 진학하게 된 것도 그때의 영향입니다. 동아리 사람들과 함께 봉사활동을 하면서 뿌듯함을 느끼고 즐거움을 느끼게 되어 저의 진로를 쉽게 결정할 수 있었습니다. 봉사활동 중 가장 기억에 남는 봉사활동은 부천에 있는 한 양로원에서의 두 달간의 봉사활동입니다. 그때의 특별한 경험은 저에게 큰 영향을 주었고, 그 봉사활동을 통해서 더불어 함께 살아가는 기쁨을 느꼈습니다. 또한 저는 '사회복지사'의 일을 하고 있는 주변 분들을 보면서 '내가 가진 가치관과도 일치한다'는 생각이 들었습니다. 그러므로 저는 봉사활동으로 그치지 않고 전문적으로 배우고 싶은 생각에 사회복지학과를 전공해야겠다고 생각했습니다. 또한 저는 사회복지적인 윤리, 가치나 철학을 배우고 싶어서 ○○대학교 사회복지학과에 진학하게 되었습니다.

5. 실습기관 선택 이유

제가 ○○종합사회복지관을 실습기관으로 선택한 이유는 첫째, 학교사회복지나 청소년복지로 특화된 사업을 하고 있기 때문입니다. 저는 청소년복지에 많은 관심이 있습니다. 이 기관에서 학교사회복지를 비롯한 많은 청소년복지에 대한 것을 배우고 싶습니다. 둘째, 실습교육이 훌륭하다는 명성이 있기 때문입니다. 저의 담당교수님이신 ○○○ 교수님께서도 학교사회복지에 관심이 있는 저에게 ○○종합사회복지관을 추천해 주셨습니다. 셋째, 기회가 된다면 청소년에 대한 프로그램에 대해 가르침을 받고 싶기 때문입니다. 저는 이 기관에서 실습을 하면서 청소년을 대상으로 하는 프로그램을 많이 접해 보고 싶고, 청소년에 대한 많은 것을 배우고 싶습니다. 청소년과 관련된 봉사활동 같은 것을 해 본 적이 없기 때문에 많이 부족하겠지만 열심히 많은 것을 배우고 싶어서 선택하게 되었습니다.

비교적 잘 정리하였다. 실습기관의 선택 이유 3가지를 먼저 말하고 부연 설명을 하였다. 세 가지 이유 모두 중복되지 않는 중요한 이유이며 실습생이 기관에 대하여 충분히 알아보았다는 느낌을 갖기에 충분하였다.

6. 실습 희망 분야 및 역할(구체적으로)

저는 학교사회복지에 대해 배우고 싶습니다. 학교사회복지론 수업을 들었지만 수업에서 그치지 않고 현장에서 직접 청소년들을 만나 보고 청소년들을 위한 프로그램도 실시해 보고 싶습니다. 또한 종합사회복지관에서 실습을 함으로써 사회복지관의 전달체계에 대해서 배우고 싶습니다. 봉사활동을 할 때는 배우지 못했던 것들을 실습을 통해서 배우고 싶습니다. 또한 사회복지에서 가장 중요한 사례관리를 배우고 싶습니다. 이론으로만 배웠던 사례관리를 현장에서 배우고 싶습니다.

3가지를 제시하였다. 비교적 잘 제시하였지만 앞에서 하였듯이 첫째, 둘째, 셋째 등 서수를 첨가하였다면 한눈에 쉽게 파악되었을 것이다.

7. 실습을 통해서 성취하고자 하는 목표

우선 첫 번째로, 저는 이론과 지식을 겸비하고 싶습니다. 사회복지적인 가치와 윤리철학을 머리로만 아는 것이 아니라 실습을 통해서 확실히 저의 것으로 만들고 싶습니다. 두 번째로는, 현장에서 청소년들을 직접 만나 보고 싶습니다. 청소년들을 많이 접해 보지 못했기 때문에 청소년들을 만나서 그들과 좀 더 친밀해지고 싶습니다. 세 번째로, 대인관계 능력을 향상시키고 싶습니다. 실습기관에 계시는 사회복지사 선생님들과 친밀하게 지내고, 많은 청소년들과 접해 청소년들과 가까워지는 법을 습득하고, 실습기관에 오는 실습생들과도 함께 어울려 지내며 대인관계 능력을 향상시키고 싶습니다. 저는 이 3가지의 목표를 달성하기 위해 많은 노력을 기울일 것이고, 이 목표를 모두 이루게 된다면 ○○종합사회복지관에서도 자랑스러워할 실습생이 될 것입니다.

목표 제시도 비교적 잘 이루어졌다. 다만 첫 번째, 두 번째 등이 아닌 첫째, 둘째 등이라는 표현이 맞는 표현이다. 왜냐하면 실습 목표는 꼭 순차적으로 이루어지는 것이 아니기 때문이다. 목표를 세 가지로 제시하는 것일 뿐인데 여기에 순서의 의미를 두는 것은 무리라고 본다.

4 실습기관 선정 후 준비

이러한 노력을 통해 실습기관에 선정되었다. 그렇다면 실습이 이루어지는 시점까지 무엇을 해야 할까? 실습기관에 선정되고 난 후에도 다음과 같은 일을 해야 한다.

① 실습담당자에게 인사하기

일단 실습이 결정되면 실습기관을 다시 한 번 방문하는 것이 좋다. 주로 연락을 해 주셨던 담당 사회복지사에게 감사를 표하고 실습교육이 이루어지기 전에 사전준비에 대한 조언과 자료 추천을 받는 것이 필요하다.

기관에서 소개한 자료를 중심으로 자료를 확보 및 구입하고 나름대로 궁금하고 의문이 가는 사항에 대하여는 실습 노트를 만들어 기록해 두는 것이 필요하다.

② 기관방문 후 대형 서점에서 추천 도서와 관련 도서 읽기

추천 도서 및 관련 도서를 읽자. 추천 도서만 읽게 되면 그 책에서 말하는 내용만을 알게 되지만 관련 주제 책을 읽게 될 경우에는 다른 차원의 논의와 관점을 알게 된다. 따라서 실습지를 방문한 후에는 꼭 대형 서점을 들러 추천 도서와 관련 도서를 읽자.

③ 주변 편의시설 확인하기

실습이 시작되면 주변 시설을 확인할 수 있는 기회가 충분히 제공되지 않는다. 따라서 온라인 지도를 통해 주변을 검색해 보고 관련 기관을 검색한 후 방문 후에 확인하는 것도 중요하다. 특히 지방 대학생의 경우 임시 숙소와 생활 편의시설 등 생활에 필요한 시설을 확인해 보자.

④ 선배들의 기록과 과제 확인하기

실습기관을 선정할 때에도 해당 기관의 관련 문헌을 물론 검색하였지만 실습이 결정된 후에는 보다 면밀하게 실습기록과 과제를 확인하면 좋다. 특히 실습 일지에 기록된 내용과 슈퍼바이저의 슈퍼비전 사항, 중간평가 보고서, 최종평가 보고서 등이 있기 때문에 작성된 실습 보고서는 면밀하게 검토해야 한다.

⑤ 관련 정책 검색하기

실습기관이 정해지면 해당 복지 영역의 서비스전달체계와 관련 정책을 검색할 필요가 있다. 종합사회복지관이라면 설립의 근거, 운영에 대한 지침, 보건복지부의 관련 정책, 지방자치단체의 주민생활지원에 대한 내용 등 관련 법과 정책을 살펴보아야 한다. 노인복지, 장애인복지 등의 경우에도 중앙과 지방에서 나타나는 정책사업의 장단점과 서비스 전달체계를 살펴보아야 한다.

1) 실습지에서 지켜야 할 예절

(1) 실습도 사회생활이다

조직체에서의 생활경험이 없는 실습생들에게는 처음부터 끝까지 좌충우돌 시행착오의 연속일 것이다. 따라서 현재 가장 많은 신입사원들이 실수를 범하는 일의 예를 들어 사회생활에 도움을 주고자 한다.

① 말과 행동이 일치되어야 한다

부하가 다리를 멋대로 벌린 채 서서 "이것을 좀 봐 주십시오."라며 상사에게 한 손으로 서류를 들이민다면 곤란한 일이다. 경어를 사용할 때는 태도도 그것과 같이 하지 않으면 의미가 없다.

② 회의 때에는 성숙한 태도로

회의할 때 손으로 턱을 괴는 행동, 멍하니 앉아 있는 행동, 머리카락을 만지 작거리는 행동, 발밑을 계속 본다거나 책상 밑에서 손장난을 한다거나 지루함을 몸으로 드러내서도 안 된다. 또한 톡톡 책상을 두드린다든지 거칠게 서류를 넘긴다든지 하면서 초조해해도 빈축을 사게 된다.

③ 칼이나 가위 등을 건넬 때

칼이나 가위 등은 내 쪽에서 위험한 끝부분을 쥐고 건네는 것이 상식이다. 그러나 펜만은 펜 끝을 쥐고 건네지 않는다. 또 서류는 상대가 바로 읽을 수 있는 방향으로 건넨다. 즉 상대가 보기 쉽고 사용하기 쉽도록 주는 것이 포인트다. 참고로 어떤 물건도 던져서 주지 않는다.

④ 물건을 빌렸다면 반드시 돌려주어야 한다

아무리 친한 동료라도 빌린 물건을 즉시 돌려주지 않으면 그다지 기분이 좋지 않다. 이런 버릇은 즉시 그만두어야 한다. 지우개 하나일지라도 반드시 돌려주어야 한다.

⑤ 잡담이나 뒷담화는 장소를 가려서 한다

화장실이 사내에서 숨을 돌릴 수 있는 치외법권의 공간이란 생각은 틀린 것이다. 내부 인사뿐만 아니라 외부 손님들도 화장실을 사용한다는 사실을 잊어서는 안 된다.

⑥ 명함은 지갑에서 꺼내야 한다

요즘 대학생들은 자신들만의 명함을 제작하는 경우가 많이 있다. 자신의 명함을 주고받을 때에는 내 쪽에서 먼저 건네야 한다. 자세는 똑바로 서서 가볍게 예를 취하고 안주머니에서 꺼낸다. 상대의 명함은 양손으로 공손히 받아 이름과 직함을 확인하고 잠시 테이블 위에 놓아 이름 등을 외운 다음 잘 보관한다.

⑦ 상의는 연장자의 양해나 권고가 있어야 탈의하는 것이 좋다

접대나 회의 등에서는 격식을 갖추는 것이 중요하다. 그런 행동은 연장자

의 권유가 있고 나서 해야 한다.

⑧ 전화예절

실습 기간 중에 전화를 받을 일은 많지 않을 것이다. 그러나 어쩔 수 없이 전화를 받게 되는 경우에는 예의를 갖추고 전화를 받도록 하자. 먼저 전화벨이 울리면 3번 이내에 받을 수 있도록 하며 먼저 "안녕하세요? ㅇㅇ복지관 실습생 ㅇㅇㅇ입니다. 무엇을 도와드릴까요?"라고 먼저 말하는 것이 일반적이다. 이후 담당자와의 통화를 원하면 "잠시만 기다리시면 ㅇㅇ 담당자와 연결해 드리도록 하겠습니다."라고 말하고 내선연결을 하면 되고, 혹시 담당자의 부재 시 "죄송합니다. 프로그램 중이라 잠시 부재중입니다. 전달하실 내용이 있으면 메모를 남겨 드리겠습니다."라고 말한 뒤 메모를 남겨 전달하도록 하자. 이때 송화자의 이름, 직책, 기관, 내용, 연락번호 등을 꼼꼼히 기록한 후에 책임지고 담당자에게 메모를 전달하도록 한다.

전화는 그 기관의 이미지라는 것을 명심해야 한다.

⑨ 휴대전화/인터넷 예절

휴대전화와 컴퓨터는 업무적으로도 많이 사용되는 기기로 최근 직장예절에서 매우 중요시되는 부분이다. 개인 휴대전화는 진동이나 무음 모드로 해두는 것이 좋고, 근무 중 업무와 상관없는 인터넷사이트(쇼핑, 증권, 웹툰, 검색사이트 등) 접속이나 메신저를 이용한 채팅은 금물이다. 특히 실습생의 경우 자신의 개별 컴퓨터나 책상이 없어 직원들의 컴퓨터를 주로 사용하게 되는데 자신의 아이디로 로그인했을 때는 반드시 로그아웃해야 하며, 직원이 작업하던 프로그램 및 윈도우 화면을 함부로 닫지 않는 것이 좋다.

(2) 실습지에서 가져야 할 태도

① 꾸지람을 잘 소화하여 긍정적 기회로 삼는다

슈퍼바이저는 부하를 훈계할 때 상대가 울먹이면 '뭐야? 저러고도 사회인이야?' 하는 생각에 더 몰아붙일 수도 있다. 슈퍼바이저는 부하에게 잘못이 있으면 그것을 지적하여 고쳐 나가도록 해야 할 책임과 의무가 있다. 그러므로 아무리 듣기 거북한 말이라도 잘 들어 줘야 하는 것이 당연하다. 질책을 받을 때는 상대의 얼굴이나 눈을 보면서 긍정적인 태도로 들어야 한다. '지금은 일단 질책을 받고 나서 태풍이 잠잠해질 때까지 기다리자.'는 식의 소극적인 태도를 보인다면 슈퍼바이저는 이것을 민감하게 알아차릴 것이다.

슈퍼바이저의 입장에서는 '나의 질책이 효과가 있었군. 저 친구도 이제부터는 주의하겠지.' 하는 생각이 들지 않는다면 뭔가 찜찜할 것이다. 그리고 질책을 받은 뒤에는 "앞으로 주의하겠습니다." 하고 인사를 한 뒤 조용히 물러 나온다. 실습생으로서 겸손한 태도를 배우는 것이 중요하다.

② 성의와 배려

사회복지기관의 규율이란 것은 특별히 종이에 씌어 있는 것은 아니다. 또 그 기관만의 관례 같은 것이 있는 경우는 특히 까다롭다. 많은 사람이 일하는 조직 속에서 일하는 이상 지켜야 할 최소한의 규율이 있다. 그것은 성의와 남을 배려할 줄 아는 마음으로 사람을 대할 때 최소한의 에티켓이기 때문이다.

③ 금전관계는 깔끔하게

경우에 따라서 돈을 빌리지 않으면 안 될 사정이 생길 수도 있다. 그러나 될 수 있는 한 기관 내에서 개인적으로 돈을 빌리고 빌려 주는 일은 삼간다. 빌려 주는 쪽은 상대가 친한 사람일수록 거절하기 곤란하고 일이 꼬이는 경우 빚 독촉을 하기도 어렵다. 또한 빌리는 쪽도 미안하다는 생각 때문에 비굴해지기 쉽고 감정상의 응어리가 남게 된다. 건전한 인간관계를 유지하고 싶다면 금전관계를 맺지 않아야 한다.

④ 거절할 땐 정중히 거절하기

슈퍼바이저가 실습생에게 뭔가를 부탁할 때가 있다. 물론 공식적으로 교육과 업무와 관련되거나 개인적으로 본인이 수락할 수 있는 경우는 별다른 문제가 없겠지만 그렇지 못한 경우는 큰 부담으로 작용할 수 있다. 이럴 때는 자신의 상황을 설명하고 정중하게 거절하는 것도 중요한 사회기술이다. 물론 거절할 때에는 상대편에게 죄송하고, 마치 자신이 능력이 없어서 부탁을 들어주지 못한다는 생각이 들기도 하겠지만 덜컥 부탁을 들어준다고 말하고서 자신의 할 일도 못하고 후회하는 것보다는 100배 낫다고 할 수 있다.

일단 슈퍼바이저가 부탁할 때에는 개인적인 부탁을 들어줄 수 없다는 말보다는 자신의 상황이 감당할 수 없음을 이해해 달라고 말하는 것이 더 정중한 표현이라고 할 수 있다.

2) 보고와 전달을 하는 법

(1) 좋지 않은 보고일수록 빨리 한다

슈퍼바이저가 기뻐할 보고는 빨리 하지만 상사의 찜찜한 표정을 대해야 하는 보고는 나중에 하고 싶어지는 것이 인간의 마음이다. 그러나 '우선 지금은 피했다가 나중에 어떻게 해 보자.'라고 생각했다가는 돌이킬 수 없는 일을 만드는 경우가 많다. 실수를 했을 때나 나쁜 일일수록 보고를 빨리 해야 하는 것이 철칙이다. 보고의 시기가 늦으면 늦을수록 해결이 어려워진다. 또한 서두를 길게 말하거나 이유를 대면 보기가 좋지 않다. 결론을 먼저 말하고 솔직하게 사과하는 것이 좋다.

(2) 작은 의사소통이라도 정확하게 하자

아무리 작은 연락이라도 '즉각적으로, 상세히, 그때그때' 하는 것이 좋다. '일부러 전화할 필요 없이 내일 만나 전하자.' '다음 주에 모아서 전하면 된다.'는 식의 생각은 상대의 상황을 고려하지 않은 생각이다. 아무리 나쁜 뜻이 없었다고 해도 업무 연락상의 실수는 서로의 믿음에 금이 가게 만든다. 팩스로 들어온 결재 문서를 자신의 업무가 바빠서 책상 위의 잡동사니에 끼워 놓은 채 잊어버리는 경우도 있다. 자신이 처리할 수 없는 것에 대해서는 받은 즉시 다른 사람에게 부탁하는 등 부서 간의 횡적 연락을 중요하게 생각해야 한다. 직장에서 일어나는 트러블이나 불화의 원인을 분석해 보면 뜻밖에 업무연락의 실수 때문인 것이 많다.

(3) 슈퍼바이저가 의논해 주지 않을 때

"슈퍼바이저에게 의논할 일이 있어 갔더니 신경질적인 어조로 "그러니까 자네가 말하려는 요점이 뭔가?"라고 질책만 당했다. 이제 더 이상 슈퍼바이저와는 의논하고 싶지 않다"고 하소연해 오는 사람이 있다.

아무리 같은 회사 사람이라고 해도 서로가 업무로 바쁠 수 있다. 그러므로 "의논 드릴 일이 있는데, 시간을 내주시겠습니까?"라고 미리 허락을 받아 두는 것이 상식이다. "그래, 지금은 괜찮네만." "그럼 점심시간에 듣기로 하지." 등과 같이 상대는 자기 형편을 보아 좋은 시간을 정할 것이다. 이렇게 되면 '의논 같은 것은 싫다'는 사람은 없을 것이다.

상대가 의논에 잘 응해 주지 않을 때는 그를 비난하기보다는 우선 자신의 행동이나 말에 문제가 없었는가를 확인해 보아야 한다.

효과적인 의사소통을 위해 업무상의 실수를 보고할 때는 서론이나 이유보다는 결론부터 말한다. 보고 연락에는 주관적 판단이나 억측을 하지 않는다. 객관적 사실을 우선 얘기하고 상대가 어떻게 생각하는지를 묻고 나서 자기 나름의 견해를 말한다. 상대의 형편을 생각해 "지금 얘기해도 좋습니까?"라는 식으로 배려한다. 보고는 우선 자신의 직속상사에게 먼저 해야 한다. 과장이 자리에 없다고 부장에게 먼저 보고하면 곤란하다. 각자의 선임자 입장을 무시하면 사내에서 의사소통이 조화를 이루지 못하게 된다. 그날의 사항은 그날 처리하는 것이 철칙이다. '나중에 하자'는 태도는 실패의 첫걸음이다.

(4) 건의는 계통을 지켜서

회사의 경우를 예로 들어 보자. C는 영업부 내의 업무 방법에 아무래도 잘못이 있는 것 같아 목이 잘릴 각오를 하고 사장에게 직접 건의를 했다. 사장은 "그럼 자네의 생각을 이번 회의에서 말해 보게."라고 말했다. 드디어 해냈다고 의기양양하던 것도 잠깐. 직속상사는 "나를 거치지 않고 그런 일을 건의하다니 어떻게 된 거야?"라며 마구 화를 냈다. 회의에서는 그의 의견에 찬성해 주는 상사가 많았지만, 결국 영업부에는 있기가 괴롭게 되어 바늘방석에 앉은 것 같은 나날을 보내고 있다.

이 예는 회사의 경우에만 통용되는 것은 아니다. 사회복지기관도 계통이 존재하는 기관이다. 따라서 건의는 계통을 지켜서 순리대로 하자.

(5) 사적인 관계와 공적인 관계를 구분하자

실습을 하다 보면 슈퍼바이저와 실습생에게 개인적인 감정이 생길 수 있다. 또한 동료 실습생과도 개인적인 감정이 생길 수도 있다. 이러한 개인적인 감정은 충분히 생겨날 수 있는 자연스러운 현상이지만 실습 기간 중에 나타난다면 여러 가지로 많은 어려움이 있다. 공식적인 실습 수업 중에 사적인 감정이 개입하여 주변에 피해를 가져온다든지, 주변의 시선은 아랑곳하지 않고 사적인 관계를 공적인 관계에 적용시킨다든지 등등의 행위를 한다면 실습교육을 정상적으로 마칠 수 없게 된다. 따라서 공적인 관계를 유지하고 사적인 관계는 실습 기간이 끝나고 나서 유지하는 것이 바람직하다.

제 3 장
사회복지 현장실습의 실제

1. 준비단계
2. 초기단계
3. 중간단계
4. 종결 및 평가단계

제3장 | 사회복지 현장실습의 실제

사회복지 현장실습은 학자에 따라 단계와 내용에 차이가 있다. 주요하게 거론되는 학자들을 중심으로 실습지도의 단계를 살펴보면 〈표 3-1〉과 같다. 그러나 이 책에서는 사회복지 현장실습이 이루어지는 단계를 준비단계, 실행단계(초기, 중간), 평가 및 종결단계로 구분하여 설명하고자 한다.

〈표 3-1〉 실습지도의 단계와 내용 종합

단계	김선희, 조휘일	김경희	박미정 외
준비단계	• 기관과 학교와의 정보교환과 배치를 위한 면접 • 실습배치교육(오리엔테이션) • 실습과 교육, 슈퍼비전에 관련된 정책과 규칙 마련 • 슈퍼바이저의 자세와 역할 준비, 교수와의 협동적인 관계 수립 • 실습생에 대한 교육적 사정과 실습 초기 불안 처리	• 슈퍼바이저와 실습생의 첫 접촉 시기로서 각각의 역할을 명료화하고 함께 토론하고 공유하는 수평적 관계를 수립하는 것 • 실습의 목적과 기대를 나누고 설명하는 것 • 클라이언트에 대한 긴장과 불안감 다루기 • 기관양식에 의거한 실습기록 지도 • 실습평가항목에 대한 의사 소통 • 실습오리엔테이션 실시	• 학생 슈퍼비전에 대한 문헌 검토, 세미나 참석, 동료들과의 토론 등으로 슈퍼바이저로의 전환을 준비 • 기관에서 제공할 수 있는 학습기회들에 대해서 결정 • 실습생이 담당할 사례의 선별 및 할당작업 • 학생과의 실습 목적 및 서로의 역할과 책임에 대한 명확화 • 학생에 대한 정보를 입수하여 교육적 진단을 내리고 학습계약을 맺음

〈계속〉

단계	김선희, 조휘일	김경희	박미정 외
초기단계	• 실습생과 슈퍼바이저와의 관계 형성 • 실습 슈퍼비전의 회합 실시 • 실습생과 클라이언트의 접촉을 위한 준비 지도 • 실습 슈퍼비전 목적 설정		
중간단계	• 실습 슈퍼비전의 교육적인 활동 • 레코딩을 통한 교육 • 보조교육	• 정기적 슈퍼비전 • 사례회의 • 다양한 기록 유형을 통한 사례분석 • 실천 과정과 실습생의 자아인식 확대 • 인간관계 기술 향상 • 실습 목표 성취 분석과 목표 수정 • 실습에 필요한 자원 동원과 활용 • 중간평가회 실시	• 실습지도의 다양한 방법을 익히고 사용 • 기록에 대한 지도 • 행정적 · 교육적 · 지지적 영역의 슈퍼비전 제공
평가 및 종결단계	• 실습의 평가 실시, 실습평가 기준 및 지침 마련 • 실습평가를 위한 준비회의, 실습평가 회합	• 종결을 위한 제반 준비와 종결기록 • 실습평가 • 실습평가회, 실습 보고회 • 실습생과의 관계의 종결 • 실습평가서의 작성과 발송 • 실습지도 평가회	• 평가 시작 전 평가 목적에 대한 설명 • 학생들의 업무와 학습에 초점을 두고 평가 • 평가서 작성 • 학생들의 실습지도에 대한 피드백을 수렴 • 학생과 슈퍼바이저 간의 관계 종결

출처: 한국학교사회복지사협회(2005). 학교사회복지 실습. 『하계 워크숍 자료집』. p. 41.

1 준비단계

준비단계는 실습기관이 확정된 시점에서부터 시작된다. 이 단계에서는 오리엔테이션을 시작으로 본격적인 실습을 준비한다.

1) 준비단계의 목표

준비단계에서는 실습을 지도할 슈퍼바이저가 확정되고 실습에 필요한 각종 행정 사항을 확인하게 된다. 또한 기관 슈퍼바이저 및 동료 실습생과의 관계 형성, 실습기관과 실습에 대한 이해, 자신의 실습 목표 확인 등이 이루어지고 실습기관과 실습계약도 맺어야 한다.

성공적인 준비단계의 전략
• 자신의 준비 정도를 점검하고 보완하라. • 실습 관련 양식을 모아 바인더(binder)를 만들어라. • 동료 실습생 및 슈퍼바이저와의 관계를 형성하는 오리엔테이션 및 MT에 참여하라. • 실습기관과 실습계약서를 작성하자. • 실습 과정을 학교와 담당교수에게 알려라. • 실습 일정을 숙지하라.

2) 준비단계의 세부지침

(1) 자신의 준비 정도를 점검하고 보완하라

사회복지 현장실습을 위해 준비하였던 것들에 대하여 다시 한 번 점검하고 보완하자. 특히 자신의 장 · 단점을 분석하고, 단점을 장점화하는 노력을 하자. 사회복지 현장실습을 위한 준비 과정을 충실히 하였다면 간단한 점검 과정만을 거치게 될 것이다.

당신은 실습생으로서 준비가 되어 있습니까? 자신의 장점과 단점은 무엇이고 실습할 때 어떠한 어려움이 예상되십니까? 이러한 어려움을 어떻게 극복하실 수 있습니까?

1. 자신의 장점과 단점이 무엇인지 알고 있습니까?

2. 자신의 장점과 단점으로 인해 예상되는 어려움은 무엇입니까?

※ 반드시 자신의 장 · 단점을 분석하고, 단점을 보완하기 위한 방법을 갖추고 실습에 임해야 한다.

(2) 실습 관련 양식들을 모아서 바인더를 만들어라

실습을 실시하면서 작성해야 하는 양식들이 있다. 이 양식은 한국사회복지사협회와 한국사회복지교육협의회에서 권고하는 표준안이다. 따라서 실습생이 작성해야 할 양식에 대하여 미리 검토하고 작성 준비를 위해 자신만의 바인더를 마련해야 한다. 실습의 각종 일지 및 과제, 기관에서 나누어 주는 교육자료 등도 함께 묶을 수 있도록 두꺼운 바인더가 필요하다. 이렇게 바인더로 정리한다면 실습 후 학교에 제출하는 보고서 작성에 많은 도움이 된다.

실습에 필요한 양식은 다음과 같다. 각각의 양식은 〈부록 2〉에 첨부하였다.

- 오리엔테이션 안내 자료
- 실습생 프로파일
- 서약서
- 실습계약서
- 기관 분석 보고서 양식
- 중간 및 종결 평가서
- 실습계획서
- 슈퍼바이저 프로파일
- 실습생 출근부
- 실습일지
- 지역사회 분석 보고서 양식
- 슈퍼바이저 평가서

(3) 동료 실습생 및 슈퍼바이저와의 관계를 형성하는 오리엔테이션 및 MT에 참여한다

일반적으로 각 기관에서는 실습이 시작되기 2주 전에 실습생을 대상으로 오리엔테이션을 진행한다. 주로 학생들에게 실습 과정 전반에 대해 안내하며, 직면하게 될 문제점과 어려움들, 기관의 기대, 적절한 행동 지침 등에 대하여 충분히 알리고 철저하게 교육한다. 오리엔테이션에서 철저한 교육이 이루어질수록 실습생들의 현장 적응력은 향상되고 적응 기간은 단축된다.

실습생은 오리엔테이션에서 언급된 내용을 기록하고 그 내용에 주의한다. 주로 다루어지는 내용은 실습에 대한 전반적 이해, 실습생의 역할과 자세, 실습생 소개, 슈퍼바이저와의 만남 및 지도자 소개, 기관(학교)에 대한 전반적 이해, 실습기관 견학, 기본 교육 등이다. 오리엔테이션 기간 중 실습생 대표를 추천하도록 하면 적극적으로 손을 들고 자신이 하겠다고 하면 좋다. 왜냐하면 실습생 대표가 되면 실습생 대표로서의 자신감과 책임감뿐만 아니라 다양한 경험을 할 수 있는 기회가 많기 때문이다. 그리고 오리엔테이션에서 슈퍼바이저를 공식적으로 소개하는 시간을 갖게 되는데 슈퍼바이저 소개를 잘 듣고 궁금한 사항에 대해 질문한다. 그리고 실습생이 지켜야 할 사항에 대하여 유의사항을 충분히 숙지하여 성실하게 지킬 수 있도록 노력해야 한다.

오리엔테이션을 마치고 실습생으로서 성실하게 교육에 임하겠다는 서약서를 작성해야 한다. 〈참조 1〉에 실습생이 지켜야 할 사항을 첨부하였다.

참조 1: 실습생이 지켜야 할 사항

사회복지 현장실습생의 자세

우리는 사회복지 실습생으로서 사회복지사 윤리강령과 다음 사항을 준수한다.

1. 실습의 목적과 중요성을 충분히 이해하고 실습계약 사항을 이행하기 위하여 최선의 자세로 실습에 임한다.
2. 실습은 대학에서 학습한 이론을 구체적으로 적용하는 과정임을 인식하여 이에 최선을 다한다.
3. 실습교육기관의 구성원이라는 생각으로 타 구성원과 협력하며 친화적인 태도를 취한다.
4. 기관의 정책을 이해하고 수용하며 실습 과정에서 준수하도록 한다.
5. 근무 시간은 기관의 규정에 준하며 직원과 동일한 자세로 근무 시간에 임하도록 한다.

6. 실습 시작 최소 10분 전에 출근하여 출근을 확인하며, 업무에 관계된 사항을 사전에 준비하도록 한다.
7. 결근, 조퇴, 지각 등 근태와 관련된 사항은 반드시 슈퍼바이저에게 사전에 보고하여 허락을 받도록 한다.
8. 슈퍼바이저의 지시뿐 아니라 타 직원의 지도를 잘 이행함으로써 실습효과를 최대화하도록 한다.
9. 직무에 강한 책임감과 열의를 갖고 적극적으로 임하며 타인에게 책임을 전가하거나 태만하게 행동하지 않는다.
10. 실습으로 인하여 알게 된 클라이언트의 사적인 정보를 교육적 목적(대학실습지도 등) 외에는 절대 발설하지 않으며, 교육적 목적이라 하더라도 가명을 사용하여 비밀보장의 원칙을 지켜야 한다. 실습 종료 후, 실습 관련 내용을 학회지 등에 게재하고자 할 때는 반드시 슈퍼바이저와 상의하여 허락을 받아야 한다.
11. 슈퍼바이저의 지도 혹은 타 실습생의 실습을 견학, 관찰할 경우 배우는 자세로 진지한 태도를 취한다.
12. 기관의 직원, 클라이언트 등에 대해 예의를 지킨다.
13. 복장, 소지품은 실습기관의 특성과 상황에 맞게 취하되, 가능하면 화려한 것을 피하고 검소하며 단정한 것을 착용하도록 한다.
14. 안전사고에 만반을 기하도록 하며 안전사고와 관련된 기관의 규정을 사전에 숙지하여 그에 준해 처리하도록 한다.
15. 실습일지를 비롯한 각종 실습기록은 사실에 근거하여 정확하고 구체적으로 정리하여 실습 시 슈퍼바이저와 실습지도교수의 강평을 받는다.
16. 과제에 관하여 연구하고 그 결과물에 대해 슈퍼바이저의 강평을 받는다.
17. 실습 과정 중 어떤 경우라도 사례금 등의 금품을 절대 주거나 받지 않는다.
18. 과제물은 정해진 기일에 제출하고 출근 전에 작성을 마친다.
19. 기관의 명칭을 사적으로 활용하지 않으며 실습생의 신분을 지킨다.
20. 기관을 대표한다는 자세로 실습교육기관의 직원들과 동일한 업무 태도와 자세를 취한다.

1. 실습생들이 실습 오리엔테이션 때 반드시 확인해야 할 사항이 있다면 무엇이라고 생각하는가?

2. 슈퍼바이저와 관계 형성을 할 때 가장 중요한 것은 무엇이라고 생각하는가? 그리고 관계 형성을 위해 나는 무엇을 어떻게 할 것인가?

3. 슈퍼바이저 및 실습생과의 관계 형성에 예상되는 어려움은 무엇인가? 만일 그런 일이 일어난다면 어떻게 대처해야 하는가?

(4) 실습기관과 실습계약서[1])를 작성하자

다음을 읽고 실습계약서를 작성해 보자.

① 실습계약의 정의

실습계약이란 주어진 시간 내에 학생이 무엇을 어떻게 공부할 것인가를 구체화시키기 위해 학생과 슈퍼바이저에 의해 작성되는 하나의 공식적 문서를 말한다. 이러한 실습계약서는 학습 프로그램의 개별화, 실습교육 참여당사자의 역할과 규범이 명확화되는 장점을 가지고 있다. 주의해야 할 것은 계약이라는 점이다. 계약은 쌍방이 제공하는 하나의 수준을 설정하고 이에 대하여

1) 〈부록 2〉 서식 12와 서식 13 참조.

쌍방이 합의할 때 이루어진다. 따라서 학생들과 슈퍼바이저와의 협의를 통한 계약서 작성이 중요하다.

② 실습계약의 기능

실습계약은 학생이 '실습을 통해 내가 무엇을 학습할 수 있기를 바라는가?'를 명확하게 해 주고, 적절한 실습부서 배정을 가능하게 한다. 또한 기관, 슈퍼바이저, 실습생 그리고 학교 등 모든 실습교육 구성 체제들로부터 명확한 책임감과 사명감을 이끌어 낼 수 있다. 그리고 실습교육을 위한 책임과 사명의 공식화는 실습교육의 목표 달성에 대한 오해나 목표 달성 실패의 가능성을 감소시킬 수 있으며 실습지에서 실습 진행 과정에 동의하지 못하거나 불만족을 느끼는 상황이 발생하면 표현할 수 있는 근거가 되는 기능을 갖는다.

③ 실습계약의 이점

㉮ 학생들이 자신의 목표가 무엇인지 알 수 있다.
㉯ 계획적인 시간 배정과 학습동기가 증대된다.
㉰ 정기적인 의사소통과 피드백을 가질 수 있다.
㉱ 계약이 끝나면 감정과 만족감이 향상됨을 느낄 수 있다.
㉲ 교육 내용, 교육 자료, 교육 방법 그리고 경험의 선택이 용이해진다.
㉳ 학생들의 노력에 대한 평가, 그리고 교수나 슈퍼바이저의 교육에 대한 효과성 평가를 위한 기반이 구체적으로 설정된다.

④ 실습계약서 작성 시 고려할 사항

㉮ **구체성**: 학습 목표를 구체적으로 작성할 것
㉯ **업무수행 실적**: 완수해야 할 활동, 의무사항, 과제 또는 책임 소재
㉰ **참여**: 실습 관련 당사자들의 참여 정도를 명시
㉱ **현실성**: 실습 시간과 기간, 기관의 교육 자원 제한 등에 대한 현실성
㉲ **측정 가능성**: 실습의 결과를 측정 가능한 형태로 규정하여 명시

실습계약서의 예

실습계약서

실습생명	전○○	소속 학교	○○○ 대학교
실습기관	○○종합사회복지관	기관 주소 전화번호	서울시 ○○구 ○○동 ☎ 02-○○○-○○○○
슈퍼바이저	최○○ 과장	실습지도교수	노○○ 교수
실습 기간	20○○년 7월 2일 ~ 7월 30일	총 실습일	총 20 일
학교 실습세미나	20○○년 2학기중 격주 목요일 16:00~18:25	실습 cafe 주소	http://cafe.daum.net/ knusw05

1. 실습의 목표

1) 사회복지사로서의 전문적 발달을 위한 목표

(1) 사회복지사의 역할과 전문적 태도 발달에 대한 목표
 ① 사회복지 전문직에 대한 실무 경험을 획득한다.
 ② 나에게 맞는 사회복지 분야를 찾는다.
 ③ 사회경험을 통한 책임감 있는 행동 및 직장 예절, 대인관계 기술을 습득한다.

(2) 사회복지사의 윤리적 실천 원칙과 가치에 대한 목표
 ① 시간 약속을 엄수한다(지각, 결석하지 않기).
 ② 배우는 자세로 충고와 조언을 민감하게 수용하고 반영한다.
 ③ 역동적인 사회복지사의 관점을 유지하기 위하여 사회복지와 관련된 도서를 1권 이상 읽는다.
 ④ 사회복지사의 전문적인 시각을 가지기 위해 주 3회 이상 사회문제 및 관련 사이트를 검색한다.

2) 실습기관 업무수행과 관련된 목표(실습기관 오리엔테이션을 통해 알게 된 실습 내용을 기초로 작성)

(1) 기관의 구조와 행정 이해에 관련된 목표

① 기관 분석 보고서를 작성하여 기관의 특성 · 조직 · 구성 · 입지조건 및 지역적 특성을 파악하고 그에 따른 기관의 주요 사업을 살펴본다.

② 실무 경험 전에 각 사업과 관련된 이론학습 과제를 철저히 수행한다.

③ 이론과 현장 간의 차이에 대해 이해 · 수용한다.

(2) 대상 클라이언트체계에 대한 이해와 개입 기술 발달에 대한 목표

① 초기면접 전 클라이언트의 정보를 수집, 숙지하여 질문과 상담 내용을 준비한다.

② 초기면접 후 한 번에 그치지 않고 지속적으로 추가사정을 함으로써 새로운 정보를 수집할 수 있도록 노력한다.

③ 사전에 아동, 성인, 노인 등 대상자에 대한 정보를 수집하여 특성을 이해하고 실무 내용을 계획 · 준비하여 서비스를 제공할 수 있도록 한다.

(3) 실습기관이 속한 지역사회와 기관의 역할 이해에 대한 목표

① 해당 지역사회 내에 다른 복지관이 있는지 알아보고 사업 내용 및 제공되는 서비스, 이용자 수, 활용도 등을 비교하여 본다.

② 복지관이 지역사회 내에서 연계를 맺고 있는 기관 및 자원들을 살펴보고 연계기관 리스트를 작성하여 본다.

(4) 업무수행에 필요한 지식발달에 대한 목표

① 사회복지사업법 및 관련 법률, 시행령을 학습한다.

② 지역주민의 욕구 이해를 위해 현재의 사회문제와 이슈가 무엇인지 파악한다.

3) 실습수행에 따른 대인관계와 관련된 목표

(1) 슈퍼바이저와의 관계

① 항상 배우려는 자세로 슈퍼바이저의 지도를 적극적인 자세로 따른다.

② 실습 중 발생하는 갈등에 대해서는 상담을 요청하고, 효율적이고 효과성 있는 학습의 장이 될 수 있도록 성실한 자세로 임한다.

③ 많은 조언을 구하고 적극적인 질문 태도와 기록하는 자세를 갖는다.

(2) 슈퍼바이저 외 직원들과의 관계

① 항상 미소로 먼저 반갑게 인사한다.

② 현장의 소리와 이야기를 경험하고 배울 수 있도록 모든 직원 선생님들께 적극적으로 질문하고, 필요시 업무를 도와드린다.

(3) 동료 실습생과의 관계

① 정보를 공유하고, 실무 경험을 함께 토론하면서 긍정적인 관계를 유지한다.

② 힘들고 어려운 상황 속에서 서로 지지하고 협력한다.

③ 실습 완료 후에도 지속적으로 관계를 유지하도록 한다.

(4) 지도교수와의 관계

① 학교 실습세미나 또는 면담 등을 통해 실습에서의 어려운 사항 및 궁금한 사항을 질문하여 원활한 실습 활동을 할 수 있도록 한다.

② 과제를 철저히 수행하고, 실습 과목에 대한 공지사항을 날마다 확인한다.

2. 목표 수행을 위한 사전준비 계획

① 기관방문을 통한 사전조사 실시, 기관 분석 보고서를 작성한다.

② 실습오리엔테이션 후 기관의 지침과 규정을 확인하고 실습 일정 · 내용 및 유의사항 등을 숙지한다.

③ 나만의 실습 목표를 설정하고 목표 달성표를 만들어 관리한다.

3. 목표 수행을 위한 구체적 실행방안 및 성취 정도 평가 방법

① 실습일지를 통해 다음날의 세부 목표를 세우고, 오늘의 목표 성취 정도에 대해 스스로 평가하고 앞으로 노력하고 고쳐야 할 부분을 점검한다.

② 매일 그날의 실습 세부 목표를 세우고 잘된 부분은 ○, 보통은 △, 반성 및 고쳐야 부분은 X로 표시하며, 날마다 체크하여 관리한다.

③ 매 조회/종례 시간을 활용하여 슈퍼비전을 받는다.

④ 주 1회 0~10까지의 척도를 통해 스스로 한 주간 실습에 대해 평가하고, 앞으로 실습에 반영하여야 할 부분들을 슈퍼비전과 개인적인 고찰을 통해 채울 수 있도록 노력한다.

⑤ 중간평가/종결평가를 통해 목표 달성에 대하여 각각 계량화하여 평가한다.

4. 기관 오리엔테이션을 통해 알게 된 주의사항과 업무지침

① 실습 중에는 직장인다운 단정한 용모를 유지하도록 한다(예: 세미정장).

② 맡은 업무에 책임감을 가지고 시간 약속을 철저히 한다.

③ 30분 전에는 출근하여 일지 · 과제물 확인 및 하루 업무 준비를 한다.

5. 슈퍼비전 유형과 평가의 일정

유형	일정	평가	일정
개별슈퍼비전	매일 일일평가 시간	중간평가	7월 13일
집단슈퍼비전	매일 일일평가 시간	종결평가	7월 30일

* 담당 슈퍼바이저 부재 시(휴가, 출장, 긴급업무수행 등) 대리 슈퍼바이저명: 부재 없었음.

6. 학생, 슈퍼바이저, 실습지도교수의 합의에 의해 추가된 사항

① 실습일지 및 양식은 기관의 양식을 그대로 사용하기로 하였다.

② 아동 · 청소년 캠프를 2회 모두 참석하기로 하고, 16일(월)을 휴무하고, 28일(토) 캠프 참여로 대체하기로 하였다.

사회복지 현장실습은 사회복지사로서의 전문성 향상과 실천적 지식의 습득을 위하여 계획된 핵심 교과다. 이 교과의 학점 평정은 사회사업 대학교육협의회에서 공통으로 제시한 평가양식(첨부)에 의해 슈퍼바이저가 평가하며 전체 평정에 60% 반영된다. 이러한 실습의 중요성에 기초하여 실습생은 상기 학습 목표를 성취하기 위하여 자발적이고 적극적인 노력을 기울이며, 슈퍼바이저는 계획된 실습 일정(첨부)에 의해 상기된 바와 같이 현장지도를 수행하고, 지도교수는 학생과 기관 간의 조정과 중재를 통해 학생의 학습 목표 성취를 돕는다.

20○○년 ○○월 ○○일

실습생: 전 ○ ○ (인)

슈퍼바이저: 최 ○ ○ (인)

실습지도교수: 노 ○ ○ (인)

앞의 실습계약서를 보면서 보충해야 할 곳을 이야기해 보자.

1. 대체적으로 잘 기록된 계약서다.
2. 구체성 보완: 실습의 목표를 좀 더 구체적으로 제시해야 한다.
3. 측정지표 제시: 목표 달성을 위한 기준과 양식을 표로 제시하였으면 더 좋았을 것이다.
4. 가장 중요한 실습 목표와 그에 따른 측정 요소 및 방법 등이 상호 밀접하게 연계되는 것 그리고 이를 한눈에 알아볼 수 있는 측정표를 제시한다면 좋겠다.

따라서 실습 목표를 보다 구체화하면서 측정이 가능하도록 다음의 예를 살펴보자. 다음은 누리(NURI)사업으로 해외 실습을 다녀온 학생의 실습계약서 중 일부다. 이들은 5개 영역에 세부 목표와 구체적인 성취 전략, 그리고 평가 방법을 제시하였고 달성여부에 따라 점수를 기입하였다. 측정은 세부 목표에 가중치를 고려하여 총점이 100점이 될 수 있도록 하였다. 실습계약서를 잘 작성해 두면 중간평가나 최종평가에 중요한 기준이 되어 정확한 평가를 할 수 있게 된다.

핵심 내용에 근거한 실습 목표 작성의 예

핵심 내용에 근거한 실습 목표

목표	세부 목표 (항목당 1~3개 정도/ 전체 10~12개)	성취 전략 (구체적인 실행 방법, 과제 등)	평가 (평가 방법)	점수
1. 전문적 발달 (20점)	• 사회복지사의 역할과 전문적 태도를 몸에 익힌다. • 사회복지사가 갖추어야 할 자질과 지식에 대하여 이해하고, 관련 전문지식에 대한 임파워먼트를 강화한다.	• 미국의 사회복지사의 역할에 대해 인터넷을 통해 조사해 본다. • 기관 방문 시 미국의 사회복지사의 역할에 대해 질문하고 직접 눈으로 관찰한다. • 기관 방문 시 질문과 슈퍼바이저를 통해 사회복지사로서 특별히 갖추어야 할 자질과 지식에 대해 안다.	• 미국 사회복지사의 역할에 대해 이해하고 깨달았는가?(10점) • 사회복지사로서 갖추어야 할 자질과 지식에 대해 알았는가?(10점)	15
2. 행정적 측면 (15점)	• 일지를 미루지 않고 꼬박꼬박 쓰겠다. • 기한 안에 과제를 달성하겠다.	• 그날의 일지는 하루 안에 쓰도록 노력한다. • 피곤하더라도 미루지 않고 미리 하는 습관을 기른다.	• 미루지 않고 일지 쓰기(8점) • 기한 내에 과제제출(7점)	12
3. 지역 사회, 정책적 측면 (15점)	• 캘리포니아 주의 사회복지관련법을 익힌다. • 캘리포니아 주의 지역사회 현황을 안다.	• 사전에 캘리포니아 주에 대해 조사해서 공부한다. • 책이나 인터넷, 논문 등을 통해 미국 사회의 사회복지정책에 관한 정보를 미리 얻는다.	• 실습이 끝난 후 캘리포니아 주의 사회복지관련법을 3가지 이상 말할 수 있는가?(7점) • 캘리포니아 주의 지역사회 현황에 대해 자신감 있게 3분 이상 설명할 수 있는가?(8점)	12

〈계속〉

목표	세부 목표 (항목당 1~3개 정도/ 전체 10~12개)	성취 전략 (구체적인 실행 방법, 과제 등)	평가 (평가 방법)	점수
4. 기본적 대인 관계 (20점)	• 기관 선생님들과 긍정적 관계를 형성한다. • 실습 동료생들과 친밀한 관계를 형성한다.	• 만나면 밝게 인사를 한다. • 실습생 13명에게 하루에 한 번 이상 대화한다.	• 항상 밝고 긍정적인 태도를 유지했는가?(10점) • 실습생 동료들과 실습 일정 이후에도 연락을 취하는가?(10점)	18
5. 클라이언트 개입 기술 (15점)	• 기관의 대상 클라이언트 개입 기술에 관해 살펴본다. • 미국과 한국의 주요 개입 기술을 익히고 비교분석할 수 있다.	• 미국 국민들의 특성에 맞는 클라이언트 개입 기술에 대해 미리 알아본다. • 한국에서 주로 사용하는 개입 기술을 찾아보고 미국의 개입 기술과 비교해 본다.	• 기관의 대상 클라이언트 개입 기술을 3가지 이상 말할 수 있는가?(8점) • 미국과 한국의 주요 개입 기술을 정리해서 설명할 수 있는가?(7점)	12
6. 기타 (15점)	• 기본적인 영어회화를 할 수 있다. • 팀장의 역할을 충실히 이행한다. • 진로 방향을 결정한다.	• 영어회화 책으로 하루에 10문장씩 연습해 본다. • 팀원들에게 연락을 자주 하도록 하고, 잘 준비될 수 있도록 체계적으로 충실히 실행한다. • 실습 일정 동안 기관방문과 강의를 통해 여러 분야의 사회복지를 접하고 나에게 맞는 분야가 어디인지 곰곰이 생각해 본다.	• 외국인과 대화를 나누고, 강의를 잘 이해할 수 있었는가?(5점) • 실습 일정에 맡는 팀원들의 역할수행이 잘 이루어졌는가?(5점) • 진로의 방향을 잡았는가?(5점)	12
총 100점	총 점수			81점

⑤ 실습 과정을 학교와 담당교수에게 알려라

실습은 학교가 현장교육을 위해 실무 기관에 학생들의 교육을 의뢰함을 말한다. 따라서 실습기관에서 있었던 일에 대하여 일주일에 한두 번씩은 메일 및 카페를 통해 담당교수에게 알려 주어야 한다. 그래야 담당교수가 실습기관에 방문할 때 기관장과 슈퍼바이저에게 학생에 대한 중요한 정보를 나눌 수 있기 때문이다. 담당교수에게 자신의 실습 과정을 보고할 때에는 실습일지를 첨부하는 것도 도움이 된다. 담당교수와의 유기적 연계와 의사소통을 통해 자신을 기억나는 학생으로, 실습기관 방문을 가고픈 학생으로 만들어라. 또 담당교수님께 문자나 메일로 실습 상황을 보고하면서 실습지 기관방문을 독려하도록 하자. 담당교수님들이 실습지 기관방문을 할 때에 관련 상황을 충분히 이해한다면 실습생에게 많은 도움을 줄 수 있을 것이다.

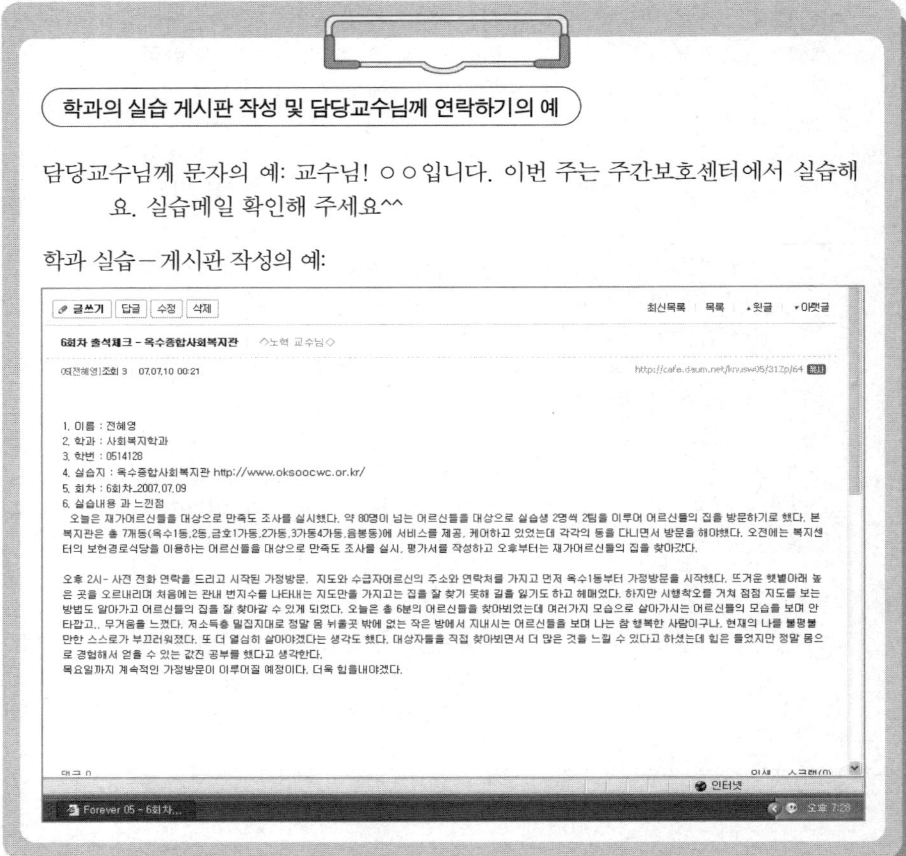

학과의 실습 게시판 작성 및 담당교수님께 연락하기의 예

담당교수님께 문자의 예: 교수님! ㅇㅇ입니다. 이번 주는 주간보호센터에서 실습해요. 실습메일 확인해 주세요^^

학과 실습－게시판 작성의 예:

글쓰기 | 답글 | 수정 | 삭제 | 최신목록 | 목록 | 윗글 | 아랫글

6회차 출석체크 - 옥수종합사회복지관 ◇노혁 교수님◇

05[전혜영] 조회 3 07.07.10 00:21 http://cafe.daum.net/knusw05/31Zp/64

1. 이름 : 전혜영
2. 학과 : 사회복지학과
3. 학번 : 0514128
4. 실습지 : 옥수종합사회복지관 http://www.oksoocwc.or.kr/
5. 회차 : 6회차_2007.07.09
6. 실습내용 과 느낀점

오늘은 재가어르신들을 대상으로 만족도 조사를 실시했다. 약 80명이 넘는 어르신들을 대상으로 실습생 2명씩 2팀을 이루어 어르신들의 집을 방문하기로 했다. 본 복지관은 총 7개동(옥수1동,2동,금호1가동,2가동,3가동4가동,응봉동)에 서비스를 제공, 케어하고 있었는데 각각의 동을 다니면서 방문을 해야했다. 오전에는 복지센터의 보현경로식당을 이용하는 어르신들을 대상으로 만족도 조사를 실시, 평가서를 작성하고 오후부터는 재가어르신들의 집을 찾아갔다.

오후 2시- 사전 전화 연락을 드리고 시작된 가정방문. 지도와 수급자어르신의 주소와 연락처를 가지고 먼저 옥수1동부터 가정방문을 시작했다. 뜨거운 햇볕아래 높은 곳을 오르내리며 처음에는 관내 번지수를 나타내는 지도만을 가지고는 집을 잘 찾기 못해 길을 잃기도 하고 헤매었다. 하지만 시행착오를 거쳐 점점 지도를 보는 방법도 알아가고 어르신들의 집을 잘 찾아갈 수 있게 되었다. 오늘은 총 6분의 어르신들을 찾아뵈었는데 여러가지 모습으로 살아가시는 어르신들의 모습을 보며 안타깝고,, 무거움을 느꼈다. 저소득층 밀집지대로 정말 몸 뉘울곳 밖에 없는 작은 방에서 지내시는 어르신들을 보며 나는 참 행복한 사람이구나, 현재의 나를 불평불만한 스스로가 부끄러워졌다. 또 더 열심히 살아야겠다는 생각도 했다. 대상자들을 직접 찾아뵈면서 더 많은 것을 느낄 수 있다고 하셨는데 힘은 들었지만 정말 몸으로 경험해서 얻을 수 있는 값진 공부를 했다고 생각한다.
목요일까지 계속적인 가정방문이 이루어질 예정이다. 더욱 힘을내야겠다.

인터넷

Forever 05 - 6회차... 오후 7:28

(5) 실습 일정[2)]을 숙지하라

실습기관은 전체 실습교육 일정을 정리하여 실습일정표를 제공하는데 실습생은 이를 숙지하여야 한다. 실습 일정의 숙지는 자신의 개인적인 시간 관리 및 학습 준비를 용이하게 할 수 있으며 예측이 가능한 일정을 준비함으로써 학습의 질이 향상될 수 있는 장점이 있다. 간혹 실습기관에서 실습 일정을 제시하지 않는 기관도 있으나 이럴 때 실습생은 실습 일정을 정식으로 요구하도록 하자.

실습일정표 예

20ㅇㅇ년도 여름방학 실습일정표

날짜	시간	내용	담당자	비고
1회차 7/2 (월)	09:00-09:30	관장님 인사 말씀	관장님	
	09:40-10:30	실습 일정 및 내용 설명	최ㅇㅇ	
	10:40-11:30	직장인의 예절	최ㅇㅇ	
	11:40-12:30	사회복지현장에서의 사회복지사의 자세	부관장님	
	12:30-13:30	점심식사		
	13:40-14:30	사회복지관의 역사적 배경	최ㅇㅇ	
	14:40-15:30	지역사회복지관에 대한 이해	최ㅇㅇ	
	15:40-16:30	가족복지사업(총괄) 소개(1)	김ㅇㅇ	
	16:40-17:30	가족복지사업(총괄) 소개(2)	유ㅇㅇ	
	17:30-18:00	일일 슈퍼비전 및 평가	최ㅇㅇ	

〈계속〉

• 간략한 느낌을 적어 두면 최종평가서 작성에 도움이 된다.
• 시행 및 변경 여부도 메모해 두면 도움이 된다.

2) 〈부록 2〉 서식 5 참조.

날짜	시간	내용	담당자	비고
2회차 7/3 (화)	09:00-09:30	조회 및 일지 점검	최○○	
	09:40-10:30	가족복지사업 소개(3)	박○○	
	10:40-11:30	가족복지사업 소개(4)	이○○	
	11:40-12:30	장애인복지 및 방과 후 교실 사업 소개	한○○	
	12:30-13:30	점심식사		
	13:40-17:20	실무 참여-○○방과 후 교실	한○○	
	17:30-18:00	일일 슈퍼비전 및 평가	최○○	
3회차 7/4 (수)	09:00-09:30	조회 및 일지 점검	최○○	
	09:40-10:30	사회복지관 재무·회계의 이해	오○○	
	10:40-11:30	사회복지 전산프로그램 활용 실습	모○○	
	11:40-12:30	초등학교사회사업 및 ○○방과 후 교실 사업 소개	강○○	
	12:30-13:30	점심식사		
	13:40-17:20	실무 참여-○○방과 후 교실	강○○	
	17:30-18:00	일일 슈퍼비전 및 평가	최○○	
4회차 7/5 (목)	09:00-09:30	조회 및 일지 점검	최○○	
	09:40-10:30	MBTI 검사	조○○	
	10:40-11:30	행정실무	김○○	
	11:40-12:30	○○아카데미 소개	정○○	
	12:30-13:30	점심식사		
	13:40-17:20	실무 참여-○○아카데미	정○○	조○○/ 김○○
	17:30-18:00	일일 슈퍼비전 및 평가	최○○	
5회차 7/6 (금)	09:00-09:30	조회 및 일지 점검	최○○	
	09:40-10:30	MBTI 검사 해석	조○○	
	10:40-12:30	○○상담센터 사업 소개 및 업무 지원	김○○	
	12:30-13:30	점심식사		
	13:40-14:30	센터 및 재가복지사업(총괄) 소개(1)	구○○	
	14:40-16:30	재가복지사업 소개(2)	이○○	
	16:40-17:20	○○방과 후 교실 사업 소개	문○○	
	17:30-18:00	일일 슈퍼비전 및 평가	최○○	

〈계속〉

날짜	시간	내용	담당자	비고
6회차 7/9 (월)	09:00-09:30	조회 및 일지 점검	최○○	
	09:40-10:00	가정방문 시 주의할 점과 면접 방법 및 내용	구○○	
	10:10-12:30	○○경로식당 만족도 조사	〃	
	12:30-13:30	점심식사		
	13:30-14:30	재가대상자 가정방문 사전 연락	〃	
	14:40-17:20	지역라운딩 및 재가대상자 가정 방문 및 조사	〃	
	17:30-18:00	일일 슈퍼비전 및 평가	〃	
7회차 7/10 (화)	09:00-09:30	조회 및 일지 점검	최○○	
	09:40-12:30	재가대상자 가정방문 및 조사	구○○	상담일지/조사서 일일 작성
	12:30-13:30	점심시간		
	13:40-17:20	재가대상자 가정방문 및 조사	구○○	상담일지/조사서 일일 작성
	17:30-18:00	일일 슈퍼비전 및 평가	구○○	
8회차 7/11 (수)	09:00-09:30	조회 및 일지 점검	최○○	
	09:40-12:30	재가대상자 가정방문 및 조사	구○○	상담일지/조사서 일일 작성
	12:30-13:30	점심시간		
	13:40-17:20	재가대상자 가정방문 및 조사	구○○	상담일지/조사서 일일 작성
	17:30-18:00	일일 슈퍼비전 및 평가	구○○	
9회차 7/12 (목)	09:00-09:30	조회 및 일지 점검	최○○	
	09:40-12:30	재가대상자 가정방문 및 조사	구○○	상담일지/조사서 일일 작성
	12:30-13:30	점심시간		
	13:40-17:20	재가대상자 가정방문 및 조사	구○○	상담일지/조사서 일일 작성
	17:30-18:00	일일 슈퍼비전 및 평가	구○○	

〈계속〉

날짜	시간	내용	담당자	비고
10회차 7/13 (금)	09:00-09:30	조회 및 일지 점검	최○○	
	09:40-10:30	지역복지사업(총괄) 소개	최○○	
	10:40-11:30	지역복지사업 소개(2)	조○○	
	11:40-12:30	지역복지사업 소개(3)	오○○	
	12:30-13:30	점심시간		
	13:40-14:10	여름방학 아동캠프 설명	한○○	
	14:20-16:00	재가 프로그램 평가 개발	최○○	
	16:10-17:30	청소년 자원봉사캠프 설명	김○○	
	17:30-18:00	일일 슈퍼비전 및 평가	최○○	
11회차 7/18 (수)	09:00-09:30	조회 및 일지 점검	최○○	
	09:40-12:00	○○주간보호센터 사업 소개 및 실무 참여	양○○	
	12:00-13:00	점심시간		
	13:00-17:30	실무 참여-○○노인주간보호센터	양○○	
	17:30-18:00	일일 슈퍼비전 및 평가	최○○	
12회차 7/19 (목)	09:00-09:30	조회 및 일지 점검	최○○	
	09:30-10:30	아동캠프 준비	이○○	
	11:00-12:30	한국 사회정책의 패러다임 전환 및 사회현안 문제 발표 / 토론 / 분석 / 주제 선정	최○○	
	12:30-13:30	점심시간		
	13:40-17:30	청소년 자원봉사캠프 계획 및 준비	김○○	
		여름방학 아동캠프 계획 및 준비	이○○	
	17:30-18:00	일일 슈퍼비전 및 평가	최○○	
13회차 7/20 (금)	09:00-09:30	조회 및 일지 점검	최○○	
	09:40-12:30	프로그램 계획서 작성	최○○	
	12:30-13:30	점심시간		
	13:40-17:30	청소년 자원봉사캠프 계획 및 준비	김○○	
		여름방학 아동캠프 계획 및 준비	이○○	
	17:30-18:00	일일 슈퍼비전 및 평가	최○○	
14회차 7/23 (월)	09:00-09:30	조회 및 일지 점검	최○○	
	09:40-12:30	프로그램 계획서 검토 및 수정	최○○	
	12:30-13:30	점심시간		
	13:40-17:30	청소년 자원봉사캠프 계획 및 준비	김○○	
		여름방학 아동캠프 계획 및 준비	이○○	
	17:30-18:00	일일 슈퍼비전 및 평가	최○○	

〈계속〉

날짜	시간	내용	담당자	비고
15회차 7/24 (화)	09:00–18:00	여름방학 아동캠프 참여	이○○ 김○○ 박○○ 문○○ 강○○	
16회차 7/25 (수)	09:00–18:00	여름방학 아동캠프 참여	이○○ 김○○ 박○○ 문○○ 강○○	
17회차 7/26 (목)	09:00–09:30	조회 및 일지 점검	최○○	
	09:40–11:30	여름방학 아동캠프 정리 및 평가	이○○	
		청소년 자원봉사캠프 계획 및 준비	김○○	
	11:40–12:30	프로그램 계획서 제2차 검토 및 수정	최○○	
	12:30–13:30	점심시간		
	13:30–17:30	청소년 자원봉사캠프 준비	최○○	
	17:30–18:00	일일 슈퍼비전 및 평가	최○○	
18회차 7/27 (금)	09:00–18:00	청소년 자원봉사캠프 참여	김○○ 최○○ 조○○	
19회차 7/28 (토)	09:00–18:00	청소년 자원봉사캠프 참여	김○○ 최○○ 조○○	
20회차 7/30 (월)	09:00–09:30	조회 및 일지 점검	최○○	
	09:40–10:30	청소년 자원봉사캠프 정리 및 평가	김○○	
	10:40–12:00	프로그램 계획서 발표(1)	최○○	
	12:00–13:30	점심식사 및 마무리		
	13:30–15:00	프로그램 계획서 발표(2)	최○○	
	15:00–16:00	간담회 및 종결평가 / 관장님 말씀		실습 소감문

〈제출 과제 및 제출일〉

연번	과제명	제출일
1	지역사회복지관이란?(개념정의, 목적, 배경, 역사, 기능, 역할 등)	7/2(월)
2	사회복지 현장에서의 사회복지사의 자세	
3	아동 및 청소년 방과 후 교실의 기능 및 역할	7/3(화)
4	재가복지사업의 중요성 및 내용	7/6(금)
5	사례관리의 이해 및 방법	
6	프로그램의 개발과 평가	7/12(목)
7	재가 대상자 사례관리 계획서	
8	주간보호센터의 기능 및 역할	7/13(금)
9	관심 분야의 사회 현안 문제 자료 조사 및 분석 내용	7/18(수)
10	아동 및 청소년 캠프의 기능 및 실제	
11	선정 사회문제 해결을 위한 프로그램 계획서(1차)	7/23(월)
12	프로그램 계획서(2차)	7/26(수)
13	프로그램 계획서(최종)	7/30(월)

(7) 기타 준비사항

기타 실습생이 배워야 할 기술과 지침, 슈퍼바이저의 학습 중요 영역들, 실습에 임하는 실습생의 자세 등에 대하여 숙지하면 실습에 도움이 될 것이다. 다음 〈참조 2〉와 〈참조 3〉에 소개하였다. 가급적이면 충분히 숙지하고 활용하도록 노력하자.

참조 2: 실습생이 실습에서 배워야 할 기술과 지침

1. 윤리적 결정 기술: 윤리강령
2. 비판적 사고 기술: 사회환경적 맥락 안에서 개인, 가족, 조직, 지역사회를 이해하여 실천에 적용할 수 있는 실천이론 적용 능력

3. 시간관리 기술: 계획된 일정 지키기, 시간 내에 업무량의 달성, 일정의 조정
4. 자아인식 기술: 자기분석, 자기성찰, 장애 극복, 업무 적응
5. 사회적 기술과 대인관계 기술: 돕는 관계 형성 및 유지, 전문적 경계 유지
6. 의사소통 기술: 의사소통에 용이한 언어 사용 능력, 클라이언트 및 동료와의 의사소통을 받아들이고 평가하는 능력, 전문가의 지침과 규정에 따라 의사소통하는 능력

참조 3: 슈퍼바이저가 중요하게 보는 실습교육 영역(한국학교사회복지사협회, 2005)

슈퍼바이저는 다음의 7개 영역을 중심으로 실습생을 교육한다.

1. 프로그램 개발과 평가
2. 사례관리
3. 사회복지기록
4. 실습생 자기이해
5. 개별상담, 집단실천
6. 분야론
7. 지역실천 등

2 초기단계

실습 초기는 실습생에 대한 교육적 사정과 기본적인 교육이 이루어지는 단계다. 교육적 사정은 실습생이 제출한 개인적인 정보 외에 개별 면담을 통해 실습생의 이전 경험, 지식 정도, 관심사, 학습동기 등을 조사하며 이를 바탕으로 실습계약을 맺는 과정이다. 기본적인 교육은 대체로 기관의 행정적인 측면과 지역사회에 관한 내용이 강조되고 있다(김선희 등, 2000; 이시연, 2001). 또한 초기단계에서는 실습 업무의 할당이 이루어지며, 기본적인 교육과 훈련을 통해 본격적인 실습 업무의 기초를 다진다.

실습생에게 기관에 대한 이해는 자신이 경험하였던 자원봉사 경험에 근거하거나 다른 사람들에게 들었던 간접적 정보가 대부분이다. 그러므로 초기단계에는 교육적인 정보 이외에 기본적인 사회생활에 대한 학습이 많이 이루어져야 한다. 또한 최근 변화하는 복지제도와 정책에 대하여도 학습이 이루어져야 하겠다. 특히 빈곤에 대한 이해, 빈곤지역의 환경과 지역사회의 구성원에 대한 이해가 필요하다. 이를 바탕으로 한 지역사회의 조사와 자원에 대한 사정 역시 초기단계에서 이루어져야 할 중요한 내용이다.

초기단계의 실습 내용
1. 관계 형성 2. 실습생의 교육적 사정 및 실습계약서의 확정과 실습 업무 할당 3. 각종 행정 서식 기록법 4. 지역사회복지에 대한 이해 5. 집단 프로그램 개발과 평가 6. 지역사회 조사와 기관 방문

1) 관계 형성

실습생은 조직생활을 해 본 경험이 매우 적기 때문에 관계 형성이 어려울 수 있다. 특히 처음 만난 동료 실습생, 기관의 사회복지사들 그리고 클라이언트 등 실습 과정 중에 많은 사람을 만나게 되는데 이때 가장 중요한 임무는 관계 형성이다. 그중에서도 동료 실습생과의 관계 형성, 기관의 사회복지사와의 관계 형성, 클라이언트와의 관계 형성을 고려해 보자.

> …… 그러나 아쉬웠던 부분도 있다. 우선 나에 대한 아쉬웠던 점은 슈퍼바이저와 조금 더 친밀한 관계를 맺지 못했다는 것이다. 슈퍼바이저를 조금 더 편하게 생각하고 다가갔어야 하는데 그렇게 하지 못하고 나를 지도감독하는 선생님으로밖에 생각을 못해서 라포형성이 잘 되지 않은 점들이 아쉬웠다. 그리고 슈퍼바이저에게 아쉬웠던 점은 슈퍼비전을 잘해 준 것은 너무 고맙지만, 그 과정에서 슈퍼바이저와 실습생과의 관계가 너무 수직적이 되지 않았나 하는 생각이 든다.
>
> – ○○○실습생의 최종보고서 중에서 –

(1) 동료 실습생과의 관계 형성

일반적으로 기관에서는 같은 학교 학생을 2명 이상 실습생으로 선발하지 않는다. 왜냐하면 2명 이상 같은 학교에서 실습생을 선발하면 그들만의 관계가 강하게 형성되어 다른 실습생과의 관계 형성이 어렵게 되기 때문이다. 동료 실습생들과의 관계 형성은 사회에 나가기 전 동료들과의 협력과 협의를 함에 있어 중요한 요소가 된다.

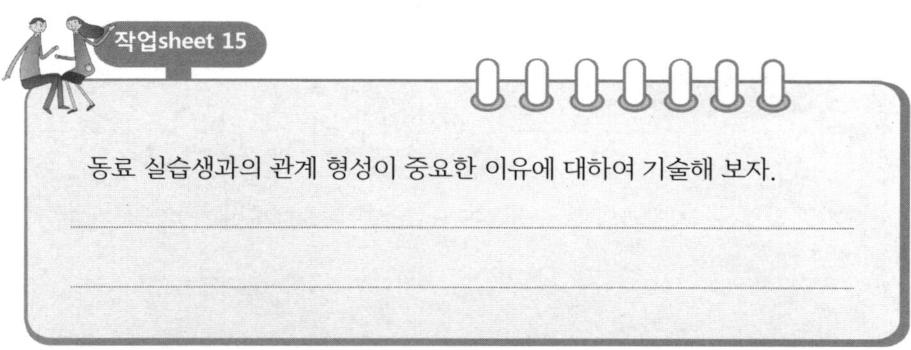

※ 대부분의 학생들에게는 실습이 첫 번째 사회생활 경험이 될 수 있다. 동료들과의 관계 형성을 직장인들의 관계 형성에 비교해 보자.

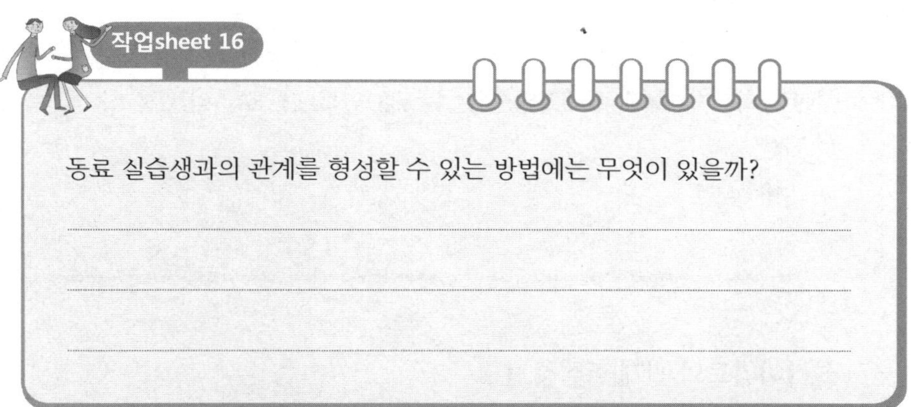

※ 자신만의 방법을 개발해 보자. 관계 형성을 위해 방법을 개발하는 것은 훌륭한 자기개발이라고 볼 수 있다.

(2) 기관 사회복지사들과의 관계 형성

실습생은 기관의 사회복지사들과 관계를 형성해야 한다. 왜냐하면 사회복지 분야에서 언제라도 다시 만날 수 있기 때문이다. 그러나 실습생이라는 한계 때문에 슈퍼바이저 이외에 다른 사회복지사를 쉽게 만날 수 없다. 그렇다고 3주 이상 기관에서 실습을 하였는데 자신의 존재감을 나타내지도 못한 상태로 종결한다면 자신에게 손실이 된다. 그렇다면 기관 사회복지사들과 어떻게 관계 형성을 하는 것이 좋을까?

작업sheet 17

기관 사회복지사들과의 관계 형성이 중요한 이유에 대하여 기술해 보자.

작업sheet 18

기관 사회복지사들과 관계를 형성할 수 있는 방법에는 무엇이 있을까?

(3) 클라이언트와 관계 형성하기

실습생이 클라이언트와 만날 수 있는 기회는 매우 제한된다. 그러나 이렇게 제한된 기회라도 만일 클라이언트를 만날 수 있게 된다면 이들과의 관계 형성은 매우 중요하다. 이때 관계 형성을 좋게 하는 7대 원칙을 기억하면 도움이 될 것이다. 클라이언트와의 관계가 잘 형성된다면 실습이 끝나더라도 기꺼이 자원봉사로 연계될 수 있을 것이다. 그러나 본인이 통제하지 못할 정도로 관계가 깊어져서는 안 되므로 통제할 수 있는 거리감을 유지하는 것이 중요하다.

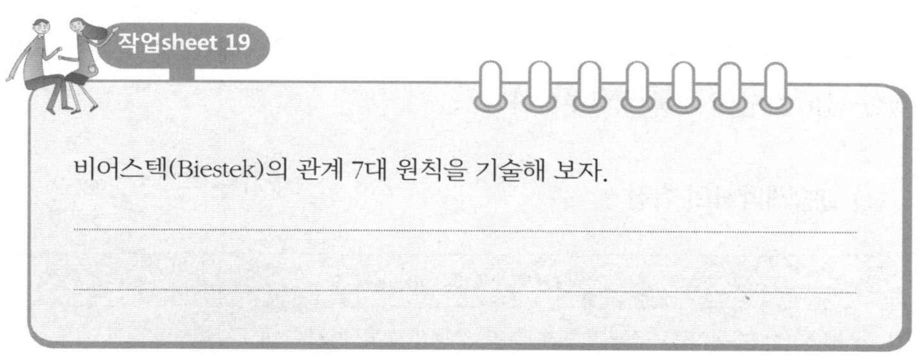

※ 사회복지실천론 중에서 관계 형성에 도움이 되는 원칙이다. 다시 한 번 찾아보자. 보통 '개, 의, 통, 수, 미, 자, 비'로 앞 자만 외우는 경우가 많다.

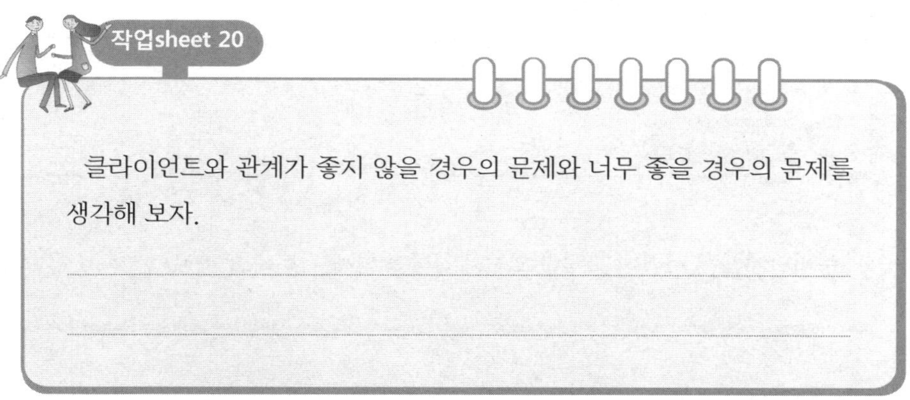

※ 실습 중 가장 많이 경험하는 것은 '관계'와 관련된 내용이다. 좋지 않았을 때나 좋았을 때를 거론한 후 이를 객관적으로 분석해 보자.

2) 실습생의 교육적 사정 및 실습계약서의 확정과 실습 업무 할당

사회복지 현장실습은 교육과 실질적인 업무수행의 2가지 영역을 포함하고 있다. 실습생에 대한 교육적 사정과 이를 통한 실습계약의 확정은 실습 업무 할당과 상호 관련된 초기단계에서의 주요 과업이다. 실습계약은 실습 기간 동안 실습생과 슈퍼바이저가 함께 작성하는 공식 문서로, 실습에 관련된 주요 학습 내용을 명확히 제시하고 실습교육의 효과성 평가를 위한 근거를 설정한다. 즉 주어진 시간 내에 무엇을 어떻게 교육할 것인가를 구체화시키는 실습생과 슈퍼바이저와의 공동 작업이며, 실습 내용을 개별화시키고 각자의 역할과 규범을 명확히 설정한 문서다. 실습생에 대한 교육적 사정에 대한 내용은 전술한 준비단계 내용에서 다루었기 때문에 실습계약서에 대한 슈퍼비전과 실습 업무 할당에 대하여 다루었다.

(1) 실습계약서의 확정

실습계약서 확정 시 고려사항
1. 구체성: 학습 목표를 구체적으로 측정 가능하도록 명시 2. 업무수행 실적: 완수해야 할 활동, 의무사항, 과제 또는 책임 소재 3. 참여: 실습 관련 당사자들의 참여 정도를 명시 4. 현실성: 실습 시간과 기간, 기관의 교육적 자원 제한 등 명시 5. 관찰 가능성: 실습 결과를 측정 가능한 형태로 규정

준비단계에서 자신이 작성한 실습계약서를 함께 검토해 보자.

(2) 실습생 업무 할당

실습생에게 주어지는 업무는 서류철 및 각종 서식 정리, 전화 받기 등 비교적 간단한 업무에서부터 개별 사례관리와 집단 프로그램의 운영 및 관리 등 보다 전문적인 기술이 요구되는 업무에 이르기까지 다양한 영역을 포함하고 있다. 다음은 종합사회복지관의 업무 내용과 실습생이 할 수 있는 일에 대하여 정리하였다. 여러분이라면 어떤 업무를 감당할 수 있는지, 여러분이 만일 슈퍼바이저라면 실습생에게 어떤 업무를 부여할 것인지에 대하여 이야기해 보자.

〈표 3-2〉 종합사회복지관의 업무와 실습생의 업무

종합사회복지관 업무(주요 사업 내용을 중심으로)		
사업별	사업 내용	실습생이 하는 일
가족기능 강화사업	가족종합상담	실무 관련 사회복지이론 교육
	가족심리검사	실무 관련 사회복지이론 교육
	학교사회사업	실무 관련 사회복지이론 교육, 학생상담, 학생 대상 1회성 프로그램 진행
	계발활동지원사업	실무 관련 사회복지이론 교육, 자원봉사자 활동
	문화복지사업	캠프, 행사 시 레크리에이션 프로그램 계획 및 진행, 진행 또는 자원봉사자 활동
	징계 청소년 지원사업	캠프 등에서 멘토(조장)로 활동, 레크 또는 심성 프로그램 계획 및 진행, 진행 또는 자원봉사자 활동
	연화아동상담센터	이론교육, 아동 교재 및 참고서 학습 지도, 놀이지도
가족기능 강화사업	놀이치료사 양성교육	실습생이 원할 경우 교육참여 가능(이론 및 실습교육)
	상담 실습	
	장애인복지	이론교육, 자원봉사자로 활동
	장애청소년 학습단위 프로그램	이론교육, 프로그램 진행 시 자원봉사자로 활동
	방과 후 교실, 방과 후 아카데미	이론교육, 아동 교재 및 참고서 학습 지도, 놀이지도, 방학 중 캠프 동행 진행 및 자원봉사자 활동
교육문화 사업	아동교육문화사업	피아노교실, 컴퓨터교실, 포토샵반, 미술교실 등 프로그램에 필요한 자료 제작 및 준비, 프로그램 진행 시 도우미
	성인교육문화사업	에어로빅, 찌개와 밑반찬, 미술, 천연비누 만들기 등 프로그램에 필요한 자료 제작 및 준비, 프로그램 진행 시 도우미
	노인교육문화사업	장구, 가요, 포크댄스, 맷돌체조, 요가 등 프로그램에 필요한 자료 제작 및 준비, 프로그램 진행 시 도우미
	보리수향북카페	기관에서 주민 및 기관 이용자들에게 제공하는 작은 도서관 겸 인터넷을 사용할 수 있는 북카페로, 실습생들은 환경미화, 정리 및 청소 등을 맡는다.

〈계속〉

종합사회복지관 업무(주요 사업 내용을 중심으로)		
사업별	사업 내용	실습생이 하는 일
지역사회 조직사업	후원자 개발 및 관리사업, 후원모금함 및 저금통, 후원물품 개발 및 관리사업, 모금행사사업, 자원봉사자관리육성 및 관리사업, 샘물봉사단운영사업, 나눔의 빵 봉사단 운영사업, 사회봉사운영사업, 청소년자원봉사지도사업, 복지네트워크구축사업, 직원교육사업, 주민조직화사업, 지역주민교육사업, 주민동아리활동지원사업, 지역사회조사사업, 지역사회행사, 운영위원회, 시설제공사업, 사회복지실습지도사업, 사회복지프로그램공모사업, 홍보 및 출판사업, 자활지원사업, 근로의욕고취지원사업, 산재근로자지원사업, 노인일자리지원사업 실시, 건강지원사업, 공덕경로식당운영사업, 이미용서비스제공사업, 근로자위탁교육사업 실시 등	이론 교육 및 지역사회 조직을 위한 아이디어회의, 새로운 사업기획, 기존의 사업 진행 및 도우미
지역사회 보호사업 (재가복지)	후원자 개발 및 관리사업, 정서지원사업, 보건의료서비스, 생활지원사업, 간병지원사업, 무료(보현)경로식당운영, 도시락지원사업, 밑반찬지원사업, 후원지원사업, 결식아동지원사업, 풍물동아리, 복사모(7개동 사회담당 공무원 및 가정방문 간호사들과의 정기적인 모임), 무료한글교실/무료이미용 사업실시, 저소득층 일자리 지원사업(야간보호교실), 노인돌보미바우처사업 실시	설문지 조사, 통계 내기, 노인상담(초기면접 시의 초기상담), 사례관리 계획 세우기, 도시락 배달 등

다음 종합사회복지관의 업무 내용 중 빠진 부분을 작업sheet에 기록해 보자.

당신이 슈퍼바이저라면 실습생에게 어떤 업무를 할당하겠습니까? 그 이유는 무엇입니까 ?

1. 당신이 희망하는 업무는 무엇입니까?

2. 업무 배당 시에 당신에게 적합한 업무 배당을 위해 무엇을 할 수 있나요?

3) 각종 행정 서식 기록법[3)]

실습은 각종 행정 문서를 작성하고, 그 문서를 통해 타인 및 관련 부서에게 전달하는 행정을 하는 것이다. 각 기관에서 통용되는 각종 서류는 기관에서 학습하기로 하고 실습교육에서 활용될 수 있는 주요 양식에 대하여 설명하겠다.

3) 기록의 내용은 『나사렛대학교 사회복지학부 실습 아카데미 자료집』(2008) 중 성준모 교수의 원고를 수정 · 보완한 것이다.

(1) 실습기록의 목적

실습기록의 목적은 크게 7가지로 나타낼 수 있다.

① 사회복지실천에 대한 자료화
② 실천 활동에 대한 점검
③ 서비스의 의뢰나 교체로 인한 사례의 중단으로부터 지속성 유지
④ 슈퍼비전을 활성화하는 자료
⑤ 전문가들끼리의 효율적인 의사소통
⑥ 연구 자료 혹은 행정 자료로 활용
⑦ 클라이언트의 알 권리에 대한 정보 제공 및 공유

(2) 기록의 종류

① 과정기록(process recording)

㉮ 클라이언트가 실제로 했던 말을 정확하게 상기할 수 있도록 그대로 기록하는 것
㉯ 사회복지사와 클라이언트의 의사소통을 있는 그대로 기록
㉰ 사회복지 실습이나 교육 방법으로 유용
㉱ 시간이 많이 들고 불완전하여 왜곡된 정보를 제공할 수도 있음

② 이야기체 기록(narrative recording)

㉮ 클라이언트나 면담 상황, 제공하는 서비스에 대해 이야기하듯 서술하는 기록
㉯ 사회복지사가 중요하다고 판단되는 것을 기록하므로 융통성이 있다.
㉰ 기록 내용이 기록자의 재량에 많이 의존하여 면담 내용을 지나치게 단순화하고 초점이 불명확함
㉱ 정보 복구의 어려움, 많은 시간이 걸림

③ 문제 중심 기록(problem-oriented recording)

㉮ 문제를 중심으로 문제 영역을 규정 및 사정하고 목록화하며 문제해결에

대한 계획을 세우고 진행되는 내용을 기록

㉯ 타 전문직과 함께 일하는 현장에서 효과적이고 전체보다는 부분에 치중함, 환경과의 상호작용 관점 결여

예: SOAP(Subjective information(주관적 정보), Objective information(객관적 정보), Assessment(사정), Plan(계획)) 기록

④ 요약 기록

㉮ 사회복지기관이나 상담 장면에서 많이 활용

㉯ 시간의 경과에 따라 정보의 변화 내용을 요약하여 기록

㉰ 장기간의 사례에 유용

(3) 적절한 기록이란

① 사정, 개입, 평가의 기초가 되는 클라이언트와 상황에 대한 정보 포함

② 각 단계별 목적과 목표, 과정 등을 포함

③ 사실과 견해를 구분

④ 구조화

⑤ 정확성

⑥ 간결, 구체화, 논리성, 사실에 의거

⑦ 전문가적 윤리를 따름

⑧ 수용된 이론을 바탕으로 하여 작성

⑨ 클라이언트를 배제하지 않음

(4) 적절치 않은 기록이란

① 정보가 너무 많거나 적은 경우

② 조직화가 안 된 기록

③ 지나치게 단순화하여 근거나 설명 등이 부족

④ 사실에 의거하지 않고 주관이나 선입견, 추론 등이 많은 것

⑤ 불필요하고 의미 없는 내용이 많은 것

⑥ 클라이언트를 비난하거나 기록자 중심의 견해가 많이 들어간 것
⑦ 행동의 주체나 객체 등이 불분명하여 혼동을 줄 수 있는 것

(5) 실습일지[4] 작성의 목적

① 자신의 활동에 대해 분석하고 평가하여 앞으로의 실습 내용을 보완하고자 하는 것이다.
② 실습 목표 달성을 위해 앞으로 해야 할 구체적인 노력이 무엇인지를 알 수 있다.
③ 슈퍼바이저가 실습 활동을 점검하고 시의 적절한 슈퍼비전을 주는 근거가 된다.
④ 실습 내용뿐만 아니라 기관이나 사업에 대해 분석하고 평가하여 기관 운영에도 간접적으로 기여할 수 있다.

① 실습일지 작성 방법

㉮ 일과표

- 일과표를 실습 내용과 분리하여 작성한다.
- 일과표 작성 시 시간 표기를 일관성 있게 한다(예: 09:00 또는 오전 9시).
- 실습 일정을 시간에 따라 간단히 요약하고 관련 자료는 바인더에 첨부한다.

㉯ 실습 내용

- 실습 내용은 일정에 따라 구체적이고 사실적으로 업무를 기록한다.
- 사실을 중심으로 기록하고 자신의 느낌, 추측, 평가 등은 소감란에 기록한다.
- 클라이언트와 실습생과의 교류 내용과 과정은 과정 기록 형식을 취한다.
- 첨부 자료(교육 내용, 연구 자료 등)가 있으면 일지에는 간단히 기록하고 실습일지 뒤나 바인더에 첨부하도록 한다.
- 가능한 한 전문용어를 사용하며 단어 선택에 유의한다(아이들 ⇨ 클라

---

4) 〈부록 2〉 서식 14 참조.

이언트, ㅇㅇ언니가 ⇨ 동료 실습생 ㅇㅇ가, 나/저는 ⇨ 본 실습생은)

- 일지 작성 시 클라이언트의 비밀보장을 위해 정보 표기에 주의를 기울인다.
- 슈퍼바이저의 슈퍼비전 내용을 구체적으로 기록한다.
- 실습생 개인이 개발한 실습일지 내용 기록 틀을 만들어 사용한다.
- 속어나 약어 등은 사용하지 않는다.

㉰ **실습생의 의견**

- 자신이 실습을 수행하면서 느낀 점이나 의문점에 대해 제시하되 제목과 틀을 만들어서 사용한다(예: 제목–클라이언트와의 관계 형성의 어려움. 내용–클라이언트가 본 실습생에게 욕을 하고 때리려고 할 때 아무 반응도 보일 수 없어 무력감을 느꼈다. 같은 상황이 반복될 경우 전문가로서 어떻게 대처해야 하는지 궁금하다).
- 자신의 실습 경험을 통해 배운 점과 느낀 점을 아주 구체적으로 서술한다.
- 윤리적 딜레마와 관련된 이슈는 반드시 의견란에 기록하여 슈퍼비전을 받는다.
- 기관이나 슈퍼바이저에 대한 건의나 불만사항은 중립적이고 공손한 문체로 기록한다(예: 슈퍼바이저가 바쁘다는 이유로 실습생들을 방치해서 제대로 된 슈퍼비전을 받지 못해 속상했다(×)).
- 실습생 자신의 실습 내용 중 중요한 개입 내용에 대해서는 반드시 기록하고 전문적인 지식을 바탕으로 이를 평가한 내용을 기록한다.
- 자신의 실습 경험에 대해 부정적인 측면보다는 긍정적인 측면, 즉 앞으로 성장할 수 있는 가능성 등이 드러나도록 기록한다(예: 오늘도 늦잠을 자서 또 지각을 했다. 너무 죄송하고 면목이 없다(×). 아동들이 동료 실습생들과만 친하고 나를 다 싫어하는 것을 보니 사회복지사가 되는 것을 포기하는 것이 낫겠다(×)).

다음은 어느 실습생의 실습일지다.

실습일지 예

실습일지

결재	담당	과장	부관장	관장

실습일자	20○○년 7월 6일	실습 담당자	최○○ 과장
성명	전○○	학교/학년	○○○대학교/3

실습 일정

시간	내용	담당자
09:00–09:30	조회 및 일지 점검	최○○
09:40–10:30	MBTI 검사 해석	조○○
10:40–12:30	○○상담센터 사업 소개 및 업무 지원	김○○
13:40–14:30	센터 및 재가복지사업(총괄) 소개(1)	구○○
14:40–16:30	재가복지사업 소개(2)	이○○
16:40–17:20	○○방과 후 교실 사업 소개	문○○
17:30–18:00	일일 슈퍼비전 및 평가	최○○

실습소감

오늘은 어제 했던 MBTI 검사의 결과를 해석했다. 나는 이번에도 ISTJ로 나왔는데 예전보다도 점수가 높게 나와서 점점 스스로에게 자신감을 가지고 자아를 성취하는 듯해 뿌듯했다. 나는 이번까지 총 5번의 검사를 했는데, 점수가 거의 0점에 가깝게 나와서 선호도가 낮고 중립적인…… 애매모호한 상태였다. 자신을 찾으라는 상담선생님의 말씀에 나름대로 노력했는데 이번 검사 결과가 나에겐 기분 좋은 성적과도 같이 느껴졌다. 검사가 끝난 후, 연화상담센터에 올라가서 사업 소개를 듣고 각종 상담치료실을 라운딩했는데 미술, 인지, 놀이, 언어 등 다양한 상담치료 프로그램을 활용하고 있었고, 치료실도 총 5개로 다양하게 준비가 되어 있었다. 처음엔 치료실의 크기가 작은 게 아닌가 생각했었는데 상담 시 아동 1명만이 들어간다고 했다. 이런 치료실 시스템을 구비하는 것도 많은 비용이 들었을 텐데 저렴한 비용으로 이런 서비스를 제공하는 것이 지역주민에게는 정말 좋은 기회라는 생각이 들었다. 그리고 지역주민에게도 종합복지관은 다양한 서비스가 한곳에 어우러져 편리하고, 복지

> 구체적인 점수로 말하는 것도 좋을 듯하다. MBTI 검사를 통해 자신의 느낌도 중요하지만 클라이언트의 입장을 고려하는 것도 필요하겠다. 검사하면서 클라이언트가 가질 수 있는 초조함, 검사결과에 대한 불안감 등등. 클라이언트를 도와주는 방법에 대한 고민도 해 볼 필요가 있겠다. 그리고 점수는 좋은 성적이 아니라는 사실을 다시 한 번 생각하자.

> 10:40 등으로 시간을 명시하는 것도 좋을 듯하다.

> 과정을 설명하는 문장이 너무 길다.

> 클라이언트 입장에서 생각하는 좋은 느낌이다.

실습 소감	관의 사회복지사들에게도 다양한 업무를 경험하고 배울 수 있는 터전이라는 생각이 들었다. 오후에는 ○○복지센터에 가서 재가복지봉사센터 및 ○○방과 후 교실의 사업 소개를 들었다. 다음 주 목요일까지 이곳에서 재가복지에 대한 공부를 하고 직접 가정방문 및 욕구조사 등을 실시하는데 세미정장을 벗고 운동화를 신고 발로 뛰면서 실무경험을 하게 되었다. 내가 처음 각오하고 왔던 업무를 해 본다는 생각에 각오를 새로이 하게 되었다. ○○복지센터가 자리잡은 ○○동은 저소득 밀집 지역인데 굉장히 경사가 가파르고, 높은 계단과 빼곡히 높은 곳에 자리하고 있는 주택들을 보면서 이 지역의 분위기를 느낄 수 있었다. 이곳의 사업 소개를 들으면서 공동모금회에 프로포잘로 신청하여 진행하고 있는 사업들에 대한 소개를 들었는데 저소득층 일자리지원 사업 및 야간보호교실 사업과 결식아동 석식 제공 사업이었다. 여기서 진행중인 ○○방과 후 교실의 연장선으로 10명의 아이들에게 야간보호(Night care)를 실시할 뿐만 아니라 야간보호를 위해 이 시간에 근무할 교사를 저소득층에서 뽑아 일자리를 지원하는 일거양득의 사업 내용을 보면서 정말 아이디어가 좋고 필요에 의해 뽑힐 수밖에는 없는 프로그램이 아니었나 싶었다. 또 그에 따라서 필요한 결식아동 석식 제공 사업도 함께 진행하고 있었는데, 현장에서 사업계획을 세우고 욕구에 따른 새로운 프로그램을 만들고, 예산을 확보하는 일이 정말 중요하고 어려운 일임을 새삼 다시 깨달았다. 그리고 나도 저렇게 좋은 아이디어의 사업을 구상하고 프로그램을 짜 보면 좋겠다는 자극을 받는 시간이었다. 오늘은 이론 교육 때문에 방과 후 아이들을 직접 만나 보지는 못했지만 아직 남은 기회가 있어 아쉬움을 접었다. 다음 주부터 어르신들을 직접 만나면서 실무를 경험하게 된다. 벌써 이렇게 한 주가 지났는데, 다음 주는 가족복지를 끝내고 이제까지와 완전히 다른 재가노인복지라는 새로운 부분이기 때문에 또 다른 기대가 된다. 최선을 다해서 많은 것을 배울 수 있도록 노력해야겠다.
슈퍼비전 기타사항	상담 업무와 관련하여 본인 및 타인에 대한 이해의 기회로 삼음. 지금까지의 사업들에 대한 이해와 앞으로의 사업들에 대한 이해를 바탕으로 독창적이고 필요한 새로운 사업을 구상해 보도록 함.
○○○ 종합사회복지관	

🗁 종합사회복지관에 대한 새로운 느낌이다. 이를 동료 실습생과 슈퍼바이저와 함께 나누는 것이 필요하다.

🗁 시간을 기록하면 더 명확하겠다.

🗁 실습생의 소감이 잘 표현되었다. 그러나 표현에는 주의해야 하겠다. 뽑히는 것이 아니라 선정되는 것이다.

🗁 전반적으로 실습일지는 하루 일과를 ① 시간의 흐름에 따라 업무와 느낌 정리, ② 금일 자신이 느낀 소감에 대한 의미 정리, ③ 익일에 대한 일정 소개와 학습에 대한 기대를 정리하는 것 등 3가지 영역으로 기록되는 것이 무난하다. 이 내용은 문단의 정리, 구어체적 표현의 조절, 과정에 대한 간략한 설명, 자신의 소감에 대한 의미 발견 등이 보완되면 좋은 실습일지의 예가 될 수 있다.

㉣ **초기면접지, 상담기록지, 사례관리기록지**

초기면접지와 상담기록지, 사례관리기록지 등의 기록을 살펴보도록 하겠다.

먼저 초기면접지는 인적 사항, 가족 상황, 주거 상황, 욕구 상황, 경제 및 건강 상태 등 클라이언트에 대한 개괄적인 정보를 파악할 수 있어야 한다. 여기에 담긴 정보를 바탕으로 사회복지사의 전문적 견해가 제시되어야 한다. 이러한 초기면접지를 통해 상담이 이루어진다. 상담기록의 핵심은 클라이언트에 대한 깊은 이해를 도모하고 심리 · 사회 · 환경적인 상호작용 안에서 클라이언트가 어떠한 상태에 있는지를 파악하는 것이 중요하다. 따라서 상담기록지에서는 클라이언트가 바라보는 세상에 대한 인식과 환경에 대한 이해 상태를 알아보고 클라이언트의 강점과 문제해결 방안을 모색하는 것이 중요하다. 사례관리는 클라이언트의 문제해결을 위해 다양한 자원을 연계할 수 있도록 하는 것이 중요하다. 따라서 사례관리는 사회복지서비스의 통합적인 실시 계획이기 때문에 구체적이고 자세히 기록하여야 한다.

다음은 어느 실습생이 작성한 초기면접지와 사례관리기록지다. 함께 살펴보자.

참조 4: 초기면접지

초기면접기록지
(Intake Sheet)

결재	담당	디리	팀장	관장

상담일: 20○○년 ○○월 ○○일　　　　상 담 자: 전 ○○

인적사항								
	성명	박○○ (남/여)	종교	기독교	학력	무		
	생년월일	1931. 04. 16 (만76세)	주민등록번호	310416－○○○○○○○				
	현주소	서울시 성동구 금호2동 2가	전화번호	02)1234－5678				
	비상연락처	성명	김○○	관계	셋째 딸	전화번호	032)333－8888	
보호구분	수급권/조건부수급권/비수급권	책정년도	2004	직업	무직			
Intake 경위	지관 대상자 발굴/동사무소 의뢰/타기관 의뢰/전년도 대상자/기타(　　)							

가정사항

가족 형편 때문에 어린 나이에 나이 차이가 많이 나는 남편과 강제결혼을 하게 되었다고 함. 13년 전 사망한 남편과는 15살 차이가 났으며, 결혼 후 서울 종로 거리에서 이태원시장까지 걸어 다니면서 장사를 했다고 함.(악세사리) 이것이 잘 팔려서 종로4가에 '덕신사'라는 가게를 차림. 그러던 중 갑자기 남편이 쓰러져(중풍) 병원비 등으로 가게/집을 모두 팔고 형편이 어려워짐. 83년부터 아이들을 혼자 키웠는데 4명 모두 고등학교를 졸업했고, 공부를 잘했다고 함. 84년도에는 남편의 간병으로 고생해서 1년을 쉬고 85년부터 주방 일을 시작, 자녀들을 일본에 유학을 보냈다고 함. 2000년 갑자기 눈이 보이지 않았는데 백내장이었음. 수술 후 회복했으나 2005년 7월 급성녹내장으로 현재 시력이 많이 떨어져 시각장애 5급인 상태임. 현재 부양자인 자녀들 중 세 딸은 모두 결혼하여 다른 지역에 떨어져 살고 있으며 간혹 20~30만 원씩 돈을 보내지만 형편이 넉넉지 않아 별 도움이 안 된다고 함. 둘째 딸은 행방불명중이라고 함. 막내인 아들 역시 일본에 있는데 연락이 되지 않는다고 함. 그래서 현재 부양자 부재에 따른 독거노인으로 수급자 채택이 되어 있음.

가족사항

성명	관계	연령	동거	전화
김○○	딸	56	비동거	－
김○○	딸	54	비동거	－
김○○	딸	51	비동거	032)333－8888
김○○	아들	47	비동거	－

가계도

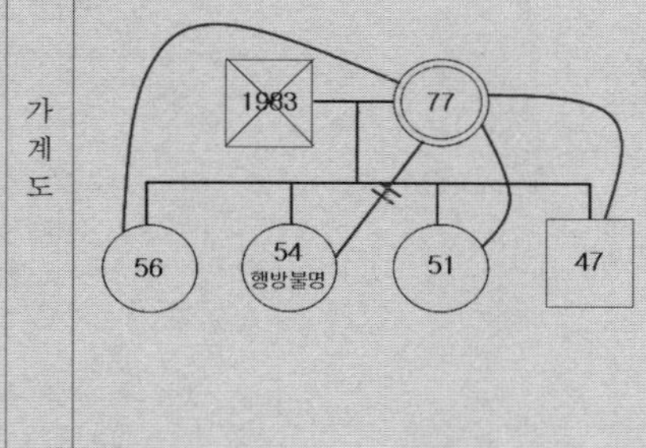

주거상태

소유 구분	자가/전세/월세/임대APT/자녀집/친척집/기타 (보증금 150만 원, 월세 25만 원)				
난방	연탄/기름/도시가스/ 기타 (　　)	방 사용 수	1 개	부 엌	입식/재래식
				화장실	단독/공동
가전제품	냉장고/세탁기/전기밥솥/선풍기/TV/ 기타(전화기, 미니선풍기)			위 생	청결/보통/불결
				채 광	양호/불량

경제상태

월수입	공적부조	지원금액	300,000원	기타	교통수당 월 18,000원	총월수입액	
	사적부조	지원내역(정기/비정기)		기타	원	318,000 원	
		후원자 (개인/단체)	－		기타내역:		
월지출	보증금	1,500,000원	월세	250,000 원	저축(유 · 무)	월	총월지출액
	부 채 (유 · 무)	원	기타	□공과금 원 □ 식비 원 □난방비 원 □ 기타 원			≒ 400,000 원
				기타 내역:			

건강 상태				
질병	유/무	질병 종류	중풍/당뇨/고혈압/저혈압/치매/호흡기질환/요통/관절염/신경통/디스크/근육통/청력장애/천식/빈혈/시력장애/피부병/기타( )	
장애	유/무	등록	5 급	미등록 / 사유:
장애 유형	지체장애/청각장애/언어장애/시각장애/정신지체/기타(5급 2006.11.20 취득)			
	▶ 건강상황: 현재는 시각장애 5급으로 혼자 보행은 하지만 안경을 반드시 써야 하고 잘 보지 못함. 허리가 아파서 걷는 데 어려움이 있다고 호소함(무릎은 양호한 편).			
보장구	유/무	종류	휠체어/안경/보청기/목발/의수 · 족/틀니/기타(지팡이 사용)	
약물치료	유/무	약물 종류/병명(상태)	안과, 장애를 가진 눈 때문에 정기적으로 약을 먹음	
의료기관명	아산병원		위치	

식생활				
식사횟수	1일2회	아침/점심/저녁	반찬 준비	본인/주위지원(복지관도시락)

▶ 식생활 상황: 아침 겸 점심을 먹고 저녁을 먹는 식으로 거의 하루 두 끼를 먹으며 반찬은 거의 하지 않고 복지관에서 도시락 지원받는 것으로 식사해결을 한다고 함.

일상생활			
대화	가능/어려움/불능	식사	가능/어려움/불능
용변	가능/어려움/불능	착/탈의	가능/어려움/불능
보행	가능/어려움/불능	기타	

▶ 일상생활 상황: 일이 없기 때문에 주로 집에 있고, 집에 있어도 그냥 쉬지 않고 공원산책, 빨래, 바느질 등 계속 몸을 움직인다고 함.

이용 욕구								
가정주치의	가정봉사원	학습지원	치과진료	결연후원	무료급식	여가지원	도시락	기타
					○		○	생활비가 적자로, 20만원 정도만 더 지원되기를 바람
가정간호사	차량지원	차량지원	안경지원	물품지원	이미용	상담	밑반찬	
		○ 병원이동 시	○ 돋보기	○ 선풍기				
서비스 필요여부	필요하다/필요없다/무응답/거부							

▶욕구 현황: 눈이 잘 보이지 않아 일을 할 수 없어 어려워하고 있음. 월세 25만원이 매우 부담이 되고 현재 수도요금이 20만원 밀려 곧 단수가 될 거라고 함. 약 20만원 정도 더 생활비지원이 되기를 바라고 있고, 병원에 갈 때 혼자 이동이 불편해 도우미가 있기를 바라며, 돋보기안경이 필요하다고 했음.

사회복지사 사정		
	서비스대상 판정	우선대상자/차선대상자/불필요
	자녀가 넷 있으나 딸들과는 서로 연락이 안 되고, 각 딸들이 형편도 어려워 대상자에게 금전적 도움이나 부양을 제대로 하지 못하고 있음. 아들은 일본에 있고 가끔 한국에 오는데 연락이 안 된다고 하며 둘째 딸은 행방불명이라고 함(15년째). 그러나 아들이 가끔 집에 있는 것을 전화연락으로 알 수 있었음. 꼭 필요한 안경(돋보기)은 지급이 필요하다고 판단되며 생활비는 현재 보조금에서 더 지원하기보다 가능한 일자리를 알선하여 대상자가 소득을 늘리게 하는 것이 필요하다고 판단됨.	

▶ 지역사회연계망	▶ 약도	▶ 교통편
① 동사무소: 생활비 보조 ② 보건소: 의료적 지원(약, 도우미 등) ③ ○○복지센터: 도시락 지원 -이상 -	철물점 슈퍼 철계단 2층집 OOO역	

1. 초기면접지 작성의 목적이 무엇인가?

2. 이 기록을 보면서 잘된 점과 보충해야 할 점에 대하여 알아보자.

참조 5: 사례관리 계획표 및 상담기록

사례관리 계획표

클라이언트 성명: 홍 길 동　　　　작성일자: 20○○. ○○. ○○.

	문제 1	문제 2	문제 3
문제 및 욕구	학교 부적응-학급에 친구가 없으며, 교사나 친구들과의 사이에서 일어나는 일들에 지나치게 민감하게 반응함. 문제행동-흉기소지	정서적 불안감-자신의 과거(자살소동, 집단따돌림 피해 등)에 대해 누구든 알게 되는 것을 원하지 않으며, 친구들이 자신이 굉장히 힘도 세고, 더 이상 당하고만 있지 않는 사람이라는 것을 알기 원함.	가족 간 불화-동거 중인 모와 관계가 소원하며, 여동생과는 매우 갈등관계에 있음. 모가 직장생활을 하므로 만날 시간(대화 시간)도 거의 아침식사 시간밖에 없음.

〈계속〉

<table>
<tr><td rowspan="2">목표</td><td>일반
목표</td><td>학교 적응력을 향상시킨다.</td><td colspan="2">정서적으로 안정감을 찾는다.</td><td>가족 내의 긍정적인 역동을 끌어낸다.</td></tr>
<tr><td>하위
목표</td><td>• 친구를 사귄다.
• 대화하는 방법을 배운다.
• 미래에 대한 구체적인 목표를 세운다.</td><td colspan="2">• 정기적으로 신경정신과 상담을 받는다.
• 개별상담 서비스를 제공한다.</td><td>• 모에 대한 개별상담 서비스를 제공한다.
• 가족상담 서비스를 제공한다.</td></tr>
<tr><td>기대
효과</td><td colspan="2">• 학교를 다니는 의미를 찾는다.
• 교우관계가 원만해진다.</td><td colspan="2">• 자신에 대해 긍정적인 이미지를 형성한다.
• 자신감을 향상시킨다.</td><td>가족과 의사소통을 원활하게 할 수 있다.</td></tr>
<tr><td>서비스
내용</td><td>제공자</td><td>제공 개시</td><td>제공 횟수</td><td>우선순위</td><td>비용</td></tr>
<tr><td rowspan="2">정서적
지원</td><td>학교사회복지실</td><td>6.16.</td><td>주 1회</td><td>1</td><td></td></tr>
<tr><td>K정신보건센터</td><td>7.19.</td><td>월 2회 (격주)</td><td>2</td><td>약물치료 시 유료</td></tr>
<tr><td>정서적
지원</td><td>K정신보건센터</td><td>미정</td><td>미정</td><td>3</td><td></td></tr>
</table>

상담기록

<table>
<tr><td>상담일자</td><td>상담 내용</td><td>비고</td></tr>
<tr><td rowspan="2">6. 16.
(방과후)</td><td rowspan="2">눈물 보임. 상담에 대해 거부하였으나, 무언가 달라질 거라는 기대에 대하여 목표를 세우고 상담계약을 맺음.</td><td>라포형성,
심리적 안정,
상담계약</td></tr>
<tr><td>상담자
○○○</td></tr>
<tr><td>6. 17.
(2교시)

1차</td><td>가족력: 유치원 때부터 부모님 갈등. “지겹도록 싸웠다”고 표현. 초등학교 때 출장간다고 부가 나갔는데, 그것이 별거의 시작이었음. 현재 동생(여)이 중2인데, 동생이 대학진학할 때쯤이면 이혼하실 것 같음. 동생이 “꼬치꼬치 캐묻고 억지부리고 우기는 걸 보면 하는 짓이 아빠와 꼭 닮았다”고 함. 모와 동거하지만 대화가 많지 않음.</td><td>라포형성,
심리적 안정</td></tr>
</table>

〈계속〉

상담일자	상담 내용	비고
	학교: 중학교 1, 2학년 때는 사는 게 아니었다. 힘든 부분을 아무에게도 얘기하지 못했다. 한번은 선생님이랑 상담을 하는데, "너 같은 애는 정말 처음"이라면서 중간에 나가 버림. 자신이 얘길 하는데, 한쪽 눈은 믿지 않으며, 조롱하는 듯한 느낌을 받았다. 옥상에서 투신하려고 자살소동을 벌여 학교가 발칵 뒤집혔었다. 고등학교는 중학교 때 친구나 아는 사람이 없어서, 그리고 무언가 달라질 꺼라는 기대를 하고, 송파공고를 선택했다. "애들이 미친 개 같다. 미친 것 같다. 나한테 해를 가하는 것은 아니지만, 아이들이 자신의 과거(자살시도 같은)를 알고 와서 얘기할 때는 너무 속상하고 알고 있는 애들을 찍어서 말리고 싶다"고 함. 칼을 소지하게 된 원인이기도 함.	상담자 ○○○

㉳ 실습평가서[5] 작성 요령

- 실습 초기에 계획했던 목표 및 계획에 기초하여 객관적으로 평가해야 하며, 실습생 자신의 느낌에 따라 주관적으로 장황하게 기술하지 않도록 한다.
- 평가서의 세부항목에 따라 자신이 수행한 역할과 과업을 제시한 뒤, 이를 평가하고 종결 시까지 노력해야 하는 부분을 구체적으로 제시한다.
- 실습 내용 및 역할의 요약에는 자신이 수행한 실습 내용과 역할을 명료하고 구체적으로 기록하며, 일정한 틀(행정업무, 집단 프로그램, 사례관리 등)을 사용하면 도움이 된다.
- 기관 및 슈퍼바이저에 건의할 사항은 논리적으로 타당한 점에 대해 최대한 공손하게 표현하도록 한다.
- 평가 양식은 기관의 양식을 따르고, 별도 기관 양식이 없는 경우는 학교의 평가서 양식을 사용하도록 한다.

---

5) 〈부록 2〉 서식 36 참조.

4) 지역사회복지[6]에 대한 이해

준비단계에서 실습기관에 대한 조사서를 작성하도록 한다. 초기단계에서 기관 조사의 보고서 양식은 한국사회복지사협회에서 제공한 양식을 기초로 재편성하였다.

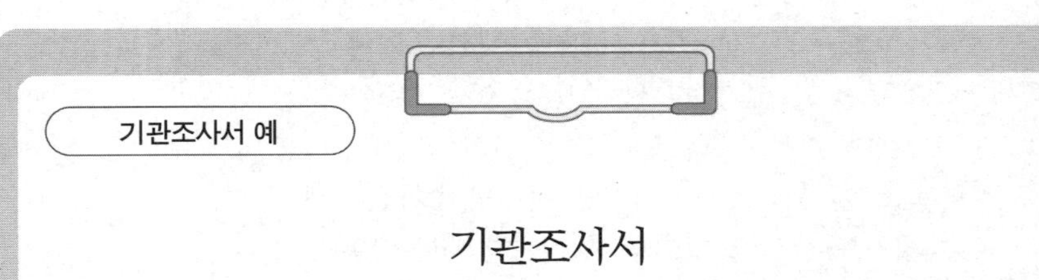

기관조사서 예

기관조사서

기관명칭	이웃과 함께하는 – ㅇㅇ종합사회복지관		
주소	서울특별시 ㅇㅇ구 ㅇㅇ동 123-4 http://www.abcdefgh.co.kr	전화	Tel. 02)1234-5678 Fax. 02)1234-5678
슈퍼바이저	최ㅇㅇ 과장	실습 시간	4주(09:00~18:00)

1. 물리적 환경(Physical Setting)

1) 기관의 입지

본 기관은 1998년 서울특별시 ㅇㅇ구에서 설립하고 사회복지법인 ㅇㅇㅇ 사회복지재단 ㅇㅇㅇ에서 위탁 운영하는 전문 사회복지기관으로 가족기능강화사업, 지역사회보호사업, 지역사회조직사업, ㅇㅇ노인주간보호센터운영 등 지역주민들의 복지 향상을 위한 다양한 복지사업을 실시하고 있다.

2) 시설현황

본 기관은 대지 1,010m^2(306평), 연건평 3,091m^2(937평)으로 가형에 속하며 지하 1층 지상 6층으로 되어 있다.

6) 〈부록 2〉 서식 15, 서식 30, 서식 31, 서식 32, 서식 33, 서식 34 참조.

지하	관리실/주차장/기계실
1층	부설 ○○ 어린이집(식당/교사실/유아교육실 1, 2, 3, 4, 5)
2층	사무실/관장실/회의실/○○노인주간보호센터/물리치료실/북카페/○○경로식당
3층	상담실/놀이치료실 1, 2, 3/부모상담실 1, 2/집단상담실/언어치료실/미술치료실/인지치료실/심리검사실/컴퓨터실/음악교실/○○방과 후 교실/○○방과 후 교실
4층	미용교실/요리교실/제빵교실/에어로빅실/프로그램실 1, 2/○○ 방과 후 아카데미(푸른반, 하늘반)
5층	대강당
6층	방과 후 아카데미 사무실, 상담실/프로그램실/자료실

2. 기관의 역사

1) 연혁

1996년 9월 건물 착공, 1998년 2월 25일 ○○종합사회복지관, 재가복지봉사센터, ○○어린이집 인가, 3월 26일 개관하였다.

1996년 9월	건물 착공
1997년 9월	○○종합사회복지관 제1차 재위탁 운영약정 체결
1998년 2월	건물완공, ○○ 어린이집 개원
3월	○○종합사회복지관 개관
4월	○○경로식당 개소
5월	○○노인주간보호센터 개소
7월	○○방과 후 교실 개소
10월	○○ 희망의 집 개소
1999년 1월	○○동 분소 위탁 운영
2월	○○방과 후 교실 개소
9월	자활의 집 개소
2000년 3월	장애아동 방과 후 교실(자람교실) 개소
9월	○○종합사회복지관 제2차 재위탁 운영약정 체결
2003년 9월	○○종합사회복지관 제3차 재위탁 운영약정 체결
2006년 9월	○○종합사회복지관 제4차 재위탁 운영약정 체결
2007년 3월	○○청소년 아카데미 개소, 가정봉사원 파견 설치

2) 운영법인: ○○○재단 , 시설장: ○○○

3) 설립 당시의 기본 사업: 종합사회복지관, 재가복지센터, ○○어린이집

4) 기관 설립 및 사업의 법적 근거: 사회복지사업법 및 시행규칙, 공익법인설립에 관한 법률 등에 근거한다.

5) 기관의 법적 지위: 민간 사회복지 주체로서 사회복지사업을 목적으로 하는 비영리 공익법인이다. '사회복지법인－재단법인－지원법인'

3. 기관의 목적/사명(Vision)

1) 관훈

(1) 연기: 이웃과의 소중한 만남과 모심
(2) 자비: 이웃의 기쁨과 슬픔을 나눔
(3) 보시: 이웃에게 아낌없이 베풀고 도움

2) Mission(운영 목적 사명)
불타의 자비구세 보살정신으로 현실 사회를 극락정토화하는 사회복지

3) Vision(미래발전계획)
(1) our: 우리는 불타정신을 기본으로 복지사의 사명을 구현한다.
(2) Kind: 준비된 친절로써 이웃에 모심과 나눔의 복지를 실현한다.
(3) Specialist: 복지전문가로서 가정과 지역문제 예방과 해결에 최선을 다한다.
(4) Organization: 지역사회 조직화로 어우러짐의 통합복지를 실천한다.
(5) OK!!: 우리 ○○복지관은 앞의 O.K.S.O가 항상 실현되는 OK! 복지 전당이다.

4) 궁극적인 목표

(1) 불교적 선교복지의 사명을 수행, 지역사회복지 실천사업 수행
(2) 지역사회 주민들의 삶의 질 향상과 건강한 복지사회 조성 및 사회 일반의 이익에 공여

5) 구체적인 목표

(1) 지역사회의 저소득층을 포함해 열악한 환경의 지역주민들에게 대상별로 경제적, 문화적, 사회적 복지서비스를 제공함으로써 기본적인 욕구 충족 및 삶의 질을 향상시킨다.
(2) 열악한 환경에 노출되어 있는 아동과 청소년들에게 학습지원 및 다양한 문화경험을 제공하여 건강한 사회인으로 성장하도록 발달을 도모한다.
(3) 지역주민들이 가진 욕구를 적극 반영하고, 지역사회의 인프라(인근

학교, 대학생, 자모회, 주민 봉사단, 기타 기관 등)를 활용하여 지역사회주민들에게 다양하고 폭넓은 복지서비스를 제공한다.

4. 기관의 구조

1) 전체 직원 수 & 사회복지사 수: 총인원 31명(사회복지사 13명)

2) 조직 및 업무분장

구분	계	기본 사업											
		관장	부관장	과장	팀장	사회복지사	생활지도원	물리치료사	상담원	총무	회계	안전관리인	조리사
인원	31	1	1	4	4	13	1	1	1	1	1	1	2

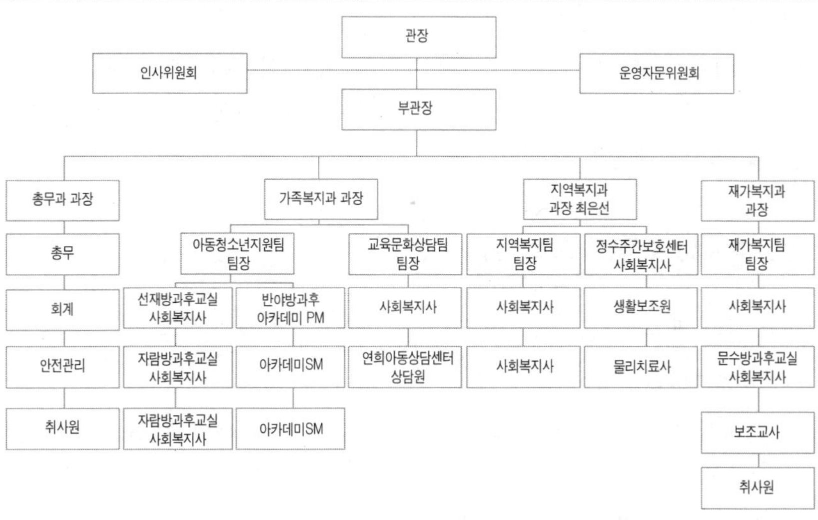

3) 자원봉사 활용 유무 & 활용 내용: 자원봉사자 육성 및 관리 사업 업무 실시

(1) 샘물봉사단운영사업: 인근 학교와 연계하여 가족 단위의 봉사활동 실시

(2) 나눔의 빵 봉사단 운영사업: 제빵을 통한 자원봉사 및 빵 판매수익을 통한 후원

(3) 사회봉사운영사업: 보호관찰소 위탁을 받아 사회봉사 명령자의 봉사활동 실시 및 관리

(4) 청소년자원봉사지도사업: 방학을 이용한 자원봉사캠프 및 학급 단위의 자원봉사 활동지도

(5) 복지네트워크 구축사업: 자비복지회, 성동정신보건복지위원회, 지역사회복지협의체, 주민자치위원회, 지역 네트워크 등을 통한 지역사회

복지네트워크 구축 및 활성화

(6) 주민조직화사업: 주민역량강화, 주민통합, 지역사회복지 인프라 구축, 지역사회조직 연대 등의 사업 실시

(7) 지역주민교육사업: 지역주민들의 교양 함양 및 정보 제공을 위한 교육 실시

(8) 주민동아리활동지원사업: 지역주민들의 다양한 욕구 충족을 위한 동아리 구성 및 활동 지원

(9) 기타 지역사회행사, 운영위원회 운영, 시설 제공 사업 실시 등

4) 모금유무 & 모금방법

(1) 후원 종류: 결연, 기금, 물품 후원 등

(2) 후원 방법: 방문접수, CMS 자동이체, 온라인 입금

(3) 홈페이지 및 기관의 정기 소식지 발간, 홍보물 제작, 언론매체, 자료집 발간 등으로 홍보 활동을 하고 있으며, 연말정산 시 세금공제 등의 후원자 혜택을 두고 있다.

5. 기관의 사업 내용 및 프로그램

1) 주요 사업 내용

(1) 가족기능강화사업

가족해체 예방, 빈곤층 및 취약가정으로의 전락 예방, 빈곤과 사회문제 악순환 예방 차원의 가족결속력 강화와 사회적응 능력을 배양하여 지역사회 내 건강한 가족으로 성장 · 발달할 수 있도록 한다.

① 가족종합상담: 가족구성원 간의 원활한 의사소통을 통한 가족관계 증진을 위한 가족문제 상담, 법률지식 및 정보 제공을 통해 법률 문제의 어려움 해소를 위한 법률상담 실시

② 가족심리검사: 자기 자신에 대한 이해를 높이고, 부모와 자녀 간의 정서적 유대를 위해 토요일(휴일)을 이용해 검사, 해석으로 나누어 진행하며 초등 상급학년 및 중1학년 학생을 대상으로 진로적성검사를 실시하며 적절한 진로상담이 될 수 있게 함

③ 학교사회사업: 학교사회사업실 운영, 전문가양성교육, 학급 단위 프로그램 진행, 교사모임

④ 계발활동지원사업: 중학교 · 초등학교 지원사업, 토요휴업일지원사업
⑤ 문화복지사업: 어린이날 행사, 아동 · 청소년 캠프, 송년잔치
⑥ 징계청소년지원사업: 보리수나무(사회봉사명령을 받은 중 · 고등학교 청소년들을 대상으로 봉사활동과 학교 적응력 향상을 위한 집단활동 프로그램 및 전문 상담 실시), 바로서기교실(보호관찰소에서 수강교육 명령을 받은 청소년들을 대상으로 봉사활동 및 집단활동 프로그램 실시)
⑦ ○○아동상담센터: 발달장애 및 정서적 문제를 안고 있는 아동에게 적절한 치료 서비스를 제공하기 위해 저렴한 비용으로 상담치료 기회를 갖게 함으로써 조기진단 및 치료 개입을 통해 건강한 성인으로 성장, 발달할 수 있도록 심리검사, 집단심리검사, 접수상담, 성인상담, 놀이, 인지학습, 언어 및 미술치료 및 집단활동 프로그램 운영, 실시
⑧ 놀이치료사 양성교육: 상담 전문인력 양성을 위한 이론교육 18회, 실습교육 20회 및 슈퍼비전을 실시하여 전문가적 자질을 향상시키고, 저소득가정 자녀의 상담치료 기회를 제공하기 위해 무료 상담 연계 실시
⑨ 상담 실습: 예비상담사로서의 자질 향상과 실무 경험 제공을 위해 상담치료 및 프로그램 지도와 슈퍼비전 실시
⑩ 장애인복지: 장애 관련 정보 제공 및 올바른 교수법 교육을 통해 장애자녀를 가진 부모의 올바른 자녀양육 기법을 습득하고 긍정적 자조모임 형성을 통해 장애자녀 양육에 따른 심리적 스트레스를 해소시키고자 장애자녀 부모교육 실시
⑪ 장애청소년 학습 단위 프로그램: 반 고등학교 특수학급에 재학 중인 장애청소년의 여가활동을 통한 정서 환기 및 사회성 향상을 위해 인근 고등학교와 연계하여 제과제빵 기술 교육을 학급별 매주 1회 실시
⑫ ○○(일반아동) · ○○(정신지체/발달장애 아동) 방과 후 교실, ○○(일반)청소년 방과 후 아카데미 운영
  ㉮ ○○방과 후 교실: 학교 수업이 끝난 후 돌보아 줄 성인이 없는 아동을 위하여 가정의 역할을 보완하고자 하는 서비스로, 이 시기의 아동에게 학교의 정규 교육 시간 이후 정서적으로 안정된 환경에 접할 수 있게 충분한 기회를 제공하는 프로그램이다.

▹ 대상: 초등학교 1~4학년

▹ 교육비: 수급권 가정, 한부모가정-무료, 저소득가정, 실직가정-감면, 일반아동-월 60,000원

▹ 운영 시간: 월~금{학기 중: 12:30~19:00}/{방학 중: 09:00~19:00}

㉯ ○○방과 후 교실: 한부모가정 및 수급권자, 조손세대 가정의 아동들이 많이 거주하고 있는 ○○동의 저소득 및 수급권 대상 아동에게 ○○복지센터에서 실시하고 있다

▹ 대상: 초등학교 1~4학년

▹ 교육비: 수급권 가정, 한부모가정-무료, 저소득가정, 실직가정-감면, 일반아동-월 79,000원

▹ 운영 시간: 월~금{학기 중: 12:30~18:00}/{방학 중: 09:00~18:00}

㉰ ○○방과 후 교실: 지역 내 특수학교 및 일반학교의 특수학급에 재학 중인 장애아동에게 방과 후 적절한 보호 및 교육을 실시하여 지역사회 내에서 적절히 적응할 수 있도록 한다.

▹ 대상: 특수학교 · 일반초등학교의 특수학급 1~4학년(만 7~10세) 지적장애, 정서 · 행동장애, 자폐아동 15명(선착순으로 접수)

수급권 대상 아동, 저소득가정, 일반가정 아동, 시각 · 청각장애, 중증의 지체장애 아동 제외

▹ 보육료: 수급권 가정, 한부모가정-무료, 저소득가정, 실직가정-월 40,000원, 일반아동: (학기 중) 월 80,000원

▹ 운영 시간: 월~금 오후 1:30-6:30(5시 30분 송영 서비스)-최대 2년 이용

(2) 교육문화사업

아동과 청소년들의 유해환경에 대한 예방적 대안문화 창조와 인성교육, 성인과 노인의 재사회화를 목적으로 각종 교육문화 프로그램을 사회복지서비스와 통합하여 무료나 실비로 제공함으로써 평생교육의 기반을 확충하고 문화결핍을 예방하여 지역주민의 삶의 질 향상을 도모한다.

① 아동교육문화사업: 피아노교실, 컴퓨터교실, 포토샵반, 미술교실, 뮤지컬영어, 동화랑 스피치랑, 수리영재주산교실, 유아체육교실, 교과체험교실, 한문급수반, 한문예절교실, 현장학습

② 성인교육문화사업: 피아노, 컴퓨터, 에어로빅, 찌개와 밑반찬, 미술, 천연비누 & 화장품, 신나는 가요세상, 논술지도자 양성 과정, 예쁜 손 글씨

③ 노인교육문화사업: 장구, 가요, 포크댄스, 맷돌체조, 요가, 스포츠댄스, 영어, 서예, 덩더쿵체조, 사물놀이, 컴퓨터, 입학식, 졸업식, 야유회 등을 통해 어르신 여가활동 기회 제공과 심신의 건강 도모

④ 보리수향북카페: 올바른 독서문화 창출 및 정서 함양 도모를 위해 도서대여 및 인터넷 사용 등 지역주민들에게 정보 제공 및 문화공간 마련

(3) 지역사회조직사업

지역주민의 참여와 책임의식을 강화하며, 지역주민의 욕구 조사를 바탕으로 각종 복지자원(주민대표, 자원봉사자, 시민운동가, 후원자, 지역복지협의체 등)을 개발하고 조직화하여 의도적 · 계획적으로 지역사회문제를 예방 · 치료하여 모두가 더불어 잘사는 지역사회로서의 발전을 촉진한다.

→ 후원자 개발 및 관리사업, 후원모금함 및 저금통, 후원물품 개발 및 관리사업, 모금행사사업, 자원봉사자 관리 육성 및 관리사업, 샘물봉사단운영사업, 나눔의 빵 봉사단 운영사업, 사회봉사운영사업, 청소년자원봉사지도사업, 복지네트워크 구축사업, 직원교육사업, 주민조직화사업, 지역주민교육사업, 주민동아리활동지원사업, 지역사회조사사업, 지역사회행사, 운영위원회, 시설제공사업, 사회복지실습지도사업, 사회복지프로그램공모사업, 홍보 및 출판사업, 자활지원사업, 근로의욕고취지원사업, 산재근로자지원사업, 노인일자리지원사업 실시, 건강지원사업, 공덕경로식당운영사업, 이미용서비스제공사업, 근로자위탁교육사업 실시

(4) 지역사회보호사업(재가복지사업)

가정에서 보호를 요하는 노인, 장애인, 소년 · 소녀가장, 한부모가정 등 가족 기능이 취약한 저소득 소외계층과, 지역사회 내에서 재가서비스를 필요로 하는 계층에게 지역사회자원을 활용하여 대상자관리, 정서지원, 보건의료지원, 생활지원, 간병지원, 보현경로식당운영, 도시락지원, 밑반찬지원, 후원지원, 결식아동지원, 풍물동아리, 복사모, 기타사업(무료한글교실, 무료이미용), 저소득층일자리지원사업(야간보호교

실) 등의 서비스 제공을 통해 삶의 질 향상을 도모하고 건강한 생활을 유지할 수 있도록 한다.

→ 후원자 개발 및 관리사업, 정서지원사업, 보건의료서비스, 생활지원사업, 간병지원사업, 무료(보현)경로식당운영, 도시락지원사업, 밑반찬지원사업, 후원지원사업, 결식아동지원사업, 풍물동아리, 복사모(7개동 사회담당 공무원 및 가정방문 간호사들과의 정기적인 모임), 무료한글교실/무료이미용 사업 실시, 저소득층 일자리 지원사업(야간보호교실), 노인돌보미바우처사업 실시

2) 실습 사업 내용 & 프로그램

(1) 내용: 실무 관련 사회복지 이론교육, 사회복지관의 이해, 복지행정실무, 사례관리, 사회복지 프로그램 개발, 실무 참여

(2) 프로그램: 실습일정표 참고

3) 공모사업 연혁

연도	지원기관	사업명
2001년	사회복지공동모금회	외국인 노동자의 한국사회적응(능)력 향상을 위한 지역사회 연계 프로그램
	보건복지부	'노숙인들의 자긍심 강화를 위한 정신건강증진 프로그램'
2002년	사회복지공동모금회	저소득 한부모가정 아동의 건전한 성장을 위한 지역사회 연계 프로그램 '한마음 가족교실'(1차)
2002년	LG, 사회복지공동모금회	사랑의 집 고치기
2003년	LG, 사회복지공동모금회	사랑의 집 고치기
2003년	사회복지공동모금회	저소득 한부모가정 아동의 건전한 성장을 위한 지역사회 연계 프로그램 '한마음 가족교실'(2차)
2003년	한국산업인력공단 동부지방 사무소	단기 취업교육 '가사도우미 과정'

〈계속〉

연도	지원기관	사업명
2003년 7월	사회복지공동모금회	장애아동 및 청소년의 정서치료 및 사회적응 능력 향상을 위한 훈련 프로그램 '행복한 세상 속으로' (1차)
2003년 8월	서울시사회복지관협회	결식아동 보호 프로그램 사업－결식아동 지킴이 교실
2003년 9월	사회복지공동모금회	노인 이동 차량 지원
2003년 10월	재단법인 서울여성	여대생 자원활동 동아리 우수 프로그램 공모
2004년 1월	모니카 복지재단	사례관리 지원
2004년 7월	사회복지공동모금회	장애아동 및 청소년의 정서치료 및 사회적응능력 향상을 위한 훈련 프로그램 '행복한 세상 속으로' (2차)
2004년 9월	KT&G 복지재단	대학생 우수 봉사동아리 발굴 및 지원사업
2004년 11월	성동장애인복지관	장애청소년 직업기능 훈련을 통한 자활프로그램
2005년 5월	성동문화원	저소득가정 아동 및 어르신 행사지원
	성동문화원	복권기금지원사업 '저소득층 아동과 장애아동이 함께하는 별·새·꽃·돌 자연탐사 캠프'
2005년 8월	한국타이어복지재단	'동그라미 빨래방' 지원사업
		암환자 가족을 위한 희망샘 기금 프로그램 선정
	홍명보장학재단	2005년 홍명보장학재단 저소득 계층 '소망우체통' 사업 선정
2005년 9월	사회복지공동모금회	지역 내 청소년들이 학교폭력근절을 위한 예방 및 치료 사후관리 '학교종이 땡땡땡'
2006년 7월	성동문화원	'별·새·꽃·돌 자연탐사 캠프'
2006년 12월	사회복지공동모금회	저소득층 일자리 지원사업 'NIGHT CARE PROGRAM'
2007년 4월	서울특별시 복지건강국 노인복지과	2007 노인일자리사업 '60! 70! 웰빙밥상 사업'
2007년 6월	한국청소년진흥센터	반야청소년 방과 후 아카데미 '북카페 지원사업'
2007년 7월	한국청소년진흥센터	반야청소년 방과 후 아카데미 '독서지원 프로그램'

6. 기관의 재정

2007년 기준 예산서(단위: 천 원)

세입		세출	
과목	예산액	과목	예산액
총계	1,547,813	총계	1,547,814
사업수입	393,660	인건비	594,763
보조금	813,001	업무추진비	31,250
전입금	40,000	운영비	109,100
후원금	242,482	재산조성비	77,166
잡수익	3,195	사업비	730,800
이월금	55,475	잡지출	1,000
–	–	반환금	1,735
–	–	예비비	2,000

재정 지원 형태(100%): 사업수익(25%) + 보조금(55%) + 후원금(16%) + 기타(4%)

7. 지역의 특성

본 복지관은 ○○1 · 2동, ○○1 · 2 · 3 · 4가동, ○○동 등 총 7개 동을 관할하고 있다.

○○구의 총 면적은 16.84㎢로 서울시의 2.78%를 차지하고 있으며, 인구 32만 명이 더불어 살아가는 특색 있는 지역으로 자리 잡고 있다. 또한 준공업 및 중소기업이 밀집된 공장지대 및 자동차중고매매시장이 있는 자동차유통 중심지이기도 하며, ○○ 지역은 주택개발촉진지역으로 불량주택 재개발사업과 주거환경개선사업이 한창 진행 중인 지역적 특성을 지니고 있다.

1) 지리적 특성

○○구는 서울의 동북쪽에 위치하며 수리적으로 37°31'~37°34', 동경 127°00'~127°04' 상에 위치하고 있다. 동서 간 6.02km, 남북 간 5.14km 연장거리로, 총 면적 16.843㎢(서울시의 2.78%)에 인구 32만 여 명이 더불어 살아가는 서울의 특색 있는 지역으로 자리 잡고 있으며, 경제적으로 중상류층과 저소득층이 산재해 있는 다양한 계층과 문화가 산재해 있는 특성을 가지고 있다.

2) 인구학적 특성

2000년 기준 ○○구 총인구는 342,508명으로 남녀의 비율이 남자가 51%, 여자가 49%로 거의 비슷한 추이를 나타내며, 세대당 인구는 3명으로 핵가족 구조를 나타내고 있다. 또한 65세 이상 노인이 19,155명으로 작년보다도 비율이 지속적으로 늘고 있으며, 상공업 지역이 근접하여 외국인의 비율 또한 97년에 1,411명에서 1,718명으로 계속적으로 증가하고 있는 상황이다. 아파트 재건축지역으로 인구가 밀집된 지역에는 주택, 상업, 체육시설이 가장 많이 존재하고 있으며, 사회복지 관련 기관 및 단체는 신생 출현 중이다.

3) 지역사회 특성

지하철 2, 3, 5, 7호선 및 국철이 통과하는 ○○구는 강남지역과 강북지역을 잇는 도심의 관문 역할을 하고 있다. 또한 ○○○역을 중심으로 남부지역인 ○○ 1, 2동은 서울에서는 드문 준공업 지역으로 중소기업이 밀집되어(약 1,350개 공장 산재) 구민들의 고용기회를 넓혀 주고 있으며 ○○천과 ○○천이 유입되는 ○○ 지역은 교통과 상업의 중심지로 날로 발전을 거듭하고 있다. 또한 서부 지역인 ○○ 지역은 주택개발촉진지역으로 구획 정리, 재개발 사업이 추진 중에 있다.

8. 서비스의 문제점

다양한 문화 프로그램이 대상자별로 많이 실시되는 점이 무척 좋았고, 무엇보다 해당 지역주민들의 욕구와 참여도가 높아서 서비스의 질도 높고 좋았다. 문제점이라기보다 개선점을 생각해 보았을 때, ○○주간보호센터의 경우 시설적인 면에서 취약해 어르신들을 대상으로 프로그램을 진행하기에 협소하여서 따로 독립되거나 보완되어야 할 필요가 있다고 생각한다. 현재는 이러한 문제 때문에 건강한 어르신들을 위주로 대상자를 선정하였지만 이제 장기수발보험제도에 따라 요보호노인까지 대상으로 선정해야 할 때, 어려움이 따를 것으로 예상된다.

또한 재가복지센터에서 담당하는 업무 중 사례관리에 따른 대상자 방문 시에 지리적으로 골목이 매우 많고 집을 찾기 어려운 경우가 많아 담당자가 아니고서는 방문 업무를 대신하기에 시간과 노력이 더 많이 드는 어려움이 있었다. 이에 대상자 집을 표시할 수 있는 스티커를 제작하여 붙이거나 대상자의 집 주소록에 자세한 약도와 설명을 추가하여 관리하는 것도 좋은 방법이라 생각한다.

9. 실습기관에 대한 실습생의 전반적인 견해

1) 기관 입지 및 시설

본 복지관의 입지는 인근에 수급자 및 저소득층이 집중되어 있지만 도로 하나를 경계로 중상층의 아파트 단지와 저소득층 아파트 단지가 나란히 있어 지역주민 간의 격차에 따른 여러 문제점들이 발생하고 있다. 기관은 지하철역에서 도보로 10분 정도 소요되는 위치에 있고 초등학교 및 중학교에 가까이 있어 접근성은 좋은 편이지만 총 7개의 동을 관할하고 있어 ㅇㅇ동의 주민들에게는 접근성이 그다지 좋은 편만은 아니다. 재가복지센터는 ㅇㅇ2동 수급 대상자가 밀집해 있는 곳에 따로 있고 가정봉사원파견사업 실시 등으로 이용되고 있어 접근성이 매우 좋은 편이다.

복지관 내에 방과 후 교실이 있고, 주간보호센터 및 아동상담센터, 컴퓨터실, 치료실, 문화센터가 모두 있어 이용하기에 편리하고 또 이용하는 주민들이 다양한 프로그램과 사람들을 만남으로써 교육적으로 도움을 받으며 치매노인이나 장애아동에 대한 긍정적인 인식을 가질 수 있도록 한다.

2) 자원 활용

국가에서 주는 보조금 외에도 재단법인에 따른 지원금이 있어서 대상자들에게 좀 더 다양하고 질 높은 서비스를 제공하며, 복지관 직원들의 급여, 복리후생이나 처우도 좋은 편이다. 지역주민의 욕구 및 참여도가 높아 아동, 노인, 여성 등 많은 봉사단체를 조직하여 관리하고 있으며 인근 대학교의 봉사단과 연계하고 있어 자원 활용도가 매우 높은 편이다. 또한 각 담당자들의 프로포잘 작성으로 공동모금회 등 다양한 곳에서 새로운 사업에 대한 예산을 유치하고, 관할 7개 동의 동사무소와 연계하여 담당자들 간의 교류를 위한 모임을 만들고 기타 지역사회 내의 다양한 기관들과의 제휴, 연계망을 구축하여 자원 활용을 하고 있다.

3) 슈퍼바이저

현장의 사회복지사로서 이론의 중요성과 그에 맞는 행함을 강조하고, 그리고 사회의 전반적인 흐름을 볼 수 있는 시각을 키워 주고 사회복지사로서의 마인드를 키울 수 있도록 지도하였다. 4주 동안 복지관 내의 모든 업무를 경험해 볼 수 있도록 실습 일정을 세세하게 계획하고 그에 맞게 정확하게 진행되었다. 각 사업 담당자들에게 사업 설명과 지도를 받을 수 있도록 하였고, 매일 조회와 종례시간을 통해 함께 생각을 나누고 슈퍼비전을 받았다. 현 사회문제 바라보기, 기안문 작성요령, 프로포잘 작성 요령 등 최대한 많은 것을 주고자 한 슈퍼바이저의 열정에 디치지 못한 것이 아쉬움으로 남으며, 앞으로도 멘토로서 계속 많은 도움을 구하고 싶다.

5) 집단 프로그램 개발과 평가[7)]

프로그램 개발과 평가는 실습하는 대부분의 복지기관에서 훈련하는 주요 항목이다. 특히 각 복지관에서는 사회복지공동모금회나 삼성복지재단 등에서 프로그램 공모사업에 응모하여 지원을 받는 것을 매우 중요하게 생각하기 때문에 프로그램 개발과 평가라는 항목을 강조하고 있다. 그럼 다음과 같은 작업을 하도록 하자.

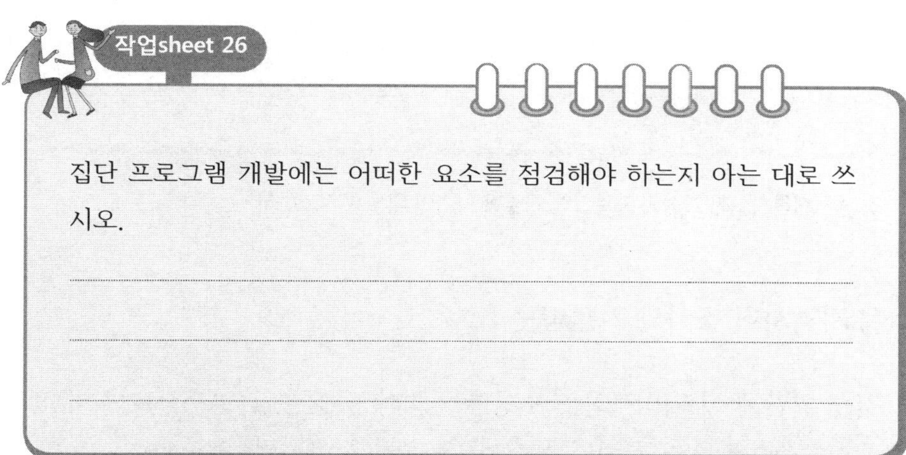

집단 프로그램 개발에는 어떠한 요소를 점검해야 하는지 아는 대로 쓰시오.

※ 사회복지실천기술론, 사회복지 프로그램 개발과 평가의 내용을 검토해 보자.

7) 〈부록 2〉 서식 19, 서식 20, 서식 21, 서식 22 참조.

작업sheet 27

욕구조사서를 작성해 본다.

※ 프로그램 운영과 평가의 교재를 참고해 보자.

작업sheet 28

집단 프로그램의 기획, 운영 및 평가에 이르기까지 운영계획서를 작성해 본다.

※ 집단 사회복지실천 과정과 프로그램 개발과 평가의 내용을 참고하자.

6) 지역사회 조사와 기관방문

실습 기간 중에 지역사회를 조사할 기회와 타 기관을 방문할 기회가 생긴다. 이때 중요한 역량은 지역사회 조사를 다녀온 후 지역사회 지도를 그릴 수 있는가에 대한 역량과 타 기관을 방문할 때 주의해야 할 점에 대하여 숙지하는 것이다.

지역사회복지를 위해 꼭 필요한 지역사회 기관은 무엇이고 그 협력방안은 무엇인가? (지역사회 조사를 나가기 전 착안 사항으로 제시한 후 조사 후에 모여 학습한다.)

지역사회복지 실현을 위해 협력 가능한 지역사회 기관을 조사하여 협력방안을 논의해 본다. 이때 궁금한 사항이 있다면 슈퍼바이저에게 물어보도록 하자. 여러분의 슈퍼바이저는 지역사회에 대해 완전히 이해하고 있으며 실습생을 지도할 수 있을 정도의 정보와 지식을 갖추고 있기 때문이다.

기관을 중심으로 지역사회 자원 지도를 그려 보자. 이때 중요한 사항은 여러분이 실습하는 사회복지기관을 중심에 두어야 하며 큰길을 중심으로 공공 기관 및 유명 상호를 표시한다.

3 중간단계

실습지도 중간단계에서 이루어지는 실습의 과제는 크게 7가지로 나눌 수 있다. 김선희와 조휘일(2000)은 실습 슈퍼비전의 교육적인 활동, 특히 레코딩을 통한 교육, 보조교육 등을 강조하고 있다. 김경희(2001)는 정기적 슈퍼비전, 사례회의, 다양한 기록 유형을 통한 사례분석, 실천 과정과 실습생의 자아인식 확대, 인간관계 기술 향상, 실습 목표 성취 분석과 목표 수정, 실습에 필요한 자원 동원과 활용, 중간평가회 실시 등을 강조하고 있다.

이러한 연구들을 바탕으로 중간단계에서 담당 실습 업무 점검, 정기적 슈퍼비전 제공, 중간평가를 통한 실습 목표 성취도 확인 및 수정, 보충교육을 실시하는 것, 기록에 대한 자문을 받는 것, 슈퍼비전을 받는 것, 사례회의에 참여하는 것을 주요 과제로 제시하고자 한다.

중간단계의 실습 내용
1. 업무 점검 2. 정기적 슈퍼비전 3. 중간평가: 중간평가회 4. 보충교육

1) 업무 점검

실습생은 중간단계에서 자신에게 배당된 업무에 대하여 확인하고 점검받아야 한다. 점검사항은 주로 자신에게 주어진 업무 배당의 적절성, 업무수행의 효율성, 업무수행 정도 등이다. 주로 실습생에게 배당되는 업무는 비공식적 클라이언트 관리, 실습기관의 서류철 및 각종 서식 정리 등 비교적 간단한 업무를 비롯하여 집단 프로그램 기획 및 운영, 사례관리 등이다.

그러나 실습생들에게 배당된 업무는 그들의 기대와 다를 수 있고 또한 실습생의 특성과 역량에 따라 배당된 업무의 수행에 차이가 있을 수 있으므로 이를 고려한 업무 점검이 이루어져야 한다.

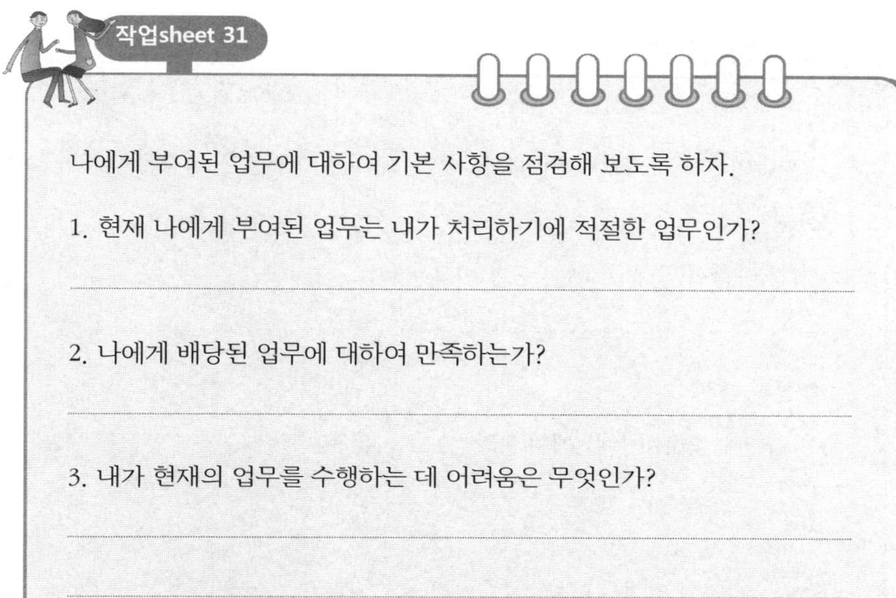

2) 정기적 슈퍼비전

실습생은 정기적 슈퍼비전을 받아야 한다. 그러나 기관의 사정과 상황에 따라 정기적 슈퍼비전이 불가능할 수도 있고 슈퍼바이저의 상황에 따라 슈퍼비전이 이루어지지 않을 수도 있다. 기관 입장에서 생각해 본다면 각종 행사나 프로그램으로 인하여 슈퍼비전을 줄 수 없는 상황을 충분히 이해할 수 있다. 그러나 실습생의 입장에서 생각해 본다면 슈퍼비전이 제대로 이루어지고 있지 않는다는 사실은 심각하게 고려되어 대안을 모색해야 할 상황이다. 왜냐하면 실습생 입장에서는 일생에 단 한 번이 될 수도 있는 실습 기간 동안 슈퍼비전을 제대로 받지 못한다면 전문적인 사회복지사가 될 수 없기 때문이다. 따라서 실습생은 정기적 슈퍼비전을 제공받아야 하며 이를 위해 실습계약서에는 제공 형식과 일자가 명시되어야 한다. 그럼에도 불구하고 실습 슈퍼비전이 제공되지 않는다면 다양한 방법을 통해 슈퍼비전이 이루어질 수 있도록 슈퍼바이저와 함께 논의해야 한다.

작업sheet 32

슈퍼바이저가 정기적 슈퍼비전을 줄 수 없다면 여러분은 어떻게 대처하겠습니까?

1. 가장 바람직한 대처 방법은? 그 이유는?

2. 가장 바람직하지 못한 대처 방법은? 그 이유는?

3. 내가 바람직한 대처 방법을 취하기 위해 노력해야 할 것은 무엇인가?

3) 중간평가: 중간평가회[8)]

실습의 중간 시기에 실습 전반에 관한 실습 중간평가회를 공식적으로 실시한다. 슈퍼바이저는 실습생들이 실습 중간평가서를 작성하도록 지도하며 슈퍼바이저와 실습생들 모두 함께 평가서를 발표하고 상호 피드백을 나눈다. 중간평가 시 실습생의 목표 달성 정도를 점검하며 이미 달성된 목표가 있는 경우, 새로운 목표를 선정할 수 있다. 중간평가 시에 보완이 필요하거나 교육 및 학습이 더 필요한 영역에 대해서는 슈퍼바이저와 조율을 통해 방향을 조정하거나 교육을 보충한다.

---

8) 〈부록 2〉 서식 35 참조.

실습 중간평가서 예

실습보고서(중간평가서)

실습생명	전ㅇㅇ	기관명	종합사회복지관
실습 기간	2007. 07. 02 ~ 07. 30.	슈퍼바이저	최ㅇㅇ 과장
중간평가일	2007. 07. 13.	실습지도교수	ㅇㅇ교수

1. 실습 내용

1) 이론 교육 내용

오리엔테이션 및 실습계약서 작성을 시작으로 실습을 시작하였다.

(1) 1주차: 직장인이 가져야 할 예절과 사회복지사로서 가져야 할 자세와 태도를 배움으로써 실습생들 간 각오를 다졌으며, 사회복지관의 역사 및 지역사회복지관에 대한 이해를 시작으로 본 복지관의 사업 소개가 시작되었다. 가족복지사업에 대한 내용을 각 담당자별로 총 4시간으로 나누어 세밀하고 깊이 있게 전달해 주었다. 그리고 사회복지기관의 재무 · 회계에 대한 이해를 위해 예산 및 행정업무를 가르쳐 주었다. 본래 사회복지 전산프로그램(SPSS)까지 사용해 볼 계획이었으나 시간이 부족하고 컴퓨터 사용이 여의치 않아 해 보지 못한 것이 아쉽다. 그리고 본 기관에서 운영하는 4개의 방과 후 교실에서 각각의 실무 경험을 위해서 아동의 특성 및 방과 후 교실 및 아카데미에 대한 이론교육을 받았다.

또한 MBTI 성격유형검사를 통해 내가 생각하는 나의 강점과 약점, 타인이 바라보는 나의 강점과 약점 등에 대해 실습생들과 함께 토론함으로써 클라이언트를 만나 관계를 형성하고 서비스를 제공하기에 앞서 나 자신을 되돌아보고 스스로 알아 가는 시간을 가졌다.

(2) 2주차: ㅇㅇ 1동에 위치한 복지관과 조금 떨어진 ㅇㅇ 2동에 자리한 ㅇㅇ재가복지센터에서 실습을 하였다. 재가복지사업에 대한 소개를 받고, 저소득층 아동을 대상으로 나이트케어까지 하는 방과 후 교실에 대해 소개받았다. 그리고 가정방문 및 욕구 조사, 초기면접을 위한

사례관리에 대한 이해 및 방법과 가정방문 시 주의할 점 등에 대한 교육을 받았다.

2) 실천 내용

(1) 1주차: 실습 2일차까지는 실천적인 내용보다 실무 경험 전의 이론교육을 통해 자세와 태도를 바르게 하고 사회복지사로서의 마인드를 가질 수 있도록 지도해 주었다. 3일차부터 가족복지사업에 따른 방과 후 교실에 참여하여 아동들을 함께 지도하였다. 발달장애아동들이 있는 자람 방과 후 교실에서는 함께 시간을 보내며 놀이를 해 주고, 아주 간단한 학습 지도를 해 주었으며, 일반아동들이 있는 선재 방과 후 교실 및 고학년들을 대상으로 하는 반야아카데미에서는 책 읽기부터 수학 및 한자 등 문제지 풀이를 도왔다.

(2) 2주차: 재가대상자(노인)를 직접 가정방문하여 경로식당 이용에 대한 욕구조사를 실시하였으며 2명씩 2팀으로 조를 나누어 팀당 5명의 대상자를 초기면접하였다. 가정방문 전에 사전 연락을 하고, 주소를 보면서 집을 찾아 직접 클라이언트들을 만나 면접을 하면서 사회복지 현장에 대한 실제적인 분위기와 실태를 알 수 있었다.

3) 과제물과 수행 정도(과제물 결과는 뒷부분에 첨부하였음)

(1) 지역사회복지관에 대한 개념정의, 목적, 배경, 역사, 기능, 역할 정리
(2) 지역사회복지관의 이해를 위한 사회사업법 숙지 및 정리
(3) 사회복지 현장에서의 사회복지사의 자세에 대한 정리
(4) 아동 및 청소년 방과 후 교실의 기능 및 역할 정리
(5) 재가복지사업의 중요성 및 기능, 역할 등 내용 정리
(6) 사례관리에 따른 초기면접기록지 작성

> 🗀 이하에 제시된 %는 주관적인 내용을 중심으로 기록되었다. 퍼센트(%)란 기준이 100이라는 수치다. 그러나 아래에 제시된 %는 기준이 없이 단순히 주관적인 느낌으로 구성되어 있는 듯하다. 만일 실습계약이 잘 이루어졌다면 실습계약서상의 항목과 기준을 가지고 중간 점검을 실시하였을 것이다. 아마도 이 실습생과 기관은 실습계약서를 충분히 합의하여 작성하지 않았던 것으로 생각된다.

2. 실습 목표와 목표 달성 여부

자신의 목표를 서술하고 목표의 달성 정도를 계량화하여 기술한다(몇 % 정도).

1) 사회복지사로서의 전문적 발달을 위한 목표

(1) 사회복지사의 역할과 전문적 태도 발달에 대한 목표
① 사회복지 전문직에 대한 실무 경험을 획득한다(70%).

② 나에게 맞는 사회복지 분야를 찾는다(50%).

③ 사회경험을 통한 책임감 있는 행동 및 직장예절, 대인관계 기술을 습득한다(95%).

(2) 사회복지사의 윤리적 실천 원칙과 가치에 대한 목표

① 시간 약속을 엄수한다(지각, 결석하지 않기)(100%).

② 배우는 자세로 충고와 조언에 민감하게 수용하고 반영한다(80%).

③ 역동적인 사회복지사의 관점을 유지하기 위하여 사회복지와 관련된 도서를 1권 이상 읽는다(30%).

④ 사회복지사의 전문적인 시각을 가지기 위해 주 3회 이상 사회문제 및 관련 사이트를 검색한다(70%).

2) 실습기관 업무수행과 관련된 목표(실습기관 오리엔테이션을 통해 알게 된 실습 내용을 기초로 작성)

(1) 기관의 구조와 행정 이해와 관련된 목표

① 기관분석보고서를 작성하여 기관의 특성 · 조직 · 구성 · 입지조건 및 지역적 특성을 파악하고 그에 따른 기관의 주요 사업을 살펴본다(80%).

② 실무 경험 전에 각 사업과 관련된 이론 학습 과제를 철저히 수행한다(90%).

③ 이론과 현장 간의 차이에 대해 이해 · 수용한다(85%).

(2) 대상 클라이언트체계에 대한 이해와 개입 기술 발달에 대한 목표

① 초기면접 전 클라이언트의 정보를 수집하고 숙지하여 질문과 상담 내용을 준비한다(90%).

② 초기면접 후 한 번에 그치지 않고 지속적으로 추가사정을 함으로써 새로운 정보를 수집할 수 있도록 노력한다(40%).

③ 아동, 성인, 노인 등 사전에 대상자에 대한 정보를 수집하여 특성을 이해하고 실무내용을 계획 · 준비하여 서비스를 제공할 수 있도록 한다(80%).

(3) 실습기관이 속한 지역사회와 기관의 역할 이해에 대한 목표

① 해당 지역사회 내에 다른 복지관이 있는지 알아보고 사업 내용 및 제공되는 서비스, 이용자 수, 활용도 등을 비교하여 본다(50%).

② 복지관이 지역사회 내에서 연계를 맺고 있는 기관 및 자원들을 살펴보고 연계기관 목록을 작성하여 본다(65%).

(4) 업무수행에 필요한 지식발달에 대한 목표

① 사회복지사업법 및 관련 법률, 시행령을 학습한다(50%).

② 지역주민의 욕구 이해를 위한 현 사회문제와 이슈가 무엇인지 파악한다(50%).

3) 실습 수행에 따른 대인관계와 관련된 목표

(1) 슈퍼바이저와의 관계

① 항상 배우려는 자세로 슈퍼바이저의 지도를 적극적인 자세로 따른다(85%).

② 실습 중 발생하는 갈등은 상담을 요청하고, 효율적이고 효과성 있는 학습의 장이 될 수 있도록 성실한 자세로 임한다(80%).

③ 많은 조언을 구하고 적극적인 질문 태도와 기록하는 자세를 갖는다(90%).

(2) 슈퍼바이저 외 직원들과의 관계

① 항상 미소로 먼저 반갑게 인사한다(85%).

② 현장의 소리와 이야기를 경험하고 배울 수 있도록 모든 직원 선생님들께 적극적으로 질문하고, 필요시 업무를 도와드린다(70%).

(3) 동료 실습생과의 관계

① 정보를 공유하고, 실무 경험을 함께 토론하면서 긍정적인 관계를 유지한다(95%).

② 힘들고 어려운 상황 속에서 서로 지지하고 협력한다(95%).

(4) 지도교수와의 관계

① 학교 실습세미나 · 면담 등을 통해 실습에서의 어려운 사항 및 궁금한 사항을 질문하여 원활한 실습 활동을 할 수 있도록 한다(30%).

② 과제를 철저히 수행하고, 실습 과목에 대한 공지사항을 날마다 확인한다(95%).

3. 중간평가 이후 실습계획과 목표 달성 방법

앞으로의 목표 달성 정도에 대해 계량화를 잡는다. 그 후 매일 목표에 대한 세부 목표를 세우고 달성 여부를 파악하며, 부족한 부분을 다음 실습일에서 채울 수 있도록 한다.

4. 자기평가

1) 실습 전 준비

사이트를 통해 기관에 대한 전반적인 이해를 하고, 실습생으로서 어떤 업무를 하게 될지 예상하고 그에 따른 용어 및 행동, 기술을 익히기 위해 서적 및 자료를 숙지하였다.

2) 실습 시

(1) 실습 태도: 항상 밝고 적극적인 태도를 유지하고자 노력했으며 천안에서 통근함에도 단 한 번도 지각 및 결석을 하지 않았다. 항상 손에 필기도구를 가지고 기록하고자 했으며 매 교육 시간마다 질문을 3개 이상 하자는 목표를 세우고 적극적으로 질문하고 교육을 경청하였다.

(2) 용모: 실습 오리엔테이션에서 전달받은 내용대로 세미정장을 입어 항상 깔끔하고 단정한 용모를 취했으며 이름표를 항상 착용하였다. (재가복지센터에서 가정방문을 할 때에는 많은 가정을 찾아다녀야 하는 관계로 운동화를 신었다.)

(3) 의욕: 실습생의 자세와 실습생의 권리 및 한계를 항상 인지하고, 성실함과 책임감을 갖고 배움의 자세로 실습에 임하였다.

(4) 책임감: 주어진 과제를 미루지 않았고, 다른 실습생에게 나의 업무와 일처리에 대해 피해를 주지 않도록 맡은 바 최선을 다했다.

(5) 서비스 자세: 중립적이고 합리적, 객관적인 자세를 유지하려고 하였으며 순간순간 나 자신의 주간적인 감정이나 가치관, 신념, 생각이 서비스 자세에 영향을 미치지 않도록 유의하였다.

3) 실습 업무처리 능력

방과 후 아동들을 지도함에 있어 적극적으로 다가가지는 못했지만 아동들의 궁금증에 대한 답변과 학습 지도를 철저히 해 주었으며, 재가대상자 방문 및 욕구 조사에서는 매우 적극적인 모습과 친절함으로 면담하였다.

4) 슈퍼바이저의 관계

긍정적이며 협조적인 관계를 유지하고 있다.

5) 클라이언트와의 관계

만남이 한두 번 이어지면서 친밀감이 형성되었으며 앞으로의 서비스를 위해 계속적인 만남을 유지하고자 한다.

6) 동료 실습생과의 관계

긍정적이며, 서로 간의 정보 공유 및 어려운 부분에 대한 지지를 통해 함께 실습에 임하고 있다.

7) 기타 기관 직원과의 관계

이론 교육 시간을 통해 각 담당자들을 만나면서 복지관에서 우리 실습생의 존재를 조금씩 인식시키고 있으며 서로 도움을 줄 수 있는 긍정적인 관계로 보인다.

5. 슈퍼바이저에게 바라는 점

> 전체적으로 실습생의 관점에서 실습 과정, 실습 과정 중의 잘된 점과 아쉬운 점을 비교적 잘 정리하였다. 다만 몇 가지 사항을 보충하면 좋겠다. 중간평가서에는 자신의 실습 목표와 그 목표 대비 현재 도달점을 확인하는 것이 가장 중요하다. 또한 성취한 정도와 항목에 대하여 그 요인과 상황을 분석하고 앞으로의 성취도에 대한 전략을 생각하는 것이 중요한 목적이다. 이 보고서는 도달할 수 있는 상황에 대한 분석(예를 들면, 상황과 장애물에 대한 분석과 대처 방법 등)을 보완하고 앞으로 실습 목표를 완수하기 위한 구체적인 방법을 제시한다면 더 나은 보고서가 될 것이다.

1) 관계

바쁜 업무 중에도 아직 한 번도 조회 및 종례를 빠뜨린 적이 없고 매 시간 하루를 평가하고 슈퍼비전을 주어서 좋았다. 그러나 일지에 대한 작성 요령, 방법 등과 같은 피드백이 적어서 약간 아쉽다. 앞으로도 지금과 같이 열정을 가지고 우리를 지도해 주시기를 바라며 적극적으로 더욱 최선을 다할 것을 다짐한다.

2) 교육

실무 참여 전에 각 사업소개 및 그에 따른 자료를 정리해 주어서 좋았다. 학교에서 배운 부분을 다시 현장에서 듣고 배우는 것에 대한 감회도 새로웠고, 또 아직 배우지 못한 부분을 배우게 되어 값진 공부가 된 듯하다. 실습생도 4명으로 소수가 토론을 하면서 강의를 들을 수 있어 매우 질 높은 교육을 받은 듯 만족스럽다. 계속 이런 식의 이론 교육을 기대한다.

3) 행정

재무 · 회계에 대한 이해 교육에 있어서 복지관의 재정 구성과 세입/세출의 내용을 보면서 행정에 대한 구조를 알 수 있었다. 또한 기안문 작성 요령 및 경비처리에 관한 규정 등을 교육해 주어서 마치 본 복지관의 신입 사원 교육을 받는 느낌이었다. 기안문의 작성은 기본이지만 잘 교육받을 기회가 없어 좀 더 실제적으로 작성해 보고 피드백을 받았으면 좋겠다.

4) 평가

실습을 하기 전 매우 힘들다는 이야기를 많이 들었기에 각오를 하고 있었는데 실습 첫날부터 질 높은 연수를 받는 것처럼 이론 교육과 함께 토론을 하고 라포형성을 하는 것이 좋았다. 몸으로 부딪혀 가며 실무를 배우는 것도 매우 효과적이지만 그 전에 이론적으로 교육받음으로써 조직에 대한 전체적인 흐름을 잡을 수 있었다. 각 사업의 팀장님들과 사회복지사들께서 매 시간마다 들어와서 해당 사업의 강의를 해 주셔서 현장의 소리를 들을 수 있었고, 슈퍼바이저께서 실습생들을 위해 일정에서부터 많은 부분을 준비한 열정을 느낄 수 있었다. 오히려 실습생으로서 적극적으로 궂은 일이나 힘든 일도 겪으면서 값진 고생을 각오했기 때문에 기관에 죄송함이 든다는 느낌이다. 앞으로 이를 바탕으로 실무에서도 값진 배움을 얻을 수 있기를 기대한다.

4) 보충교육

보충교육은 사회복지 전반에 걸쳐 학교에서 배운 것 이외에 현장에서 유용하게 활용될 사항에 대하여 교육을 받는 것이다. 보충교육은 기관, 개인마다 다를 수 있는데 주로 지역사회복지 전반과 해당 복지기관이 주력하는 각 분야에 대한 교육이 이루어진다.

(1) 지역사회복지 및 각 분야에 대한 이해

작업sheet 33

여러분이 생각하는 지역사회복지와 관심 있는 분야에 대하여 설명하시오.

1. 사회복지에 대하여 설명하시오.

2. 사회복지 분야 중 관심 있는 분야에 대하여 설명하시오.

작업sheet 34

사회복지정책에 대하여 전달체계를 중심으로 이해하는 것이 중요하다.

사회복지정책과 전달체계에 대하여 설명하시오.

작업sheet 35

자신이 관심 있는 사회복지 대상을 선정하고, 그 대상별 복지정책을 설명하시오.

(2) 기관방문과 가정방문

실습 기간 중에 타 기관을 방문할 기회와 가정방문을 할 기회가 생기게 되는데 이때 주의해야 할 점을 학습하자.

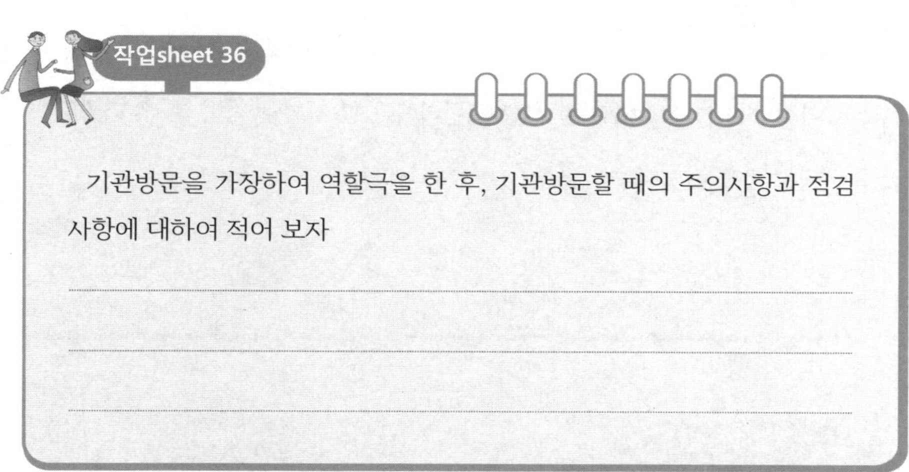

① 기관방문 시 주의해야 할 점

㉮ 사전에 미리 연락한다.

㉯ 방문의 목적과 자신의 신분을 미리 밝혀 허락을 받는다.

㉰ 시간 약속을 정확하게 한다.

㉱ 전화 통화한 담당자의 이름을 확실하게 적어 둔다.

㉲ 질문의 내용을 미리 말하거나 일목요연하게 정리해 간다.

㉳ 방문은 업무에 방해가 되지 않도록 하며 길어도 30분 정도를 넘지 않도록 한다.

㉴ 방문 후 반드시 사후에 전화나 이메일로 감사의 표시를 한다.

② 방문 보고서 작성 시 점검사항

㉮ 기관의 설립 목적과 연혁

㉯ 실습기관에 대한 인식과 태도

㉰ 실습기관에 대한 바람과 요구사항

㉱ 방문 기관은 실습기관에게 어떠한 도움을 주고 있는가?

㉲ 또한 실습기관은 그 기관에게 어떠한 도움을 주고 있는가?

작업sheet 37

가정방문 시 점검해야 할 사항과 주의해야 할 사항을 적어 본 후 역할극을 하시오.

작업sheet 38

가족 면담 시 유의해야 할 사항을 적어 본 후 역할극을 하시오.

③ 가정방문[9)] 시 주의해야 할 점

㉮ 사전에 미리 연락하여 시간 약속을 한다.

㉯ 방문의 목적과 자신의 신분을 미리 밝혀 허락을 받는다.

㉰ 시간 약속을 정확하게 한다. 만일 약속 시간에 만나지 못할 경우를 대비하여 다음 약속까지 언급해 둔다.

㉱ 가정방문에 적합한 복장을 갖춘다.

㉲ 가정방문은 가족의 상황을 파악하여 가족 내 성인 남성만 있을 경우에는 다른 날로 미루거나 2명 이상이 함께 가도록 한다.

㉳ 질문의 내용을 미리 말하거나 일목요연하게 정리해 간다.

㉴ 방문은 업무에 방해가 되지 않도록 하며 길어도 30분 정도를 넘지 않도록 한다.

㉵ 가정방문 시에는 문을 열어 두고 실습생은 문 옆에 앉도록 한다.

㉶ 가정방문을 하는 중요한 이유는 클라이언트가 살고 있는 환경을 이해하고자 함이기 때문에 대상자와의 면담도 중요하지만 살고 있는 주거 환경에 대하여도 충분히 살필 수 있도록 하자.

㉷ 가정방문 후 전화나 문자로 감사의 인사를 잊지 말자.

④ 가정방문 보고서 작성 시 점검사항

㉮ 가족의 역사

㉯ 가족 가계도 및 생태도

㉰ 가정의 거주 환경 및 위생 상태

㉱ 가족 구성원들의 욕구 및 기관에 대한 욕구

㉲ 가족과 지역주민과의 관계 등

---

9) 〈부록 2〉 서식 29 참조.

(3) 위기개입

최근 사회복지 현장에서 위기 상황이 다양하게 생겨나고 있다. 이때 사회복지사들은 위기 발생 시 어떻게 대처해야 할지에 대한 정보가 필요하다. 다음의 사례는 학교 현장이긴 하지만 실제 일어났던 위기개입 사례를 중심으로 위기개입에 대한 학습을 하고자 한다. 〈참조 6〉에 제시된 사례는 한국학교사회복지사협회(2005)의 2005년도 하계 워크숍 자료집의 내용 중 일부를 인용하였다.

참조 6: 학교폭력 발생 시 위기 대처의 실례와 나눔

1. 당신이 학교에서 근무하는 학교사회복지사라면 어떻게 할 것인가?

사건의 개요

2002년 4월 15일 점심 급식을 마친 후, 방명수(가명, 3－5)와 조국진(가명)은 운동장에 나와 다른 학생들이 농구하는 모습을 구경하던 중 김홍일(가명, 3－4), 박지만(가명), 최일도(가명), 정한용(가명) 등이 방명수의 친구인 최민수(가명)를 운동장 구석의 높이 쌓아 둔 흙더미 뒤로 데려가는 모습과 김홍일이 최민수를 수차례 구타하는 장면을 농구 코트 옆(약 12m 지점)에서 직접 목격했다. 방명수는 이제까지 자신이 보호하고 있었다고 생각한 최민수가 구타당하자, 5교시와 6교시 사이에 집으로 가서 칼을 가지고 왔다. 그리고 즉시 3－4반 교실로 들어가서, 수업에 임하고 있던 김홍일(3－4)을 담임교사의 만류에도 불구하고 수차례 찔렀다. 이후 방명수는 파출소로 바로 뛰어가서 자수를 했고, 김홍일은 병원으로 이송하던 중 사망했다.

2. 시간별 개입 활동

구분	학생				학부모	교사	지역사회	
	가해자(집단)	피해자(집단)	학급	전체 학생			외부 위기지원단	지역 사회
24시간 이내	• 가해학생 자수 • 친구 위기 상담	• 위기상담	• 위기상담	• 정상귀가 • 휴교안내	• 위로단 구성	• 임시교직원회의 • 가정에 정보 제공(휴교에 대한 공지) • 피해학생 애도를 위한 활동(영안실 상주)	• 학교사회복지사와 연계	경찰-지역순찰 활동
48시간 이내	• 담임교사와 연계	• 담임교사 및 학교사회사업가와 연계	• 휴교 • 담임교사와 연계	• 휴교 • 담임교사와 연계	• 피해학생 애도를 위한 활동(영안실 방문)	• 임시교직원회의 • 가정에 정보 제공 • 피해학생 애도를 위한 활동(영안실 상주)	• 구성(자문교수, 정신과의사, 정신의료사회복지사, 학교사회복지사, 복지관 사회복지사 등) • 개입계획 수립	"
72시간 이내	• 개별상담 • 집단개입 • 장례식 참여	• 개별상담 • 집단개입 • 장례식 참여	• 장례식 참여	• 휴교 • 담임교사와의 연계	• 개별상담 • 집단상담 • 장례식 참여	• 장례식 참여 • 임시교직원회의 • 가정통신문 발송	• 학교 내 지원활동 실시(피해자집단 및 부모에 대한 개입)	"
106시간 이내	• 개별상담	• 개별상담	• 담임교사와 연계	• 휴교 • 담임교사와의 연계	• 학교운영위원회 참석 • 학부모단체 임원회의	• 교직원연수 참여	• 학교 내 지원활동 실시(교직원대상 우기상황에서의 다처에 관한 지원)	"
1주일 이내	• 개별상담 • 집단개입	• 개별상담 • 집단개입	• 학급단위 위기개입 프로그램 • 담임교사 의뢰학생-학교사회복지사와 상담	• 교과활동 연계(HR)-학급회의 조사작업 • 학생대의원회의 개최	• 사건 설명회 참여 • 등 · 하교 지도 지원	• 환경조성-사건발생 교실을 교무실로 교체 • 조기출근 및 교실에서 학생 맞아주기	• 학교 외 지원활동(의뢰학생에 대한 상담)	"
1개월 이내	• 개별상담 • 집단개입	• 개별상담 • 집단개입	• 담임교사 의뢰학생-학교사회복지사와상담	-	등 · 하교 지도 지원	• 피해학생 부모 순회방문		"
2개월 이내	• 사후지도	• 사후지도	• 사안관련 전 학급에 대한 전일제 인성교육	-		• 49제 참여 • 가해학생 면회		• 한문화인 성교육원
6개월 이내	• 사후지도	• 사후지도	• 폭력예방 프로그램	• 폭력예방을 위한 캠페인 참가		• 가해학생 면회		• 캠페인 연계: 어린이보호재단

3. 경험을 근거로 수립해 본 위기개입 단계별 전략[10)]

1) 위기개입의 단계 흐름도

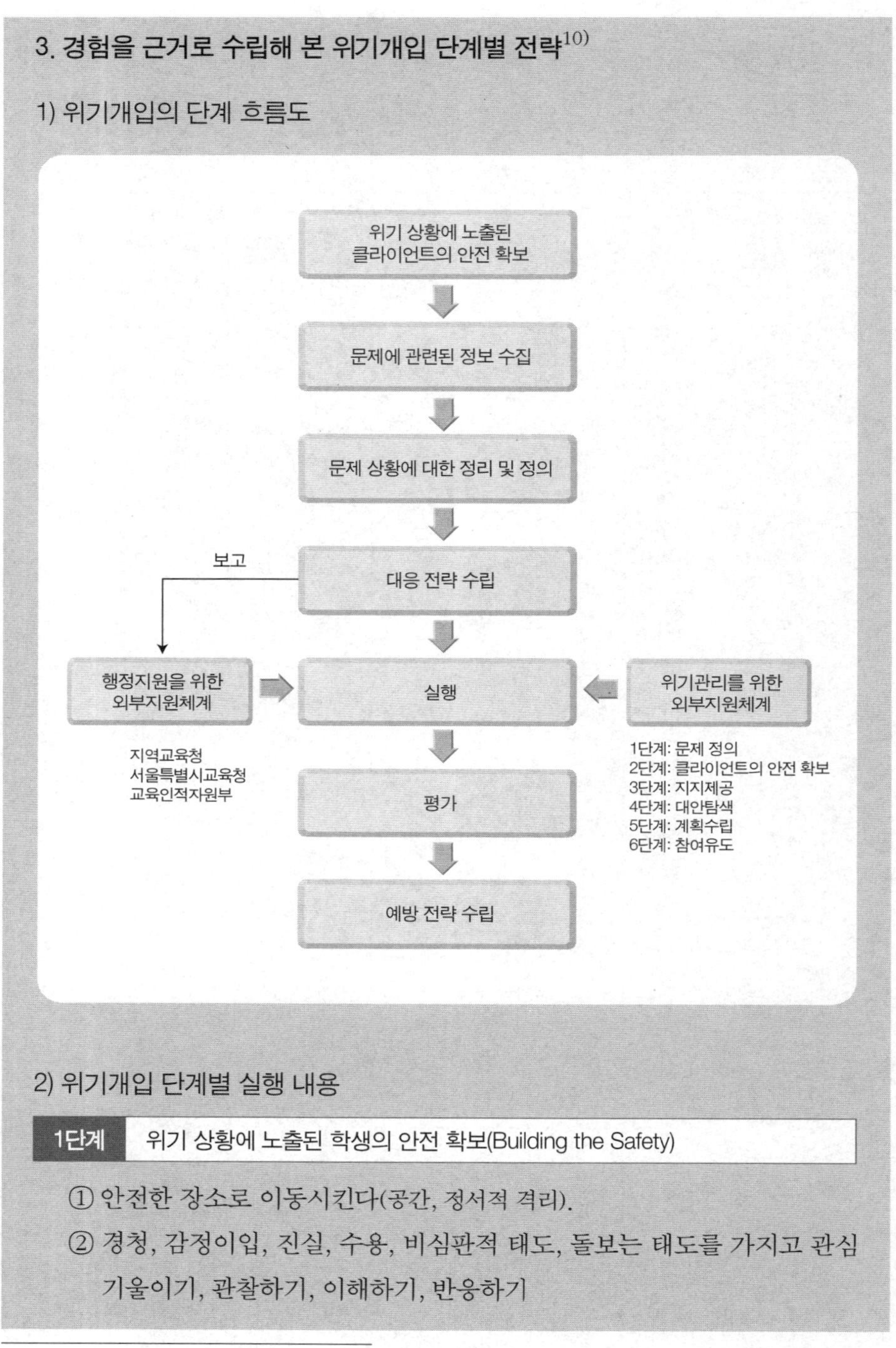

2) 위기개입 단계별 실행 내용

1단계	위기 상황에 노출된 학생의 안전 확보(Building the Safety)

① 안전한 장소로 이동시킨다(공간, 정서적 격리).

② 경청, 감정이입, 진실, 수용, 비심판적 태도, 돌보는 태도를 가지고 관심 기울이기, 관찰하기, 이해하기, 반응하기

10) 이 자료는 2002년『학교사회복지 하계 워크숍 자료집』「위기개입과 학교사회복지 실천현장에서의 대처방안」중 '위기개입의 단계별 전략 1-학교 내 위기사례를 중심으로'에서 발췌하였다.

③ 안전망을 확보한다(안정감을 심어 줌).
④ 또 다른 위험에 노출되지 않은지 확인하고, 핫라인(Hot-line)을 확보한다.
⑤ 문제를 객관화할 수 있도록 돕는다.
⑥ 어떤 도움이 필요한지를 파악한다.
⑦ 학교나 학생의 상황이 안정되었다고 판단되면 귀가 조치시킨다.

2단계 문제와 관련된 정보 수집(Information Gathering)

① 학생, 교사, 관리자 등과의 교류를 통해 객관적인 사건의 정보를 수집한다.
② 수집된 정보를 서로 교환한다(사건의 진행 과정과 내용을 이해).
③ 학생 · 학급의 사건 정보, 심리 상태, 반응을 파악한다.
④ 교사들의 사건 정보, 심리 상태, 욕구를 파악한다.
⑤ 관리자의 상부지시, 계획 지침을 수집한다(교직원 결정사안 파악).
⑥ 문제에 대한 학부모, 지역사회의 반응을 살핀다.
⑦ 사건과 관련하여 필요한 자원 정보를 수집한다.
⑧ 도움을 필요로 하는 학생들(목격자, 간접경험자)을 파악한다.

3단계 문제 상황에 대한 정리 및 사정(Assessment Definition the Problem)

① 객관적인 정보를 바탕으로 문제 상황을 사정한다.
② 학생과 교사, 학부모와 학교당국의 문제해결을 위한 욕구 및 자원을 파악한다.
③ 학교와 일치된 문제 상황(학교지침, 방침)을 정리한다.
④ 문제 상황을 동일하게 알리고 숙지, 공유한다(학교, 교육청, 언론)
⑤ 대내 · 외적으로 입장을 표명한다(언론담당자).
⑥ 대응 전략 수립을 위한 개략적 합의를 도출한다.
 - 위기개입팀 구성안, 필요성 제안, 행정적 준비 갖추기
⑦ 사건 해결을 위한 직 · 간접적 정보를 확인한다.

4단계 대응 전략 수립(Construct the Response Strategies)

① 위기관리팀을 구성한다.
② 위기에 노출된 학생 · 교사 및 관련된 체계에 대한 개입계획을 세운다.

5단계 실행(Execution)

① 계획 수립 내용을 체크리스트로 확인한다.
② 학교 내의 위기관리팀과 외부지원팀의 원활한 역할수행을 조정한다.
③ 각 팀들의 원활한 역할수행을 위해 협조 및 지원한다.
④ 1일 1회 위기관리팀 사례회의를 실시한다.
⑤ 교직원 회의 시 진행상황을 보고하여 함께 공유, 공지한다.
⑥ 가해 · 피해 학생들에 대해 특별한 모니터링을 실시한다.
⑦ 상황실을 운영한다.

6단계 평가(Evaluation)

① 대응 전략 수립 계획에 근거한 평가를 실시한다.
② 외부위기관리팀의 철수 이후 학교 내부의 역할에 대해 재조정한다.
③ 차후의 서비스 계획을 수립 및 시행하고, 의견수렴을 한다.

7단계 예방 전략 수립(Develope the Prevention Strategies)

① 재발 · 예방을 위한 장기계획을 수립한다.
② 위기개입 대상자 중심의 치료 및 교육 프로그램을 개발 · 실시한다.
→ 지역 및 학부모와 연계하여 입체적인 개입 프로그램 개발
③ 학교 전체 대상의 예방 캠페인 및 이벤트를 실시한다.

4. 위기개입의 구체적인 지침

◎ 위기관리팀 구성

1) 위기관리팀 조직도

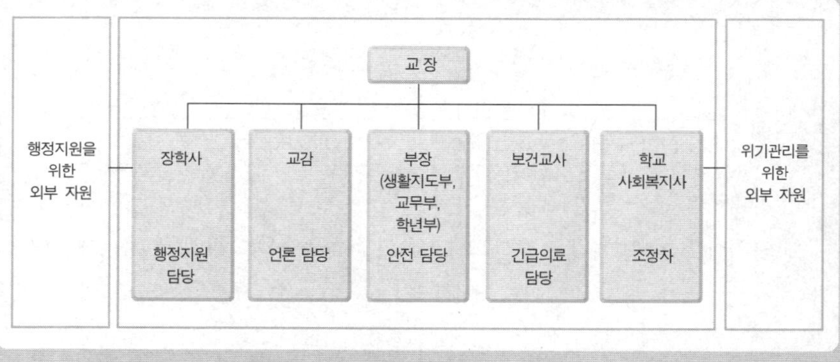

2) 위기관리팀 구성원의 역할

(1) 교장(위기관리팀장)

① 위기관리팀 소집 및 운영의 책임자

② 위기 사건과 개입에 관련된 전반적 과정 인지 및 감독

③ 위기 사건 해결을 위한 모든 결정 및 행동에 대한 책임

④ 위기 상황과 관련된 탄력적 교과과정 운영(예: 휴교조치, 수업시간표 변경 및 수정)

⑤ 외부기관의 개입을 도모, 연계활동 총괄 및 과정

⑥ 사망한 학생의 가족과 접촉하기

(2) 장학사(행정지원 담당)

① 상부기관인 교육청과의 연계: 사건 진행 상황 보고

② 위기 상황에 대한 슈퍼비전 및 조언

③ 외부 지원체계 동원을 위한 행정절차 원조

④ 위기 사건의 영향을 받은 타 학교와 의사소통

⑤ 향후 교육정책 수립 시 영향력 행사 및 건의(위기 사건 및 해결과정에 대한 자료수집, 교사 의견수렴을 통해)

(3) 교감(언론 담당)

① 사건에 대한 정확한 정보 수집 및 정리

② 교내외에 퍼져 있는 잘못된 소문이나 비사실적 이야기를 통제하고 사건에 대한 동일한 지침 확립

③ 언론매체에 사실적인 정보를 제공하여 왜곡, 과장 보도 대처

④ 교사 내부의 어려움 관장하고 지지

⑤ 교장 부재 시 역할 대행

(4) 보건교사(의료 담당)

① 사건 발생 시 긴급 응급 의료 처치 및 환자 호송

② 교내의 전반적 의료 행위 총괄

③ 심리적 응급 상황에 있는 학생 발견 및 의뢰

④ 필요시 외부 의료진 연계

(5) 부장(안전 담당)

① 안전한 장소 및 이동경로 파악 및 사전확보(생활지도부의 업무: 평상시 업무 중 안전을 위한 교내 시설점검 등 안전관리 담당)

② 위기 상황 발생 시 안전장소로 학생 이동
③ 혼란스러워 하는 학생의 안정을 위한 노력
④ 학생에게 정확한 정보 제공
⑤ 학생의 등 · 하교 안전 지도: 파출소, 경찰서 연계

(6) 학교사회복지사(조정자)

① 위기 상황 해결을 위한 전반적 개입계획 및 방향 수립 · 제공
② 외부 전문지지체계와 학교 연결 및 조정: 지역정신건강센터, 심리치료 전문가, 복지기관, 가족치료기관 등
③ 외부 전문기관으로의 의뢰 확인 및 사례회의 참석
④ 각 체계(학교, 학생, 외부기관)의 욕구 및 적절한 서비스 파악
⑤ 각 체계에 적절한 지원체계 연계
⑥ 외부기관 철수 이후, 위기상황에 노출된 학생에 대한 지속적 사후관리
⑦ 사안과 관련하여 학교로부터 징계처분을 받은 학생에 대한 교육활동 지원

(7) 경험적으로 살펴본 학교사회사업가의 역할

현재 위기에 처한 학교체계 내에서 경험해 본 학교사회복지사의 역할은 혼란스러워하는 학교체계에 적절한 대응 방법, 특히 학생과 관련된 대응 전략을 객관적으로 개발하여 제공하는 일이다. 또한 외부의 자문체계를 활용하여 외부 전문 위기대응팀을 학교와 연결시키는 일을 담당한다. 이 가운데 학교의 욕구와 외부의 욕구를 연결시키고 조정하는 역할을 수행한다.

따라서 학교사회복지사는 다음의 그림에서 볼 수 있듯이 각각의 체계와 연결되어 그 사이를 중재하고 조정하는 역할을 수행할 수 있을 것으로 사료된다.

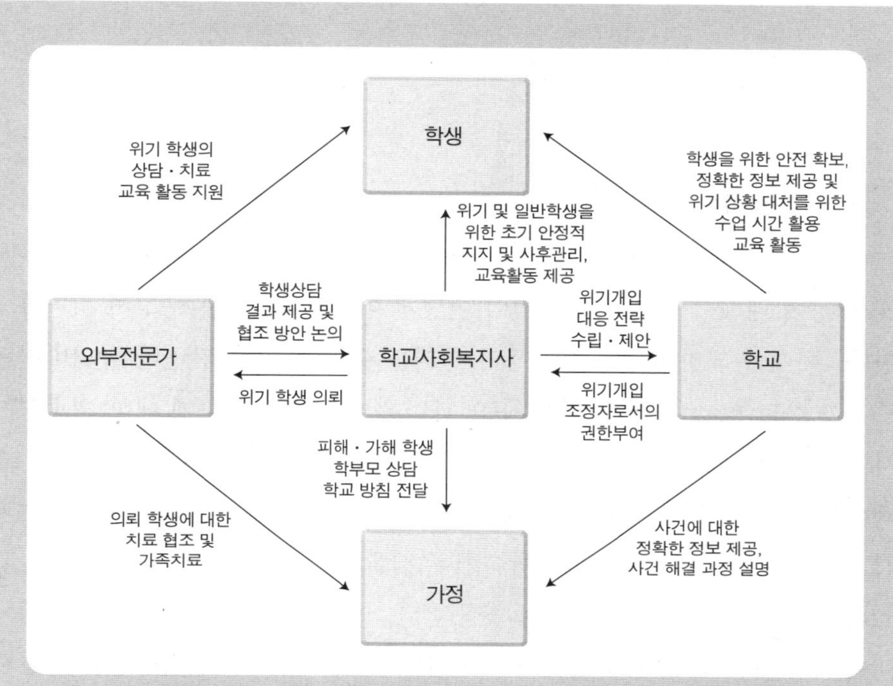

【학교사회사업가의 역할모형】

사건이 일어난 중학교에서 학교사회복지사의 활동이 시작된 것은 2001년부터다. 타교에 비해 학교사회복지실에 대한 인식이 어느 정도 자리 잡혀 있었음에도 불구하고 위기 상황에서 여러 가지 제한된 역할을 할 수밖에 없었던 것은 다음과 같은 이유들이 영향을 끼쳤기 때문이다.

첫째, 학교 행정가들의 위기에 대한 인식 부족

둘째, 외부의 전문가들을 받아들이기에 학교는 너무나 폐쇄적인 공간

셋째, 언론을 활용하는 능력이 부족

넷째, 학교사회복지가 제도화되지 못한 상태에서 학교사회복지사의 지위의 모호성

4 종결 및 평가단계

종결 및 평가단계의 주요 업무는 실습생들이 실습 결과를 통합하고 정리하는 것이다. 슈퍼바이저와 실습생은 실습을 통해서 수행한 업무와 지식 및 기술 향상에 대해서 논의하고 이것이 어떻게 이루어졌는가를 분명히 정리하게 한다. 이때 슈퍼바이저는 실습생의 장래를 위한 준비와 관련된 슈퍼비전을 주어야 한다(Pettes, 1967). 다른 주요 과업은 실습생과 실습에 대한 최종평가다. 실습평가는 단순히 실습평가서만을 작성하는 수준이 아니라 실습생과 슈퍼바이저, 부서 차원, 기관 차원 등에서 공식적으로 이루어져야 한다. 실습평가 시에는 실습생들의 업무와 학습에 초점을 두고 평가를 해야 하고 실습생들의 실습지도에 대한 피드백을 수렴한다. 마지막으로 각 학교에 실습생에 대한 평가서를 발송하고 실습지도와 관련된 피드백이나 건의사항을 전달하는 행정처리를 한다. 행정처리 이후에는 슈퍼바이저들 간 평가회의를 통해 슈퍼바이저로서의 역할수행에 대한 보고와 평가, 피드백의 시간을 갖고 상위 슈퍼바이저에게 슈퍼비전을 받는다.[11)]

종결 및 평가단계의 내용
1. 프로그램 및 사례 평가를 과학적으로 한다. 2. 자신의 실습이 객관적으로 평가되도록 노력한다. 3. 실습보고서를 준비한다. 4. 실습기관 및 슈퍼바이저에게 피드백을 준다. 5. 더 좋은 실습교육을 위한 기관의 노력에 동참한다.

실습생에게 성공적인 종결은 매우 중요하다. 따라서 성공적인 종결을 위한 전략이 필요하다. 그 전략은 다음과 같다.

첫째, 프로그램 및 사례 평가를 과학적으로 실시하라.

11) 〈부록 2〉 서식 10, 서식 36 참조.

둘째, 자신의 실습이 객관적으로 평가되도록 노력하라.
셋째, 실습보고회를 준비하라.
넷째, 실습기관 및 슈퍼바이저에 대하여 피드백을 주라.
다섯째, 더 좋은 실습교육을 위한 기관의 노력에 동참하라.
다음은 그 구체적인 내용이다.

1) 프로그램 및 사례 평가를 과학적으로 실시하라

프로그램평가서를 작성하는 과정은 책무성의 시대에 프로그램 실행 못지않게 중요한 부분이다. 실습생들은 이미 계획 단계에서 다각적인 평가설계를 통해 실행된 프로그램 성과에 대해 보고서로 명확하게 표현할 수 있어야 한다. 실습생들에게 프로그램 평가서는 하나의 연구논문을 쓰는 과정과 같이 객관적이며 과학적으로 입증될 수 있도록 작성되어야 하며 작성 후에도 슈퍼비전을 통해 보완·수정하여야 한다. 평가서 작성 이후에는 평가를 위해 확보하였던 모든 평가자료를 공식적으로 기관에 이양하고 보관되어야 함을 잊지 말자.

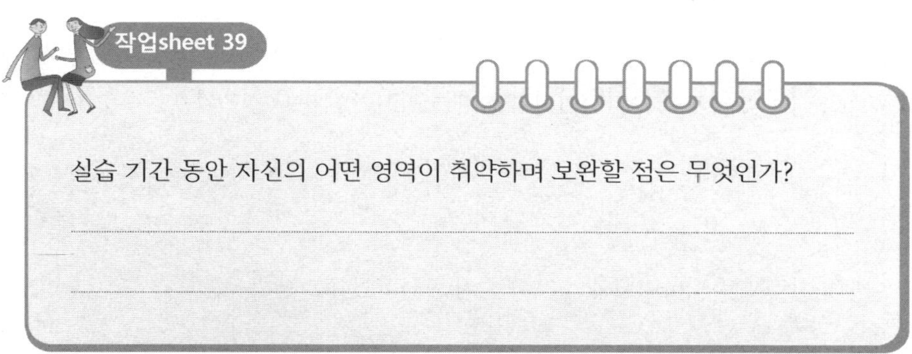

2) 자신의 실습이 객관적으로 평가되도록 노력하라

실습평가는 실습평가서를 통해 실습생과 슈퍼바이저가 상호합의하는 과정을 통해 이루어진다. 학교 측의 실습평가서가 있다면 학교용을 사용하고 그렇지 않다면 기관용을 사용하여 평가서를 작성하도록 한다.

실습평가는 원칙적으로 상호 합의의 과정을 거친다. 실습생과 슈퍼바이저가 각각 자신과 실습생의 실습에 대해 평가 점수를 부여하고 함께 모여 합의점을 찾게 된다. 이러한 과정을 통해 실습생은 자신의 실습 수행에 대한 피드백을 얻을 수 있고 또한 반대로 자신의 수행에 대해 슈퍼바이저에게 명확하게 설명할 수 있는 기회도 얻을 수 있게 된다.

개별면담을 통해 업무수행에 관련된 평가 외에 미래의 사회복지사로서 실습생 자신의 강점과 약점에 대해 피드백을 받는 것이 중요하다. 이 모든 과정을 객관적인 과정으로 받아들여야 한다. 주관적이거나 감정적으로 받아들인다면 평가의 의미가 없으므로 객관적인 평가 과정이 될 수 있도록 스스로 노력해야 한다.

작업sheet 40

1. 본인은 자신이 어떤 평가를 받을 것이라고 생각하는가?

2. 자신의 평가와 슈퍼바이저의 평가는 어떠한 차이가 있는가?

3. 자신과 슈퍼바이저와의 차이는 왜 발생하였다고 생각하는가?

3) 실습보고회를 준비하라

실습보고회는 실습을 종결하는 시점에서 실습생들이 미래의 사회복지사로서 용기와 비전을 가질 수 있도록 지지하고 격려하는 차원의 의식을 경험하도록 하기 위해서 실시한다. 실습생과 슈퍼바이저는 물론 관장(학교장) 이하 가능한 모든 직원이 참여하여 진행된다.

전체적인 준비는 실습생들이 계획하고 실행한다. 실습보고회의 준비를 위해 실습생들은 자체적으로 실습 초기부터 모임을 갖는다. 실습생 대표를 선발하고 자체적인 회의와 보고 자료를 준비한다. 실습보고회는 슈퍼바이저보다도 실습생들이 주도하여 초대장 작성, 홍보, 진행, 사회 등을 맡게 된다.

실습보고회에는 일정이 된다면 실습생을 파견한 학교의 '실습지도교수'를 초대하여 함께 참여하게 할 수 있다. 일반적인 실습보고회에서 이루어지는 내용은 다음과 같다.

① 실습생 경과보고
② 슈퍼바이저 대표 인사
③ 실습생 보고 및 발표(부서/팀 내지 프로그램별)
④ 실습생 인사
⑤ 기관에 대한 제언과 건의
⑥ 총평: 공식적으로 슈퍼바이저보다는 기관(학교)대표가 답변 및 지지
⑦ 기념 촬영 및 다과회

4) 실습기관 및 슈퍼바이저에 대하여 피드백을 주라

각 기관에서는 실습지도 프로그램을 지속적으로 보완하기 위해서 실습생들이 전체적인 실습지도에 대한 평가를 실시한다. 이러한 실습평가는 중간평가와 종합평가를 보완하고 실질적인 만족도를 평가하기 위한 자료로서 실습평가 설문지를 제작하여 활용한다. 실습이 종료되는 시점에 실습생들이 설문지를 작성하고 기관에서는 이 결과를 활용하여 다음 실습지도 계획에 반영한

다. 실습평가 설문지의 항목은 실습 오리엔테이션, 각종 공통 교육, 실습 내용, 실습간담회, 실습보고회 등을 중심으로 구성하였고 5점 만족도 척도로 평가한다. 슈퍼바이저의 슈퍼비전에 대한 내용은 별도의 슈퍼바이저 평가서를 활용한다.

또한 각 기관에서는 보다 높은 질의 실습지도와 슈퍼바이저들의 지속적인 성장을 위해서 실습생들이 자신의 슈퍼바이저를 평가하는 슈퍼바이저 평가를 실시한다. 슈퍼바이저는 실습생의 현장 학습에 어느 다른 부분보다도 많은 영향력을 미치는 것으로 나타나고 있기에 슈퍼바이저 평가는 무엇보다 중요한 부분이다. 물론 실질적으로 실습생의 입장에서 슈퍼바이저를 면밀하게 평가하는 작업이 용이한 것은 아니다. 슈퍼바이저는 실습생이 편안한 마음으로 슈퍼바이저를 평가할 수 있도록 분위기를 조성하여야 한다.

5) 더 좋은 실습교육을 위한 기관의 노력에 동참하라

기관에서는 실습 종결 후 1주일 이내에 실시하게 되는 실습지도 평가회의를 실시한다. 이는 실습에 관한 정책과 방향성을 결정하는 자리다. 이 회의의 참석 대상자는 관장, 당 학기 슈퍼바이저, 슈퍼바이저(실습지도자)의 관내 슈퍼바이저, 그리고 실습행정담당자다. 슈퍼바이저들은 실습지도평가서를 작성하고 이와 더불어 실습생들이 작성한 종합평가서 요약과 실습평가 설문 결과를 준비하여 실습지도 과정에 필요하다고 생각되는 부분과 실습생들의 의견을 수렴하여 보다 발전된 실습체계를 개발한다.

실습지도 평가회의 주요 진행 실습행정담당자의 실습평가 설문분석 발표, 각 슈퍼바이저의 평가서 발표, 실습진행 시 야기된 주요 문제나 차기실습개선 반영사항 등 주요 사안 토의 및 결정, 새로운 아이디어와 노하우 공유, 기관 대표의 최종 피드백 등을 포함한다. 평가회의가 종결된 이후에 실습기관은 다양한 사후 작업을 통해 실습에 관한 평가 정리 작업을 한다. 이처럼 사회복지 기관에서는 스스로 실습생의 각종 피드백 자료와 평가서들을 정리하고 차후 방향성을 수립한다. 각종 실습과 프로그램 관련 보관 자료와 파일들이 유실되지 않았는지도 확인한다. 실습에 대한 평가의 내용이 차기 계획 시 반영되었는지에 대해 지속적인 모니터링이 이루어진다.

따라서 기관의 이와 같은 노력에 대하여 실습생은 동참을 해야 하는데, 동참은 의외로 간단하다. 즉, 실습기관 및 슈퍼바이저의 평가에 대하여 객관적으로 임하고 실습 이후에 실습기관을 방문할 경우에도 자신이 느꼈던 실습교육과정에 대하여 객관적으로 전달하는 것이다.

실습은 한 번 하고 끝나는 결과가 아니라 후배들에게 지속적으로 연계되는 교육과정이라는 점을 잊지 말고 기관에서 실시하는 각종 평가에 성실하게 참가하는 것이 중요하다.

제 4 장
사회복지 현장실습 슈퍼비전

1. 슈퍼비전의 개념
2. 슈퍼비전의 과정
3. 슈퍼비전의 실제
4. 슈퍼바이저에 대한 이해

1 슈퍼비전의 개념

슈퍼비전(supervision)이란 말은 'over(위에서)'의 뜻을 가진 super와 'to watch, to see(지켜보다)'의 뜻을 가진 videre라는 라틴어의 합성어에서 유래하였다. 문자적으로 정의하면 슈퍼비전은 다른 사람이 하는 일에 대해 책임을 지고 지켜보는 감독자(overseer)의 일이라는 의미다. 슈퍼비전을 포괄적으로 정의하려면 다음의 4가지 요소를 고려해야 한다.

1) 슈퍼비전의 목표

슈퍼비전의 목표에는 단기목표와 장기목표가 있는데 교육적 슈퍼비전의 단기목표는 실습생이 업무를 효과적으로 수행할 수 있는 능력을 향상시키는 것이고, 행정적 기능의 단기목표는 실습생이 업무를 효과적으로 수행할 수 있도록 작업 배경을 제공하는 것이며, 지지적 슈퍼비전의 단기목표는 실습생이 업무를 수행하는 데 대하여 자신감을 갖도록 돕는 것이다. 그러나 이와 같은 목표는 그 자체가 목적이 아니라 슈퍼비전의 달성을 위한 수단이다. 슈퍼비전의 장기목표는 특정 기관이 클라이언트에게 제공하도록 되어 있는 특정 서비스를 효율적이고 효과적으로 제공하는 것인데 이와 같은 장기목표를 달성하려면 이 단기목표들이 달성되어야 하는 것이다.

2) 간접 서비스로서의 슈퍼비전

슈퍼바이저는 사회복지사 또는 실습생을 경유해서 클라이언트와 간접적인 접촉을 한다. 슈퍼바이저는 직접 서비스를 제공하는 사회복지사 또는 실습생이 클라이언트를 제대로 잘 도울 수 있도록 도울 뿐, 클라이언트에게 직접적인 서비스를 제공하지는 않는다.

3) 상호작용 과정으로서의 슈퍼비전

슈퍼비전은 과정(process)으로 정의할 수 있다. 슈퍼비전 기능을 수행함에 있어서 슈퍼바이저는 신중하고 의식적으로 선택한 일련의 활동들을 차례차례 수행한다. 슈퍼비전 과정에는 시작단계, 중간단계, 종결단계가 있으며 각 단계에서는 다소 다른 활동들을 수행할 것이 요구된다. 슈퍼비전 과정은 관계(relationship) 속에서 진행된다. 이 관계에는 적어도 두 사람이 관여되기 때문에 그들의 상호작용은 슈퍼비전의 중요한 측면이다. 사회복지사와 클라이언트 간의 관계와 유사성을 보여 주는 슈퍼바이저와 슈퍼바이지(사회복지사)의 관계는 ① 라포(Rapport: 사이좋게 지낼 수 있는 일반적 능력), ② 신뢰(Trust: 슈퍼바이저에 대해 개방적일 수 있으며 성공은 물론 실수와 실패를 함께 나눌 수 있는 슈퍼바이지에 대한 신뢰), ③ 돌봄(Caring: 클라이언트는 물론 슈퍼바이지에 대한 관심과 배려를 전달할 수 있는 슈퍼바이저의 능력)이라는 3가지 RTC 요인들로 구성되어 있다고 설명되어 왔다. 슈퍼바이저와 슈퍼바이지 관계는 서로 영향을 끼치는 역동적 맥락에 얽혀 있는 특성이기 때문에 상호 협력적이고, 민주적이며, 참여적이고, 상호적이며, 개방적이고, 존중적일 때 최상의 기능을 한다. 또 다른 슈퍼비전 관계의 특성으로 실습생과 클라이언트 간의 관계는 슈퍼바이저와 슈퍼바이지의 상호작용에 영향을 받는다는 병행과정(parallel process)이 있다. 그러므로 슈퍼비전이 효과적이려면 ① 구조화되어야 하고(structured), ② 정규적이어야 하고(regular), ③ 일관성이 있어야 하며(consistent), ④ 사례 중심적이어야 하고(case-oriented), ⑤ 평가되어야(evaluated) 한다.

4) 경험적 요소로서의 슈퍼비전

슈퍼비전 경험의 요소들은 '무엇(what)'과 '언제(when)' 그리고 '어떻게(how)'로 개념화될 수 있다. '무엇'은 내용으로서 슈퍼비전 모형에서 슈퍼바이저와 슈퍼바이지 사이에 무엇이 일어나는가를 말하는데 이것은 모형의 종류, 모형의 목표와 내용, 목표에 따른 기법들에 의해 좌우된다. '언제'는 슈퍼바이지의 클라이언트와의 일과 관련하여 슈퍼비전이 언제 실시되는가를 말한다. 즉, 슈퍼바이지가 클라이언트와 만나는 동안에 슈퍼비전이 실시될 수도 있고(live), 만난 다음에 즉시 실시될 수도 있고(immediate), 어느 정도 나중에(delayed) 실시될 수도 있다. '어떻게'는 슈퍼비전이 제공되는 양식(modality)으로 개인형태나 집단형태 또는 동료형태의 슈퍼비전이 있다.

2 슈퍼비전의 과정

1) 오리엔테이션

이는 실습의 나머지 부분을 결정하는 중요한 단계다. 전체를 이해하고 친숙해지도록 세심한 준비와 사고가 필요하다. 실습시간은 상대적으로 짧다. 간략한 오리엔테이션 시간을 통해 기관은 학생이 실습 동안 만나게 될 일반적인 클라이언트의 문제와 기관의 일을 소개해 준다. 실습 초기에 주어지는 이 오리엔테이션에 대한 시간적 투자와 집중이 실습 기간 동안의 과제를 성공적으로 수행하는 데 기초가 될 것이다.

오리엔테이션은 학생을 맞이하는 기관의 첫 단계다. 이 시간에 다른 스태프에 대한 소개가 있을 것이며, 기관의 직원들에게 학생의 이름, 학교, 실습기간, 실습 내용과 과제, 실습생이 할 일에 대해 소개할 것이다. 이러한 과정을 통해서 실습생은 팀의 일부로 환영받고 좀 더 빨리 적응하는 데 도움을 받는다. 이는 또한 기관 내 다른 직원들이 학생의 역할에 대해 오해할 소지를 줄이고 모든 직원들에게 실습생을 소개하거나 기관 소식지에 알리는 기회가 된다. 어떤 기관이든 오리엔테이션에는 일반적으로 다음과 같은 내용이 포함된다.

① 기관의 목적과 사업 및 예산
② 서비스 제공 우선순위
③ 기관의 조직 구조와 담당 직원 서비스 제공 절차
④ 클라이언트 기록의 비밀보장, 고지된 동의, 기록과 관리지침
⑤ 기관과 지역사회 관계, 지역 내 다른 기관에 대한 의뢰나 다른 기관으로부터의 의뢰체계
⑥ 프로그램/서비스와 사회복지사의 역할
⑦ 업무수행에 따른 안전지침
⑧ 업무수행을 위한 적절한 복장과 태도

오리엔테이션 기간 동안 실습생은 슈퍼바이저와의 면담이나 관련 기록, 보고서, 매뉴얼 등을 상당한 시간 동안 읽어 보도록 요구받기도 한다. 또 다른 효과적인 오리엔테이션 방법은 관련 기관이나 부서를 직접 방문하는 것이다. 이 기간 동안 지도자는 실습생과 실습 목표에 대한 합의를 하게 되는데 별도의 실습계약서를 작성하거나 슈퍼비전 시간을 통해 구두로 확인한다.

2) 실습생 사정

실습지도의 다음 단계는 학생의 학습 욕구, 학습 능력, 개인적인 성격에 대한 사정이다. 교육적 사정은 사람들마다 다른 학습 방식[1], 구체적 지시나 모

1) 실습생의 학습 방식의 파악은 실습생을 객관적으로 이해하고 학습동기를 유지하고 강화하여 교육 목표를 성취하는 데 유용하다. 지각 유형에 따라 학습 방식을 시각형, 청각형, 신체감각형으로 구분할 수 있다. 시각형 학습자는 눈으로 보고 기억하며, 관찰력이 뛰어나며 체계적이고 준비성이 있으며 계획성이 있다. 청각형은 소리에 민감하여 큰 소리로 책을 읽고 토론하기 좋아하며, 말로 설명해 줄 때 이해가 빠르기 때문에 혼잣말로라도 정보와 생각을 정리할 때 학습 효과가 높은 형이다. 신체감각형은 조작적인 능력이 우수하며, 감각적이고 직관적인 경향이 있다. 상황을 행동으로 옮기고, 몸을 움직이고 상호작용을 통하여 학습하도록 배려하면 좋다(양옥경 외, 2007 재인용).

호성에 대한 선호도, 자율성과 보호에 대한 선호도, 의존적이거나 거부적인 학습 태도, 실습생이 클라이언트를 돕는 유형 등을 사정하여 지도계획을 세우며 실습생에게 실천 분야에 대한 실천력을 향상시키고 사람을 돕는 전문가(helping profession)가 되고자 하는 동기를 강화하는 데 있다.

펄먼(Perlman)은 사람을 돕는 전문직에 종사하는 사람은 다른 사람의 상처와 슬픔에 대해 충분히 이해할 수 있어야 하며, 잊어버리고 싶어 하는 그들의 욕구나 마치 아무 일도 없는 것처럼 행동하고 싶어 하는 것도 이해할 수 있어야 한다고 하였다. 또한 "좋은 전문가는 클라이언트로부터 항상 좋은 대접만 받아야 한다고 잘못 생각하지 않도록 하고, 실패에 대한 두려움 또는 클라이언트의 반응에 대한 지나친 염려나 두려움을 갖지 않도록 업무에 대해 개인적 안정감을 가질 수 있어야 한다"고 하였다(Harkness, 1995 재인용). 이를 위해 실습교육에서도 이러한 주제에 대한 사정이 필요하다. 이를 위해 슈퍼바이저와의 관계 맺는 방법을 관찰하여 전이의 문제가 있는지 사정하고 실습생이 가지고 있는 취약성이 클라이언트에게 영향을 미치지 않도록 하여야 하며, 이와 관련된 주제에 관해서는 이전 실습지에서의 경험이나 생활경험 등에 대해 검토하는 것도 도움이 된다.

보충자료 1 **실습생 면담 시 주요 질문 목록(태화기독교사회복지관, 2003)**

실습생 면담 시 주요 질문

1. 사전면담의 목적 설명
2. 이곳에서 실습을 하고 싶은 이유
   왜 이 학생이 여기에서 실습을 하고 싶어 하는지, 실습을 통해 얻고 싶은 것이 무엇인지, 학생이 기관과 기관의 회원 그리고 클라이언트에 대해 어떤 것들을 알고 있는지 등에 대한 느낌들을 질문
3. 이전 실습 경험
4. 과거 실습 경험
5. 직업적 목표

6. 강점과 성장이 요구되는 분야
7. 실습 영역에 대한 사회복지사의 설명
8. 슈퍼비전 스타일과 기관의 실습지도 방법
9. 실습의 경험과 슈퍼바이저로부터 학생이 얻기를 원하는 것 또는 욕구
10. 학생의 개인적 상황

보충자료 2 실습생 면담 예상 질문 목록

실습생 면담 예상 질문

1. 면담의 목적 설명
2. 간단한 자기 소개
3. 실습의 목적은 무엇인가?
4. 왜 이곳에서 실습을 하고 싶은가?
5. 이곳에서 무엇을 배우고 싶은가?
6. 과거 실습 및 자원봉사 경험은 어떠한가?
7. 자신의 강점과 성장이 요구되는 분야
8. 슈퍼바이저로부터 얻고자 하는 학생의 욕구
9. 시사적 질문
10. 실습에 임하는 각오와 다짐 등

3) 실습생에 대한 개별화된 교육계획

이 단계에서는 사정을 토대로 개별화된 실습계약을 한다. 슈퍼바이저는 실습생의 기대, 전문적 발달을 위해 실습생이 원하는 경험을 확인하여 적극적으로 실습에 임할 수 있도록 한다. 또한 실습생에게 어느 정도의 도전이 필요한지 이전 경험을 고려하며, 실습 기간 동안의 과제물은 어느 정도 주어야 할지, 실습생이 새로운 클라이언트와 접수면접에서 개입까지 할 수 있는지, 프로그램을 계획하고 개입하는 것이 혼자 하는 것이 아닌지 혹은 팀으로 하는 것이 좋은지, 어느 정도가 실습생에게 적절한 학습적 도전이 될 것인지 평가하여 계획한다. 실습생이 감당할 수 있을 정도의 강도로 서서히 업무를 부여하여 안정감과 자신감을 가지고 실습에 임할 수 있도록 계획하는 것이 슈퍼바이저의 교육적 역할이다. 그러나 실습생의 개인적 문제가 업무수행에 계속 장애가 되는 경우 지도자가 이러한 이슈를 슈퍼비전 시간에 확인하였다면 슈퍼바이저는 실습생이 개인적으로 상담을 받을 수 있도록 안내해 주는 것이 원칙이다. 실습에서 모델링은 학습의 중요한 도구인데 실습생에게 슈퍼바이저의 전문적 역할수행을 보게 하고 이후 슈퍼비전 시간에 토론해 보는 것도 좋은 방법이다. 또한 다른 부서의 업무에도 투입시켜 다른 스태프의 업무수행을 모델링할 수 있는 기회를 주는 것도 융통성 있는 방법이다.

4) 실습 실행 단계

이제 실습 계획이 적용되는 시기로 슈퍼바이저는 실습생의 학습을 안내하고 평가하는 이중적인 역할을 수행하게 된다. 슈퍼비전은 정기적으로 주 1회 이루어지며 행정적인 슈퍼비전뿐 아니라 학생의 성장에 초점을 둔 실습교육이 바람직하다. 다양한 교육적 도구를 사용하여 학생의 학습을 돕는 것이 효과적이다. 실습에서 사용할 수 있는 교육적 도구는 다음과 같다.

(1) 과정기록

자신의 실무를 검토할 수 있는 중요한 도구로 실습생 자신이 담당했던 실제 사건과 자신의 주관적인 반응을 기록하여 실습생의 반응, 행동, 판단 등에 의해 클라이언트가 어떻게 영향을 받는지 알 수 있는 장점이 있다. 목표 성취에 도움이 되는 대인관계 기술인 개인적 면담이나 소집단 접근을 계획하고 관리하는 직접적인 실천에 대해 과정기록이 이루어진다.

(2) 역할극

실습지도에서는 클라이언트나 동료에 대한 감정이입 능력을 향상시킬 뿐 아니라 개입 기술의 발달에 도움이 되는 역할극(role playing)을 활용한다. 이 방법을 사용하는 데 익숙해지면 다양한 실천적 상황에 대한 준비와 두려움 해소에 도움이 된다.

(3) 직접 관찰

지도자가 함께 개입 과정에 참여하거나 일방경으로 관찰하거나 녹음하는 것 같은 방법은 여과되지 않은 그대로의 기록이 되므로 실습지도에 활용하면 좋으나 실습생에게는 초기에 부담이 되는 방법일 수 있다. 지도자는 이러한 자료를 토대로 실습생의 개입활동 목표와 과정에 대한 토론을 하여 학습을 촉진할 수 있다.

(4) 오디오/비디오 녹화

실습생의 긍정적인 역할수행과 클라이언트에 대한 반응 과정을 분석하여 학습 자료로 활용할 수 있다.

보충자료 3 **슈퍼바이저들을 위한 자성 질문 목록**

슈퍼바이저 자성 질문

1. 사람에게 어떤 변화가 일어나는 것에 있어 나는 무엇을 믿는가?

2. 훈련과 슈퍼비전의 중대한 변수는 무엇인가?

3. 나는 슈퍼비전의 성공을 어떻게 측정하나?

4. 나는 성공에 어떻게 공헌했나?

5. 나의 슈퍼비전의 교육 목적은 무엇인가?

6. 목적을 성취하기 위해 내가 사용할 기술은 무엇인가?

보충자료 4 **사회복지 슈퍼바이저의 자세 및 준수사항**

사회복지 슈퍼바이저의 자세 및 준수사항

실습생과 슈퍼바이저

1. 실습생은 학습과 실천에 대한 욕구가 있는 클라이언트다. 개별 실습 목표를 충족시켜 주기 위하여 최선의 노력을 다하여야 한다.
2. 실습생은 준사회복지사다. 실습생은 사회복지사를 대신하여 서비스를 전달한다. 클라이언트에게 최선의 서비스를 제공하기 위해서는 실습생에게 철저한 슈퍼비전을 제공해야 한다. 만약 슈퍼비전을 제대로 주지

않는 사람은 본인이 담당하는 클라이언트에게 해를 끼치는 사람이다.

3. 실습생은 학생이다. 사회복지사가 실천하면서 성장하듯이 실습생에게 최선의 교육 기회를 제공해야 한다. 사회복지 전공생의 진로에 가장 큰 영향을 미치는 것이 실습이다.
4. 실습생에게 슈퍼바이저는 기관의 대표자다. 말과 행동에 주의를 해야 한다. 개인이 잘못된 의견을 주었을 때, 그것이 기관의 입장으로 오해될 수 있다. 슈퍼바이저가 잘못 처신하는 것은 기관에 누를 끼치는 것이다. (진실의 순간(MOT: Moment of Truth)이 중요하다.)
5. 실습생과의 관계에서 부당한 이득을 취하지 않는다.

〈챙겨야 할 사항〉

1. 실습일지, 과제는 당일 확인하여 꼼꼼하게 피드백을 준다. 만약 다른 사정으로 검토하지 못할 경우에 양해를 구하고 가능한 빠른 시일 내에 피드백을 준다.
2. 실습생을 별다른 과업 없이 방치해서는 안 된다.
3. 실습 일정을 신중하게 계획해야 하며, 실습 일정을 최대한 지킨다. 변동이 생겼을 경우에 충분히 설명하여 실습생에게 이해시켜야 한다.

5) 실습평가

평가는 상세하고 현실적이며 달성 가능한 기준에 근거한 판단이어야 하며, '업무수행의 질과 성취물의 양(quality of performance and quantity of accomplishment)' 모두가 포함되어야 한다. 평가는 실천에 대한 학습의 질을 향상시키는 교육적 절차일 뿐 아니라, 전문적 성장을 이끄는 행정적 절차이기도 하다. 따라서 평가에는 행정적 슈퍼비전과 교육적 슈퍼비전의 양 요소가 농축되어 있으며, 더 나아가 보다 넓은 지지적 슈퍼비전의 요소까지도 지니고 있다. 평가를 통한 확실한 피드백은 슈퍼바이지에게 의미 있는 성취감을 얻게 해 주며, 역할의 모호함과 관련된 긴장감을 감소시키고, 잘한 일에 대해서는 긍정적 강화를 제공한다.

평가는 근본적으로 사정(assessment)과 다른데, 사정의 초점은 현재 진행하고 있는 사례의 상황인 반면, 평가는 전체 업무에 관한 것이다. 평가는 학습동기를 유발시켜서 직접적이며 통합적인 학습을 하게 한다. 또한 평가는 업무수행의 명백한 사정을 요구하기 때문에 학습을 의식하게도 한다. 즉, 지금까지 얼마나 많이 배웠는지, 얼마나 많이 진행되었는지 등을 지적하고, 무엇을 더 학습할 필요가 있는지를 알도록 도와준다.

(1) 평가의 가치

평가의 가치를 정확하게 인식하는 것은 평가에 대한 불편한 감정이 생길 수 있기 때문에 자칫 무의식적으로 평가를 회피하려는 태도를 막을 수 있다. 이에 각 영역에 대한 평가의 가치를 살펴보았다.

① 기관에 대한 가치

기관이 공공의 책임을 다하고 있는지 그 목적 달성 정도를 평가하는 것은 개개의 사회복지사들이 기관의 기준을 만족시키고 있는 정도를 평가함으로써 시작된다. 기관이 지역사회에 대한 책임이 있는 것과 마찬가지로 사회복지사는 기관에 대한 책임이 있고, 준사회복지사로서 실습생도 이러한 책임에서 배제될 수 없다. 실습생의 업무에 대한 슈퍼바이저의 평가는 지역사회에 대해 갖는 기관의 책임성 사슬에 있는 하나의 연결고리다. 평가는 실습생의 행동을 통제하고 표준화시키기 위한 절차다. 그러므로 기관에서는 평가 항목을 통해 실습생에게 기대하는 행동, 인정되는 행동, 보상받을 만한 행동들을 제시하는 것이다.

② 실습생에 대한 가치

실습생은 자신이 기관의 기대를 충족시키고 있는지, 다른 동료 실습생과 비교하여 어떠한지 모르기 때문에 흔히 불안을 느낀다. 평가는 실습생에게 현 상황을 알 수 있도록 도와주기 때문에 불안을 감소시켜 주는 역할을 한다. 물론 평가 그 자체가 주는 불안이 있긴 하지만 그보다 더 불안을 일으키는 것은 평가를 하지 않는 것이다. 실습생에게 있어서 평가는 그러한 판단을 자신보다 우월한 경험과 능력 및 정보를 지녔다고 생각되는 누군가로부터 인정받는 기회다. 자신의 결점을 지적받는 동안 실습생은 자신의 업무를 보다 현실적이고 긍정적으로 바라보게 된다. 그러므로 평가는 학습의 동기를 유발시켜서 직접적이며 통합적인 학습을 하게 한다. 또한 평가는 업무수행의 명백한 사정을 요구하기 때문에 학습을 의식하게도 한다. 즉, 지금까지 얼마나 많이 배웠는지, 얼마나 많이 진행되었는지 등을 지적하고, 무엇을 더 학습할 필요가 있는지를 알도록 도와준다(실습생은 좋은 평가를 받기 위하여 자극을 받아 배우며 변화한다. 지금까지 배워 온 것에 대한 체계적인 확인이 자신감을 심어 주기도 하고, 지금까지 쌓아 온 지식을 다져 주기도 한다. 특히 평가는 실습생으로 하여금 자기평가의 양식을 세우도록 도와주고, 보다 나은 자기발전을 촉진하게 하는 자아인식을 증가시키기 때문에 중요하다. 평가회의의 경험은 업무수행 기준에 대한 적응감을 높여 주기 때문에 실습생은 자신의 업무를 스스로 비판할 수 있는 능력을 갖게 된다. 모든 실습생은 자기평가와 자기규제에 대한 책임성을 지니고 있기 때문에 실습에서의 평가 훈련은 매우 중요하다.).

③ 클라이언트에 대한 가치

사회복지사에게는 다른 전문직과 마찬가지로 직접적인 업무에 대해 외부의 통제 없이 자신의 자율이 주어진다. 전문가들은 외부의 규제나 압력에 의해서가 아니라 자기규제에 의해 서로의 악용을 방지하고 효율적이고 공신력 있는 실무를 구사해야 하는 것이다. 지역사회는 외부의 규정, 통제, 방해로부터 전문가적 자유를 인정하는 대신에 전문직 자체 내에 보다 즉각적이고 일상적인 적용이 가능한 통제 또는 자정 체계를 갖추기를 기대한다. 이는 평가과정이 엄격하고 적절한 자체 내 통제가 이루어져야, 클라이언트는 효율적이고 공평한 서비스를 보장받을 수 있고, 부적절한 서비스로부터 보호받을 수 있기 때문이다. 더구나 현장 훈련을 받고 있는 실습생에 의해 서비스가 주어질 때에는 클라이언트 보호 측면에서 평가 과정이 필수적인 요소인 것이다.

④ 슈퍼바이저에 대한 가치

슈퍼바이지의 업무수행에 대한 체계적인 평가를 통해, 슈퍼바이저는 실습생이 지금까지 무엇을 배웠는지와 앞으로 가르쳐야 할 부분이 무엇인지에 관하여 알게 된다. 또한 실습생의 강점과 약점을 명확히 함으로써 인적 자원을 효율적으로 활용할 수 있으며, 앞으로의 교육적 슈퍼비전에 대한 의제를 정할 수 있다. 더구나 교육자로서 슈퍼바이저는 실습생의 학업에 대한 객관적인 평가를 해야 할 책임이 있다는 면에서 평가에 대해 신중하고 객관적이어야 하며 흔하게 범하기 쉬운 평가의 오류로부터 자유롭기 위해 의식적으로 자기 규제를 하여야 한다.

(2) 평가 절차

평가의 가치적인 측면과 유용성을 고려할 때 평가 과정은 필수적이고 평가가 생산적이고 객관적으로 이루어질 수 있도록 절차를 고려할 필요가 있다. 그 절차의 고려사항은 다음과 같다.

① 평가는 지속적인 과정이다.
② 평가 절차는 슈퍼바이저와 실습생이 함께 토의한다.
③ 긍정적 관계의 맥락에서 평가에 관한 의사소통을 한다.
④ 평가절차는 함께 공유하는 상호적 과정이다.
⑤ 평가는 실습생의 업무수행에 결정요인이 될 수 있는 현실적인 요소들을 고려하고 인정하면서 행해져야 한다.
⑥ 평가의 주요 초점은 실습생의 인간성이 아니라 실습생의 업무수행이다.
⑦ 평가에서는 실습생의 강점과 약점, 성장과 침체를 모두 다루어야 하며 지식, 가치, 기술의 3요소와 기관 그리고 실습 상황의 맥락에 대한 공평하고 균형적인 고려가 있어야 한다.
⑧ 훌륭한 평가는 결과도 중요하지만 과정을 고려하는 데 있다.
⑨ 평가는 최종적인 것보다는 시험적인 것을 제시해야 하며, 실습생의 업무수행 중 수정 가능한 측면에 초점을 두어야 한다.
⑩ 평가는 어느 정도의 일관성을 가지고 구성되어야 한다.

⑪ 슈퍼바이저는 실습생 자신의 업무평가에 대해서도 기꺼이 받아들이는 것이 바람직하다(two-way evaluation). 평가 과정은 실습생의 발전에 도움이 되는 것과 마찬가지로 슈퍼바이저의 전문적 발전에도 공헌할 수 있다는 점을 염두에 둘 필요가 있다.

(3) 평가의 내용

포괄적인 평가에서 고려할 주요 영역과 세부내용은 〈표 4-1〉과 같다. 표의 내용으로 평가를 고려하면서 슈퍼바이저는 평정척도, 점검표 등을 활용하여 평가를 객관화하려고 노력할 필요가 있다. 또한 평가의 정보원을 다양화하여 주관적인 평가를 하지 않도록 하는 것이 평가의 오류[2]를 줄일 수 있다. 슈퍼바이저는 실습생 사정 시 기준이 될 수 있는 실습생에 대한 타당하고 신뢰할 만한 정보를 충분히 획득하고 있어야 한다. 실습생의 수행평가를 위해 슈퍼바이저가 이용할 수 있는 가능한 정보원[3]을 충분히 고려하여 평가 내용을 축적해 놓을 필요가 있다. 평가에서 슈퍼바이저는 실습생의 필기 기록 자료와 구두활동 보고에 의존함으로써 아주 제한된 정보원에 의해 평가하는 경향이 있다. 기록 자료는 실시된 면접횟수, 배치된 클라이언트와 이에 대한 개입활동의 평가를 위해 검토하고, 보고서, 과제물, 직원회의와 집단 슈퍼비전 모임에서의 실습생 활동과 참여, 개입에 대한 직접 관찰, 클라이언트의 평가, 동료 평가 등을 다면적으로 활용할 수 있다. 그러나 클라이언트와 동료 평가는 중요한 평가 정보원이기는 하지만, 클라이언트가 평가 과정을 잘 모르는데

---

2) 평가의 오류란 외모, 학벌 등과 같은 특정 측면의 강한 인상으로 실습생의 모든 평가에 영향을 미치는 후광효과, 대부분 보통은 넘을 거라고 막연히 평가하는 중앙화 경향이나 관대함의 오류, 이미 경험과 숙련이 풍부한 슈퍼바이저 자신 등 부적절한 대상을 기준으로 평가하는 대조의 오류와 같은 평가의 오류를 이른다.

3) 슈퍼바이지의 필기기록, 슈퍼바이지의 활동 구두 보고, 슈퍼바이지와 클라이언트(개인, 집단, 지역사회) 간 접촉의 녹음테이프, 일방경을 통한 슈퍼바이지의 수행관찰, 연석(joint)면접에서 슈퍼바이지 관찰, 집단 슈퍼비전 회합에서 슈퍼바이지의 활동 관찰, 직원회의 그리고/또는 합동전문가 연석회의에서 슈퍼바이지 활동 관찰, 슈퍼바이지의 수행에 대한 클라이언트의 평가, 슈퍼바이지의 통신문, 보고서, 통계서식, 주별 일정, 일별 행동일지, 월별 수행기록 등.

다가 밀착관계 때문에 객관성이 결여됐을 수 있고, 동료 평가의 경우는 동료들이 서로 경쟁관계에 있을 수 있기 때문에 전체적인 맥락에서 참고자료로 활용하는 것이 바람직하다.

〈표 4–1〉 평가의 주요 영역과 세부내용

평가 영역	세부내용
클라이언트체계와 관계–의미 있고 효과적이며 적절한 전문적 관계를 수립하고 유지하는 능력	• 클라이언트에 대한 행동에 내재된 태도: 도움이 되고자 하는 관심과 바람, 존경, 공감적 이해; 비판적 수용; 정형화되지 않은 개별화; 클라이언트의 자기결정권에 대한 동의; 온정과 관심 • 클라이언트를 위하여 관계에서 객관적이며 교육적인 자기의 사용: 과잉동일시가 아닌 공감(empathy)과 동정(sympathy) • 클라이언트와 접촉 시 전문적 가치의 고수: 비밀보장
실천 과정–지식과 기술	• 사회조사(자료 수집) 기술: 서비스 상황에 의미가 있는 심리–사회–문화적 요인들을 식별할 수 있는 능력; 적절한 정보를 수집할 수 있는 능력; 사회조사와 관련된 항목들의 관찰과 탐색의 정확성과 꼼꼼함 • 진단(자료 사정)기술: 정신 내적, 대인관계적, 환경적 요소들의 상호관계에 대한 이해; 인간행동과 사회체계에 대한 지식의 효과적 적용(사회조사 자료로부터 의미를 찾아낼 수 있는 능력); 클라이언트의 지각적 · 인지적 · 감정적 틀에 대한 이해와 인식; 기술적이고 역동적인 진단이나 자료사정을 계통화시킬 수 있는 능력 • 치료(개입) 기술: 사실의 이해(진단)에 근거해 치료 프로그램을 계획하고 실행할 수 있는 능력(예: 환경수정, 심리적 지지, 명료화, 통찰력, 옹호, 중재, 사회행동); 개입의 시기적절성 • 면담 기술: 클라이언트와 면담의 목적을 명확하게 설정하는 능력; 면담의 초점을 유지하는 능력; 클라이언트의 요구에 대한 적절한 균형유지 및 방향 제시와 통제; 재치 있고 위협적이지 않은 의사소통 능력 • 기록 기술: 사소한 감정을 조직화해서 의사소통하는 능력; 기록은 분별력 있고, 선택적이며, 정확하고, 간결해야 함
기관행정–목적, 정책, 절차의 이해와 활용	• 기관의 목적, 정책, 절차에 대한 지식 • 정책, 절차의 한계 내에서 일할 수 있는 능력 • 클라이언트를 돕는 데 있어서 기관의 정책과 절차에 대한 창의적 사용

〈계속〉

평가 영역	세부내용
슈퍼비전-슈퍼바이저와의 관계 및 이의 사용	• 행정 측면: 회의를 철저하게 준비함; 계획된 회의에 즉각적이고 정기적으로 참석함; 회의에 필요하고 적절한 자료를 제공함. • 대인관계 측면: 지나친 의존 없이 슈퍼바이저의 도움을 사용하고 추구할 수 있음; 슈퍼비전 회의에의 활발하고 적절한 참여; 자문이 필요할 때 적절히 자문 요청을 함
직원 및 지역사회와의 관계	• 모든 직원과의 관계가 조화롭고 효과적이도록 기여함 • 동료들과 긍정적인 관계를 발전시키고 자신을 적절히 활용함 • 적절한 지역사회 자원에 대한 지식과 활용
업무 내용과 업무량의 처리	• 정기적이고 적절한 업무분담 • 주어진 시간 내에 업무를 계획하고 조직하는 능력 • 선별적이며 타당한 우선순위에 따른 업무 계획 능력 • 기록, 통계보고서, 시간표, 서비스 보고서 등의 즉시 작성 • 건실한 근무 태도(결석과 지각을 거의 하지 않음) • 실습생 수준에 맞는 생산성 기대
전문가로서의 속성과 태도	• 지나친 불안 없이 자신의 한계에 대하여 사실적이고 비판적인 사정 • 자기평가에 대한 적절한 수준의 자아인식과 능력과 업무에 대한 융통성과 협조성 • 일에 대한 열정과 확신 • 전문직의 가치와 윤리에 따른 업무수행 • 전문직에 대한 동일시 • 계속적인 자기개발에 대한 책임과 전문적 발전에 대한 책임

(4) 평가의 과정

평가 과정에 대해 실습생과 토론하는 것도 좋으며, 실습 배치 시 주어진 실습지침과 함께 평가 계획과 평가 도구를 알리는 것이 좋다. 이를 위해 1주일 전에 검토해 보도록 알려 주고 평가하는 것이 필요하며 갑자기 공식적인 평가에서 문제를 제기하거나 부정적인 피드백을 주는 것은 옳지 않다. 중간평가를 통해 학습계약의 성취 정도를 평가하고 성취를 위해 변화를 검토해야 할 부분이 있는지 살펴본다. 종결평가는 실습에 대한 학습 목표 성취와 학습 전략에 대하여 실시한다. 실습은 학생의 전문 사회복지실천 능력을 향상하고 현장에서 이를 측정할 수 있는 보편적인 수단이다. 때로는 사회복지사로서의 능력이나 윤리적 방법에서 좋지 않은 평가를 내려야 하는 불유쾌한 일도 있다. 슈퍼바이저는 부정적인 성취를 보이는 실습생에 대해, 가능하면 초기에 학교의 지도교수와 의사소통하여 실습생이 실습에서 좋은 성취를 할 수 있도록 협력적인 도움을 제공하는 것이 필요하다.

6) 실습 종결

슈퍼바이저는 실습생이 클라이언트와의 종결, 기관 스태프 및 함께 일했던 사람들과의 종결을 계획하도록 돕는다. 종결요약기록이나 의뢰기록과 같은 기록물이나 구두 보고를 통해 종결을 준비한다. 종결은 앞으로도 지속될 수 있는 실습 동료들 사이의 관계의 또 다른 시작이기도 하다. 실습에서의 주된 보상은 이전에 실습생이었던 실무자들의 업무수행과 경력을 보며 자신의 전문가로서의 앞날에 대해서도 설계하는 기반을 갖는 것이다. 또한 실습을 통해서 성취하고 성장한 것을 확인하며 앞으로의 전문적 발달을 위해 노력해야 할 방향을 설정하는 계기를 갖는 것이 중요하다.

3 슈퍼비전의 실제

1) 교육자로서의 슈퍼바이저

기관 실습지도에서 역점으로 삼는 것은 교육, 즉 전문직업적 실천에 요구되는 지식과 기술을 가르치는 것이며 실습지도에서 교육은 기관 내에서 실습생의 실천활동에 대한 준비와 배치, 업무수행과 피드백을 통하여 이루어지는 것이 특징이다. 그러므로 슈퍼바이저는 실습생이 어떤 일을 어떻게 왜 무엇을 위해 하는가를 현장에서 배우며 다른 실천 상황에서도 이러한 학습 경험을 이용하고 보편화할 수 있는 학습에 임하도록 지도하여야 한다.

슈퍼바이저는 새로운 학습 경험에 적응하도록 실습생을 긍정적으로 지지해야 하고, 실습생에게 기대되는 사회복지전문직 역할을 내면화하며, 전문적 가치감(sense of worth)을 발전시키도록 도와야 한다. 또한 실습 업무의 우선순위를 명확히 하고 문제를 구체화시키며 업무에 대한 역량을 향상시킬 수 있도록 도와야 한다.

기능적인 슈퍼바이저는 실습생을 업무에 배치할 때 실습생의 개인적 성취 욕구를 자극하여 그들의 자아인식과 자기훈련을 발달시킬 수 있도록 지도한다. 즉, 슈퍼바이저는 실습생이 독자성과 의존성의 균형을 유지함으로써 지식과 기술을 적절하게 습득하도록 하여야 하고, 점차적으로 실습생에게 결정권을 더 많이 주며 자율적인 참여를 유도하여 직접적 교육의 정도를 축소해 간다. 실습교육의 일차적 목표는 실습생이 자기 스스로 능력을 개발하고 이를 통하여 실천상황에 대한 응용력을 가질 수 있도록 이끌어 주는 것이다. 따라서 슈퍼바이저는 실습 목표를 단계적으로 측정하여 실습생이 현재 어느 단계까지 와 있으며, 그에게 부족하거나 과잉된 실습교육 내용이 무엇인지를 파악한 후, 그에 따른 적절한 실습지도로서 이론과 실제의 통합과 함께 전문직의 동일시로 사회사업에 관한 바람직한 자아인식을 유도해야 한다.

2) 슈퍼바이저 업무

슈퍼바이저는 대개 기관의 중간 위치에 있으면서 기관 입장을 대변하는 기관의 직원으로서 실습생들에게 클라이언트의 복지를 우선 고려하는 동시에 기관에 적응하며 실습교육의 목적과 목표를 달성하도록 지도하는 슈퍼바이저 역할을 수행한다.

슈퍼바이저는 슈퍼비전을 통해 실습들의 실습 내용과 실습 과정 속에서 자기가치와 존엄성을 확인하고 자기방향 설정을 격려하며, 그들이 객체가 아닌 주체로서 행동하고 실습교육에 적극적으로 참여함으로써 책임을 공유하게 하여야 한다(조휘일, 1999). 이는 지식적인 면, 기술적인 면 그리고 가치적인 면의 균형적인 학습이 이루어지도록 슈퍼비전을 고려할 때 가능하다.

우선 지식적인 면에서 슈퍼바이저는 실습생들이 사회복지 현장에서 사용되는 이론들을 학습하고 적용하도록 하며, 업무수행 및 실천 지식에 근거해서 분석하고 사정하는 능력 등을 발전시키도록 돕는다. 기술적인 면에서는 실습생이 자아를 의식적으로 활용할 수 있도록 자아관찰, 실천 내용에 대한 자기분석, 자기훈련, 자기노출 등을 훈련시키며, 자신의 동료 및 클라이언트와의 전문적 관계를 발전시키고 유지하는 기술을 훈련시켜야 한다. 또한 가치적인 면에서는 실습 과정 속에서 자신의 가치관을 확인하고, 수정·변경을 도모하며 전문직의 가치관과 비교·고찰하여 자신의 사명감을 판단하고 전문적 실천을 위한 가치관을 형성하도록 실습생을 지도해야 한다(조휘일, 1998). 실습생들이 이러한 실습 목표들을 달성하기 위해서는 실습지도 과정 속에서 슈퍼바이저와의 전문적 관계를 통해서 이루어지는 슈퍼비전을 제공받아야 한다. 이러한 전문적 관계의 경험은 실습생이 클라이언트와 전문적 관계를 형성하면서 객관적으로 서비스를 계획하고 제공하는 실천의 기초가 된다. 그러므로 슈퍼바이저는 직접적인 교육자이자 역할모델로서의 역할시연, 현직 훈련, 비디오 또는 오디오 활용, 다 학문적 경험, 기타 지도 방법 등을 활용하여 지도하는 응용 학습의 교육자가 되는 것이다. 이때 학교의 지도교수는 현장에서의 학습 과정을 모니터하면서 필요시 중재한다.

박미정(1999)과 양옥경 외(2007)가 제안한 슈퍼바이저의 교육자로서의 업무와 역할을 통합하여 〈표 4-2〉와 같이 실습지도 과정을 단계별로 구분하여 보았다.

〈표 4-2〉 실습단계별 슈퍼바이저의 역할

과정	슈퍼바이저의 역할
준비 및 초기 과정	• 학생 슈퍼비전에 대한 문헌 검토, 세미나 참석, 동료들과의 토론 등으로 슈퍼바이저로의 전환을 준비 • 기관에서 제공할 수 있는 학습기회들에 대해서 결정 • 실습신청서를 기초로 실습생의 욕구와 준비 정도를 고려하여 담당할 사례의 선별 및 할당 작업 • 학생과 함께 실습의 목적 및 서로의 역할과 책임에 대한 명확화 • 학생에 대한 정보를 입수하여 교육적 진단을 통해 개별화하고 학습계약을 맺음. 이때 교육적 진단은 일회적인 것이 아니라 지속적 모니터링 과정을 통하여 수정·보완할 필요가 있으며, 실습생의 개인차와 학습 욕구를 고려하여야 함.

〈계속〉

과정	슈퍼바이저의 역할
실습지도 과정	• 실습의 중요성과 유용성을 인식시켜 실습생에게 학습동기를 부여하고, 실습의 일정과 내용, 지침을 구체화하여 지지적인 분위기에서 교육함으로써 두려움을 극복하고 실습 활동에 에너지를 투입할 수 있도록 지원 • 설명(실습생의 경험을 설명할 기회를 많이 주고, 격려하는 데 치중)-명료화(실습생의 개입 활동에 대한 의도, 관련 감정 등을 명료화하도록 지도)-평가(기록 및 관찰을 통한 평가, 클라이언트의 평가, 자기평가 등을 통하여 이루어짐. 실습 수행의 장 · 단점, 지시 및 기술의 보완점 파악. 이때 슈퍼바이저는 평가의 오류를 범하지 않도록 주의 필요), 수행의 과정을 통해서 평행적인 실습 슈퍼비전 제공 • 행정적 · 교육적 · 지지적 영역의 슈퍼비전 제공
평가 및 종결과정	• 평가 시작 전 평가 목적에 대한 설명 • 학생들의 업무와 학습에 초점을 두고 평가 • 평가서 작성 • 학생들의 실습지도에 대한 피드백을 수렴 • 학생-슈퍼바이저 간의 관계 종결

3) 슈퍼바이저의 역할과 책임

(1) 역할

사회복지 실습의 목표는 실습생이 전문 사회복지사로서의 지식과 기술을 개발하는 것이라고 볼 때, 실습생으로 하여금 이론을 실천에 적응할 수 있도록 하는 곳이 바로 실습장소다. 사회복지 슈퍼바이저는 기관이라는 실천 현장에서 실습생들에게 '전문적 역할 실천'을 교육하기 위해 다음과 같은 역할을 담당한다.

① 교육자 역할

클라이언트에 대한 책임과 기관에 대한 책임은 전문직 역할 실천의 일부분이다. 즉, 실습생은 기관의 임시직원으로서 기관의 업무 가운데, 슈퍼바이저를 비롯한 기관의 직원과 같은 전문적 책임감을 갖고 클라이언트에게 서비스를 적절히 제공할 수 있어야 한다. 슈퍼바이저가 하는 교육 중 가장 중요한 부분은 클라이언트의 요구가 충족되었는지 또는 실습생이 하는 업무가 기관의 기능과 정책의 범위 내에서 이루어지고 있는가를 확인하는 것이다.

② 행정가 역할

슈퍼바이저는 실습생이 기관 내에서 전문적 역할을 효과적으로 수행하고 학습할 수 있도록 하기 위해 자신이 가진 지식과 기술을 모두 활용해야 한다. 실습생으로 하여금 기관의 조직과 기능 그리고 정책에 대해서 충분한 지식을 갖고 활용할 수 있도록 지도해야 한다. 실습생은 기관의 행정업무수행 과정 속에서 정책 변경을 요청할 수 있는 상황이 있을 수 있다. 또한 사례를 통해서 행정실천 분야에서 큰 경험을 하게 되는 것이다. 실습생 자신이 변화를 초래했는지의 여부에 관계 없이 슈퍼바이저는 실습생으로 하여금 각 단계에서 정책이 논의되는 것을 볼 수 있도록 하여야 한다. 실습생들은 직원회의에 참석하여 변화에 대해 검토하는 것을 관찰하고 가능하면 이사회나 임원회에 참석함으로써 업무의 변화가 결정되는 것을 관찰하는 것이 바람직하다.

③ 원조자 역할

슈퍼바이저에게 요구되는 것은 전문적 역할 습득의 기초가 되는 전문적 가치관과 윤리관을 실습생이 습득할 수 있도록 돕는 것이다. 슈퍼바이저의 태도, 가치관 그리고 행동은 실습생에게 큰 영향을 미치며 흔히 동일시의 과정이 생기는 것을 볼 수 있다. 즉, 실습 상황에서 슈퍼바이저는 동일시의 대상으로서 실습생이 전문가로 성장하도록 이끄는 역할을 하게 된다. 대다수의 실습생에게 실습지에서 경험한 학습은 매우 중요하다. 학교에서 습득한 지식을 실천을 통해 구체화하고 실용화할 수 있기 때문이다. 이때 슈퍼바이저는 그들의 교사이고 안내자이며 실습생을 격려하여 이러한 지속적인 도전을 수행해 내도록 돕는 사람인 원조자로서의 기능을 하게 된다.

④ 전문가 역할모델

현장학습을 통하여 전문가로서의 정체감을 갖는 실습 경험은 새로운 차원을 제공한다. 대부분 사회복지실천에 대한 관심은 실습생으로 하여금 미래에 가능한 직업선택에 영향을 미치며 기관은 실습생이 자신을 평가할 수 있는 전문적 역할모델을 제공한다. 또한 클라이언트에 대한 서비스 제공에 있어서 책임감을 갖게 됨으로써 실제 상황에서의 전문적 역할을 담당해 볼 수 있는 기회를 갖게 되는 것이다. 슈퍼바이저는 실습생의 다양한 교육적 욕구와 기대를 이해하고 충족할 수 있도록 지원하며, 실제로 실천하는 것을 보여 주는 전문적 사회복지사의 역할모델로서 실습생의 전문적 역할학습에 기여할 수 있는 것이다.

(2) 슈퍼바이저의 책임

① 슈퍼바이저는 기관에 관한 오리엔테이션으로 기관정책 및 다음 사항에 관한 제한점과 절차에 대해 교육을 하여야 한다.
즉, 가정방문 수행방법, 자기보호 및 안정성 이슈, 클라이언트의 위험 상황(자살, 폭력)에 관한 보고와 관리 절차, 소외집단에 대한 서비스 실천에서 나타날 가능성이 있는 전문가의 실수나 동료 스태프의 문제(정신건강, 물질남용), 비밀보장, 동의된 고지, 클라이언트의 불평불만, 윤리적 갈등 등에 관한 이슈에 관해 교육하여야 한다. 특히 기관에서는 사회복지사와 사회복지기관의 윤리강령을 실천에서 준수할 수 있도록 기관의 실무지침에 이를 구체적으로 명시하고 있어야 한다. 이러한 지침을 오리엔테이션 시간에 다룰 뿐 아니라 실습 기간 동안 실천을 점검하면서 항상 이를 다루고 사회복지실천 가치를 내면화할 수 있도록 하여야 한다.

② 슈퍼바이저는 실습계약을 준비하여야 한다. 이를 위해 오리엔테이션을 구체적으로 계획하여야 하며, 실습생의 학습 욕구와 실습 목표가 기관의 실습교육과 통합될 수 있도록 조정하고 개별화된 교육계획을 고려하여야 한다.

③ 슈퍼바이저는 임상의 이론화, 이론의 임상화와 같은 과학적 실천 노력을 통하여 사회복지 실천교육자의 역량을 지닌 이론가가 되어야 한다.
슈퍼바이저는 슈퍼바이저 혹은 실천가의 역할에서 교사의 역할로 전환해야 한다. 지식을 실천 속에 통합하고 다양한 교육 방법을 개발하는 것이 필요하다. 강의실 학습과 현장실습교육의 내용에 대한 철저한 이해는 슈퍼바이저 자신의 지식과 지식의 활용을 위해서 뿐만 아니라 다른

사람들이 해석하고, 이해하고, 활용하는 다양한 방법에 대처하기 위해서 필요하다. 강의실 학습의 내용은 일반적인 것에서 구체적인 것으로 초점이 이동하는 반면에 실습 경험은 구체적인 사례를 통하여 이론을 적용하는 학습을 하게 된다. 슈퍼바이저 자신이 실천가로서 이론과 현장을 접목하고, 임상을 이론화하기 위한 객관화의 작업에 근거를 둔 실천노력을 하고 있어야 실천현장에서 효과적인 교육자가 될 수 있다.

④ 슈퍼바이저는 전문적 기술의 실천 경험을 부여하여야 한다. 실습생들은 슈퍼바이저에게서 역할모델을 추구하며 슈퍼바이저의 행동을 관찰하고 평가한다. 슈퍼바이저는 항상 자신의 업무수행에 대한 실습생의 질문에 솔직히 대답해 줄 수 있는 준비가 되어 있고, 자신의 행동 근거를 설명해 줄 수 있어야 한다.

⑤ 슈퍼바이저는 지지적 및 개별적 학습 경험의 기회를 제공하여야 한다. 슈퍼바이저는 실습생들과 융통성 있게 상호작용하며, 실습생 개개인의 특성을 고려하여야 한다. 중요한 것은 교육적 지혜를 가지고 실습생의 독특성에 반응하는 것이다.

⑥ 슈퍼바이저는 학습 분위기 조성을 위해 초보실습생에게 자신의 강점을 찾도록 도와주어야 하며 구체적으로 능동적인 지지를 표명해 주어야 한다.

⑦ 슈퍼바이저는 각 실습생에 관한 중간평가와 종결평가를 하며, 실습생에게 지속적인 피드백을 주고 실습생이 자신의 성취에 대해 알 수 있도록 하여야 한다. 학기말 실습평가에 대해서 슈퍼바이저와 실습생 간에 공유하여야 한다.

⑧ 슈퍼바이저는 정기적으로 슈퍼비전을 진행하여야 한다. 일반적으로 슈퍼비전은 개별 혹은 집단으로 이루어진다. 일반적으로 시작, 중간, 종결 시에 개별 슈퍼비전을 제공하여 개별화된 학습계약의 실행과 평가를 지원한다. 방학 중 실습에는 매일 일과 시간이 지난 후, 학기 중에는 매주 실습일 일과 후 집단 슈퍼비전으로 그날의 실습 내용을 점검하고, 이슈에 대한 토론과 지지, 과제의 점검과 제공 등을 통하여 실습 수행을 모니터링한다. 한편 집단 슈퍼비전이지만 보다 공식적인 형태로서 슈퍼바

이저 외에 부서 책임자나 기관장을 포함하여 전 직원이 참여하는 중간보고회와 종결보고회를 진행한다. 이는 실습생의 발표를 위해 실시한 발표 훈련과 지지를 통하여 자신감을 부여하고자 하는 교육적 목표에서 이루어진다. 하지만 실습생의 신선한 시각으로부터 제안되는 다양한 대안의 제시와 건의는 기관의 변화와 발전에도 긍정적인 영향을 줄 수 있다는 면에서 의의가 있다. 또한 기관장 입장에서는 우수한 신진 인력을 발굴할 수 있는 기회가 되기도 한다.

보충자료 5 **슈퍼바이저의 기본 과업**(Munson, 2002)

슈퍼바이저의 기본 과업

1. 읽기

슈퍼바이지에게 효과적인 슈퍼비전을 제공하기 위해서 관련 문헌을 탐독하는 것은 슈퍼바이저의 기본적인 과업이다. 슈퍼바이저는 새로운 연구 자료와 문헌을 체계적으로 탐독할 수 있는 방법을 찾아야 한다.

2. 쓰기

슈퍼바이저는 다양한 기록 양식을 작성해야 한다. 이러한 양식은 기관마다 다르지만 슈퍼바이저의 기록 활동은 슈퍼바이지에게 효과적인 역할모델이 될 수 있다. 슈퍼바이저와 슈퍼바이지의 공동 기록(joint writing) 활동은 서로에게 도움이 될 수 있는 방법이다.

3. 관찰하기

슈퍼바이저는 지속적으로 슈퍼바이지의 활동을 관찰해야 한다. 슈퍼바이저는 슈퍼바이지가 그에게 표현하는 것 이상을 알고 있어야 한다. 슈퍼바이지가 제시하는 것만으로 판단하고 결정을 내리는 것은 슈퍼비전 과정에 손실을 초래할 수 있다.

4. 듣기

이것은 슈퍼바이저가 갖추어야 할 매우 중요한 기술이다. 슈퍼비전 관계에서 슈퍼바이저는 임상 실천의 상황에서보다 더 적극적인 자세로 듣는 것이 필요하다. '오직 듣기'만 하는 슈퍼바이저는 슈퍼바이지를 돕는

데 한계가 있을 수밖에 없다.

5. 말하기

대부분의 슈퍼비전 활동은 토론을 통해서 진행된다. 슈퍼바이저는 임상 실천에서 활용하는 말하는 기술을 슈퍼비전에서도 활용한다. 그러나 토론과 참여를 촉진하기 위한 기법들은 임상 실천에서와는 다른 방법이 되어야 한다. 슈퍼바이지는 슈퍼바이저가 자신을 클라이언트처럼 대한다고 느끼면 불안해하고 좌절하기 때문이다.

4) 슈퍼바이저의 자격과 기본 요건

(1) 슈퍼바이저의 자격

한국사회복지(사업)교육협의회가 제시하는 슈퍼바이저의 자격은 석사 이상의 학력과 졸업 후 2년 이상의 현장경험을 요구하고, 실습생이 배치된 기관에서 1년 이상 근무한 자로 규정하고 있다. 또한 사회복지사 1급 자격증 소지자로서 3년 이상 사회복지기관에서 근무한 경험이 있는 자, 사회복지사 2급 자격증 소지자로서 5년 이상 사회복지기관에서 근무한 경험이 있는 자로 규정하고 있다.

(2) 슈퍼바이저의 기본 요건

슈퍼바이저의 자격을 갖추었다 할지라도 실습지도를 효과적으로 하기 위해서는 다음과 같은 요건을 기본적으로 갖추어야 한다.

① 사회복지사 자신이 슈퍼바이저가 되기를 원해야 한다.
② 슈퍼바이저가 되고자 개인적으로 노력하는 사람이어야 한다.
③ 실습 나온 학생들이나 사회복지 및 사회사업 교육에 대해 긍정적인 태도를 가지고 있어야 한다.
④ 만족할 만한 업무수행의 수준을 유지하고, 기관의 업무 환경에 긍정적 태도를 가지고 있어야 한다.

⑤ 실습생의 학습 능력의 차이를 합리적으로 다루려는 의지와 준비성을 갖추어야 한다.

⑥ 실습생이 있는 시간에 함께 자리를 지킬 수 있어야 한다.(김선희, 조휘일, 2000, pp. 151-152)

5) 실습 슈퍼비전의 모형과 실제

슈퍼비전은 사회복지 현장에서 기관의 슈퍼바이저들이 행하는 지도감독을 의미한다. 슈퍼비전은 실천현장을 경험하기 위해 실습교육을 받으러 기관에 온 실습생을 교육시키는 것으로, 전문적 사회화를 통해 전문적 능력을 증진시키는 것을 단기목표로 삼고, 전문적인 실천에 포함된 중요한 요소들을 가르치는 것이라고 정의할 수 있다(김융일, 양옥경, 2002, p. 413).

슈퍼비전은 실습지도에 있어서 가장 중요한 요인이다(정명숙, 2000; Fortune & Abramson, 1993). 이들은 실습기관 지도자의 교육적인 슈퍼비전이 실습만족도에 가장 큰 영향을 미친다고 하였으며, 실습 기간 동안 받은 가장 많은 도움의 원천은 슈퍼바이저라고 하였다. 이처럼 중요한 슈퍼비전을 효과적으로 하기 위해서는 구조화된 접근이 필요하다. 이를 위해 학습에 대한 실습생의 욕구를 토론하고, 학습 목표 및 목표 달성 방법에 대한 교육계획을 통해 기대치를 명료화하여, 수행에 대한 최종 평가 요소를 명료하게 하는 것이 중요하다. 무엇보다도 정기적인 슈퍼비전 회기와 개별 또는 집단 슈퍼비전의 유형에 대해서도 미리 계획하는 것이 중요하다. 포춘과 에이브람슨(Fortune & Abramson, 1993)은 실습에 앞서 학습 욕구를 심도 있게 토의하고, 계획된 슈퍼비전을 정기적으로 받고, 공식적 평가 전에 평가에 관한 토의를 할 때 실습 만족도가 더 높았다고 하였다. 조휘일(1998)의 연구에서도 실습교육을 효과적으로 실시하기 위해서는 학습계약 개념을 적용하여 구체적인 학습 목표와 학습 목표를 성취할 수 있도록 지원하는 슈퍼비전 계획을 미리 합의하는 것이 필수적이라고 하였다. 정명숙(2000)은 구체적인 실습의 지침을 제공하는 기관의 사전교육과 실습계획서 공유가 실습 만족도를 높인다고 하였다. 이처럼 실습 슈퍼비전에 있어 실습생의 성장도 중요하지만, 실습생이 클라이언트를 위해 제공하는 서비스가 최선의 서비스가 되는 것이 무엇보다 중요하다. 그러므로 슈퍼바이저가 실습생의 업무를 지도감독하는 것은 클라이언트와 기관 모두에게 중요한 것이다.

이렇듯 사회복지 현장실습이 실습생 개인과 기관 그리고 클라이언트 모두에게 매우 중요한 과정임에도 불구하고 실습 슈퍼비전 체계나 내부 지침서가 없이 실습을 진행하고 있는 기관이 다수 있는 것으로 알고 있다. 기관에서 실습 슈퍼비전 체계 또는 내부 지침서를 마련하지 않은 상태에서 실습을 받게 될 경우 실습생들은 슈퍼바이저 개인의 역량과 능력 그리고 취향에 따라 수준이 다른 실습을 경험할 수도 있다. 또한 클라이언트에 대한 서비스의 질을 담보할 수 없게 된다. 이렇게 되면 실습 과정을 통한 교육 목표 달성의 효과를 기대하기보다는 사회복지 전문직에 대한 정체성의 혼란만 가중시킬 수도 있다. 그러므로 효과적인 슈퍼비전을 위해서는 실습지침이나 매뉴얼이 있어야 하며, 이를 위해서는 슈퍼비전 모델을 고려해야 한다. 하지만 어떤 슈퍼비전 모델이든 슈퍼바이저가 간과해서는 안 되는 것은, 실습 초기에는 관계 형성과 행정적 슈퍼비전, 실습 중기에는 교육적 및 지지적 슈퍼비전, 실습 종결기에는 지지적 슈퍼비전에 초점을 두어야 한다는 것이다. 왜냐하면 실습 초기에는 실습에 대한 두려움을 완화하고 기관의 구조와 특성, 실습 일정과 기관 지침을 이해하여야 새로운 실습 환경을 학습할 준비가 되기 때문이다. 실습 중기는 실질적인 실습 활동이 왕성한 시기이므로 교육을 강화하고, 실천에 대한 즉각적이고 긍정적인 피드백을 통해 자신감을 가지고 실천에 임하도록 지원해야 하기 때문이다. 실습 종결기에는 실습 경험을 정리하고 통합하기 위해서 많은 정서적 에너지를 필요로 하기 때문에 지지적인 슈퍼비전이 필요하기 때문이다. 이런 보편적 슈퍼비전 과정 속에서 어디에 초점을 두는가에 따라 다양한 슈퍼비전 모델이 있는데 이를 간략히 살펴보았다.

실습 슈퍼비전 모델에는, 첫째 실습지도의 내용 및 기술향상에 관련된 모델로 콜린스와 보고(Collins & Bogo)의 실무능력중심 모델과 포춘의 핵심적 내용 및 기술 모델이 있고, 둘째 실습 과정 및 전략에 관한 모델로 놀즈(Knowles)의 성인교육의 원칙을 적용한 학습단계 모델, 슐먼(Shulman)의 교육지침을 제시한 모델, 학습단계를 제시한 리드(Reid)의 모델, 임상이론에 기초한 실천접근법을 실습지도에 적용한 캐스피(Caspi)의 과제중심 모델 등이 있다(태화기독교사회복지관, 2003). 한편 김융일과 양옥경(2002)은 실습지도 모델을 전통적 도제 모델, 구조 모델, 기술증진 모델, 특수 관심사 모델, 과정과 전략을 제공하는 모델로 구분하였다. 과정과 전략을 제공하는 모델은 성인학습 장려 모델, 교육전략제공 모델, 학습과정단계 모델, 이론중심 모델로 범주화하였다. 이 중에서 캐스피(Caspi)의 과제중심 모델을 적용한 실습 슈퍼비전의 실제를 과정에 따라 구체적으로 소개하였다(김정진, 2004).

(1) 시작단계

① 사회적 단계

슈퍼바이저는 클라이언트와 관계 형성을 할 때 활용하는 사회복지실천 계약 기술을 시작단계에서 적용한다. 슈퍼바이저는 실습생의 불안을 감소시키고 안전하고 믿을 수 있는 실습지도 관계를 발전시키기 위해서 사회복지실천 과정의 관계 형성 기술을 활용한다. 초기 시작단계의 관계 형성을 위해서 환영하기, 가벼운 이야기, 실습의 실습에 따른 변화(예컨대, 학교 개강, 실습 배치에 대한 불안, 실습기록, 정기적인 출퇴근, 다중 역할수행, 직업인으로서 기대되는 태도와 복장, 직장 언어사용 등)에 어떻게 대처할 것인가에 대한 간략한 검토 등을 한다. 예를 들어, 다음과 같은 주제로 시작하는 것은 슈퍼바이저와 실습생의 관계 형성에 도움이 된다.

"막상 실습을 시작하게 되니 잘할 수 있을까 걱정되지요?"
"학교의 기말고사가 끝난 직후 실습을 바로 하게 되어 힘들지 않은가요?"
"실습기관에 올 때 교통은 편리한가요?"
"슈퍼바이저가 어떤 사람일까, 힘들게 하지는 않을까 걱정되지요?"

슈퍼바이저는 시작단계에서 클라이언트에게 활용하는 예비적 감정이입과 보편화 기술을 적용하여 실습생의 두려움을 완화시켜 주고 방어적인 자세를 완화할 수 있다. 이러한 관계 형성 기술은 불안의 수준을 감소시키고 실습 경험에 장애가 될 수 있는 이슈를 직접 언급하여 표현을 격려하며 즉각적인 도움을 줄 수 있다는 점에서 중요하다. 카두신(Kadushin, 1992)은 슈퍼비전에서 기술 개발과 정서적인 지지를 중요시하였는데, 관계 형성 단계는 이러한 모델의 실행을 시작하기 전에 학생의 정서적인 욕구에 초점을 맞추는 것이다.

② 표적 목표의 설정

㉮ 과제 중심 임상모델에서의 표적 문제 대신 실습에서는 표적 목표를 설정한다. 표적 목표는 슈퍼바이저와 실습생이 협력하여 선택한다. 실습생의 개인적인 상황을 고려하여 조정의 여지가 있기는 하지만, 3가지 이상의 목표를 선택해야 한다. 표적 목표를 선택할 때의 고려사항은 실습기관에서 제시하는 핵심적인 내용에 근거하여야 한다는 것이다. 즉, 실습이 이루어지는 사회복지기관의 사업 목적과 분야에 적합한 목표를 설정하여야 한다는 의미다. 슈퍼바이저는 이러한 것에 근거하여 학생이 가장 먼저 배우고 싶은 것, 이번 실습 기간 동안 이루고 싶은 목적 등에 관한 논의를 통하여 실습계약을 한다.

㉯ 목표의 우선순위를 설정하며, 실천 순서를 고려한다.

㉰ 상술한 핵심적인 내용 및 기술에 있어서 전문적인 발달에 대한 부분은 모든 실습생들이 선택하도록 한다.

③ 표적 목표 달성을 위한 과제 개발

㉮ 실습생과 슈퍼바이저는 목표를 이루기 위한 과제를 의논해서 함께 결정한다.

㉯ 실습의 시기별로 볼 때, 초기에는 강의를 통한 이론적인 학습에 관련된 과제가 적합하다. 실습 중기와 종결기에는 클라이언트체계 개입에 직접적으로 관련되는 부분들을 과제로 설정한다.

㉰ 실습계약을 위한 과제 개발은 실습 초기에 대부분 진행하는 것이 바람직하다. 또한 클라이언트체계 개입(개별 사례 및 집단활동 프로그램)에 관련된 이론적인 부분도 실습 초기에 교육하도록 한다. 과제 개발 단계에서 슈퍼바이저는 앞에서 제시한 것과 같이 표적 목표에 따라서 목표 성취를 위한 구체적인 과제를 개발해야 한다. 이때에 포춘(Fortune, 1994)이 제시한 실습지도의 핵심적인 내용 및 기술에 근거하여 다음의 범주가 포함되도록 해야 한다.

- 윤리강령에 대해 논의하고 윤리적 딜레마 상황에 대한 토론
- 기관 분석틀
- 지역사회 분석틀
- 문제해결 모델에 대한 교육
- 팀별 활동(실습생 2~3명으로 한 팀을 구성함)

④ 과제는 각 목표마다 3개를 기준으로 하되 표적 목표의 설정 단계와 마찬가지로 실습생들의 개인적인 상황을 고려하여 조정한다. 표적 목표에 근거한 과제의 예를 살펴보면 다음과 같다.

㉮ 전문적 발달을 위한 교육 내용에 관한 과제

- 사회복지사가 내 적성에 맞는지 신중히 생각해 본다.
- 내가 생각하기 싫어하는 나의 단점에 대해서 생각하고 정리한다.
- 사회복지사로서의 나의 강점과 약점을 파악한다.
- 나의 편견과 고정관념에 대해 항목을 작성한다.
- 실습 기간 동안 내가 학습한 부분에 대해서 평가한다.
- 실습일지와 교육 자료, 과제를 바탕으로 실습평가서를 작성한다.

㉯ 행정적 측면의 지식과 기술을 학습하기 위한 과제

- 복지관의 사업을 분석한 후에 지역사회에 적합한 것인지 확인한다.
- 지역사회복지관의 프로그램에 대해서 구체적으로 파악하고 정리한다.
- 기관의 성향을 파악한다(직원, 복지관 분위기, 기관의 유동인구 등을 관찰한다.).
- 사업을 담당하는 사회복지사와 면담을 통해서 사업 현황과 문제점을 파악한다.
- 사업계획서를 읽고 각 사업의 특성을 비교 분석한다.
- 기관 분석 보고서를 작성한다.

㉰ 정책적 측면의 교육 내용에 관한 과제

- ㅇㅇ구의 지역적인 특성을 파악한다(인터넷 검색 실시).

- 지역사회 분석 보고서를 작성한다.
- 지역사회 분석 보고서를 바탕으로 지역사회의 사용 가능한 자원을 정리해 본다.
- 지역사회 관련 이론을 1가지 이상 읽는다.
- 기관에 영향을 미치는 사회복지정책에 대해서 학습한다.

㉣ 기본적 대인관계 기술을 학습하기 위한 과제

- 항상 먼저 인사하고 밝은 표정으로 실습생들을 대한다.
- 집단활동 프로그램을 계획할 때 함께 의견을 내서 서로 공유한다.
- 지역사회 분석을 할 때 필요한 자료를 찾는 데 있어서 역할분담을 한다.
- 하루에 한 사람에게 칭찬의 말을 한다.
- 티타임을 가짐으로써 그날의 일들에 관해 토론하고 어려운 점들을 나눈다.
- 동료들이 힘들 때마다 격려의 말을 해 준다.

㉤ 클라이언트체계 개입을 위한 일반적 기술을 학습하기 위한 과제

- 사회복지실천론 및 사회복지실천기술론 교재에서 문제해결 과정론, 관계론, 상담기법, 기록론 및 집단사회사업방법론을 읽는다.
- 클라이언트의 가정 환경을 파악하기 위해 가정방문을 실시한다.
- 집단활동 프로그램을 실제로 진행하기 전에 연습을 해 본다.
- 클라이언트에게 종결을 알리고 평가를 실시한다.
- 개별 사례 면담을 문제해결 모델 적용 사례 분석을 통해서 평가해 본다.
- 클라이언트와의 종결 후 복지관과 연계한 사후관리를 계획한다.
- 집단성원과 종결을 준비하고 관계를 마무리한다.
- 집단활동 프로그램에 대해서 평가한다.

⑤ 과제수행상 나타날 수 있는 장애물에 대한 논의

㉮ 과제수행의 잠재적인 장애물을 토론한다. 실습생은 자신이 당황할 수 있는 상황과 상황 대처 과정에서 발생 가능한 장애물을 예상해 본 후 이를 해결하기 위한 대안들을 생각해야 한다.

㉯ 클라이언트를 접촉하기 전에 사전 역할극이나 클라이언트를 이해하는

데 도움이 되는 과제수행은 실습생이 보다 편안한 느낌으로 실제 실천 상황에서 감당해야 할 과제를 수행하는 데 도움이 된다.

㈐ 이와 같이 장애물을 논의하는 것은 실습생들이 클라이언트를 만날 때 일어날 수 있는 상황에 대해서 미리 예측하게 함으로써 여러 가지 대안을 고려할 수 있도록 도움을 주는 것으로 나타났다. 그러므로 슈퍼바이저는 실습생이 과제수행 시의 장애물을 생각하지 못할 경우 적극적으로 이를 유도해야 할 필요가 있다. 즉, 구체적인 질문을 통해 슈퍼바이저는 실습생에게 클라이언트를 만날 때 일어날 수 있는 상황을 예측해 보도록 도울 수 있다. 질문의 구체적인 예는 다음과 같다.

- 클라이언트를 면접할 때 무엇이 문제가 될 것 같나요?
- 집단 프로그램을 성공적으로 마치려면 무엇이 필요한가요?
- 클라이언트가 말을 하지 않으면 어떻게 하지요?
- 클라이언트가 먹을 것을 자꾸 권하면 어떻게 하지요?
- 클라이언트가 집단 진행에 방해가 되는 행동을 반복하면 어떻게 하지요?
- 가정방문 시 클라이언트의 집을 찾기 어려우면 어떻게 하지요?
- 혼자 사는 남자 성인 클라이언트 가정을 방문할 때에 예상되는 어려움은 무엇일까요?

⑤ 슈퍼바이저와 실습생의 실습계약

㉮ 슈퍼바이저와 실습생은 실습계약서(〈부록 2〉 참고)를 작성한다. 실습생과 슈퍼바이저는 함께 목표를 정의하고, 실습생과 슈퍼바이저 모두가 실행해야 할 실습 과업에 대한 상호 이해를 해야 한다.

㉯ 슈퍼바이저는 실습생에게 클라이언트와의 회합 후에 완성해야 할 과정기록 양식과 자기평가 방법을 교육한다.

(2) 중간단계

① 사회적 단계

이 단계는 지속적인 정서적 지지, 성공적인 과제수행 여부에 대한 평가, 그리고 사례에 대한 검토를 실시하는 것이 특징이다. 과제수행과 관련하여 예상된 장애물을 파악하고 이러한 장애물을 다루는 방법들을 구체적으로 논의한다. 목표 달성을 향한 과정을 논의한다. 과제는 표적 목표를 달성하기 위해서 수행해야 할 구체적 실행 방안이다. 실습기관에서 주어지는 과제를 토대로 실습학생의 목표와 실행 방안을 구체화하면서 실습 과제를 개발한다. 시작단계에서 개발한 과제가 표적 목표의 성취에 적합한지, 과제의 개발이 더 필요한지 검토한다.

② 표적 목표 재검토

시작단계에 수립한 표적 목표와 이를 수행하기 위한 과제를 검토하면서 장애물에 대한 논의를 시작한다. 특히 중간단계는 일반적으로 어떤 형태로든 클라이언트체계에 대한 개입이 이루어지므로 과정을 평가하면서 표적 목표를 추가 선택한다. 이러한 과정은 권위적이거나 일방적인 평가 과정이 아닌 협동적인 평가 과정이 되어야 하며, 슈퍼바이저는 실습생이 실천하려는 목표를 명료화하면서 재검토하고, 학생은 목표의 우선순위를 재고한다.

③ 과제의 구체화

실습생과 슈퍼바이저는 목표를 달성하기 위한 과제를 함께 결정한다. 슈퍼바이저는 핵심 내용에 근거하여 목표를 성취하는 데 활용할 수 있는 다양한 과제를 제시한다. 또한 실습생은 문헌조사나 생활 경험을 활용하여 대안을 제시할 수 있다. 각각의 표적 목표에 따라 3가지 과제를 선택한다. 과제는 행동 중심 용어로 세분화될 수 있어야 하고, 가능하다면 경험적이어야 한다(예를 들면, 클라이언트와 감정이입적인 반응들을 활용하는 과제는 "아동의 어머니와 최소한 5번 면담하여 감정이입에 대한 기술을 연마한다."와 같이 진술한다.).

④ 장애물에 대한 논의

실행할 과제의 달성 정도를 평가할 수 있는 방법에 대해 논의한다. 슈퍼바이저는 과제를 충분히 혹은 완전히 실행한 실습생들을 축하해 주어야 한다. 만일 과제가 수행되지 않았다면, 혹은 일부 달성했다면, 슈퍼바이저와 실습생은 장애물에 대해서 논의하고, 이러한 장애물을 다루는 방법을 고려하며(장애물을 해결하기 위한 과제를 정할 수 있다.), 대안이 될 수 있는 과제를 고려한다. 실습생과 슈퍼바이저는 목적을 이루기 위한 과제들을 고려한 후, 과제수행을 방해할 수 있는 장애물들을 정의한다. 만일 실습생이 이러한 장애물을 생각하지 못할 경우, 슈퍼바이저는 '만일 …… 일이 생긴다면' 형태로 질문한다. 회합 동안 실행하는 과제는 발견된 장애물을 해결하기 위한 새로운 방법들을 실천해 볼 수 있을 뿐만 아니라 나타날 수 있는 장애물들을 예측하는 방법으로서 도움이 된다. 지난 회합 이후 동안 나타난 장애물들을 조사하고, 이러한 장애물을 어떻게 해결할 것인가에 대해서 함께 결정한다. 또한 과제수행에 따른 윤리적 이슈는 없는지, 업무수행에 있어 실습생의 가치나 태도가 실천에 영향을 미치지는 않는지 검토하고 실습생과 토의할 수 있어야 한다. 또한 슈퍼비전 회합 동안 역할극이나 모델링을 활용하여 장애물을 규명하고 제시하거나, 실제 실천에서 활용하기에 앞서 연습해 봄으로써 과제수행의 완성도를 높일 수 있도록 직접 시연해 보는 것도 좋다.

⑤ 실습계약 점검과 완료

초기에 설정된 3가지 목표와 과제, 장애물에 대한 점검을 통해 표적 목표와 과제가 구체화하면 실습생과 슈퍼바이저 사이의 실습계약이 완료된다. 우선순위에 의해 구체적인 과제 계획과 시간 계획을 포함하여 실습계약서를 완성하고, 슈퍼바이저는 과제에 대한 평가 계획을 실습생에게 제공한다. 이때 슈퍼바이저는 실습생에게 정서적인 지지를 제공하는 지지적 슈퍼비전에 대한 기술은 물론 실습지도의 핵심적인 내용을 지도할 수 있는 교육적 슈퍼비전을 제공한다.

(3) 종결단계

이 단계에서도 지속적인 정서적 지지, 과제의 성공적인 수행 여부에 대한 평가, 그리고 사례에 대한 검토를 실시한다. 다만 앞의 단계들은 관계 형성에 중점을 두었고, 이 단계는 그러한 것을 종결하는 것이 특징이다. 슈퍼바이저는 실습지도 관계의 종결에 대한 자신의 감정을 탐색하고 자신이 어떻게 '종결'을 다룰 것인가를 탐색해야 한다.

① 사회적 단계

실습생에 대한 지속적인 정서적 지지와 더불어 이 단계에서 슈퍼바이저는 실습생들에게 클라이언트와의 회합이 얼마나 남아 있는가를, 그리고 슈퍼바이저와 실습생이 함께할 시간이 얼마나 남았는가를 상기시켜야 한다. 슈퍼바이저는 실습생과 자신 그리고 클라이언트의 종결에 대한 감정을 탐색해야 한다.

② 종결 준비

슈퍼바이저와 실습생은 사례에 대해서 논의하고, 종결에 대한 강한 정서적 반응이 있을 수 있음을 논의한다. 또한 실습생은 자신에게 어떤 강한 반응을 유발할 수 있는 클라이언트의 질문에 대답할 수 있어야 한다. 슈퍼바이저는 실습생이 제출해야 할 서류 작업을 완료할 수 있도록 실습생을 적절한 방식으로 격려해야 한다.

이 단계의 마지막에는 최종평가를 실시한다. 슈퍼바이저와 실습생은 달성한 것과 강점을 논의하고, 지속적인 실천을 위한 향후 과제를 고려하는 시간으로서 평가를 활용해야 한다. 실습과 슈퍼바이저에 대한 실습생의 지각과 감정에 대한 실습생의 반응을 적절하게 탐색하여야 한다. 종결에 따른 과제에는 실습 수행의 성공 요소를 탐색하고, 발전을 명료화하며, 강점에 초점을 맞추어, 미래에 대한 계획을 개발하면서 생산적인 방법으로 종결할 수 있는 내용이 포함되어야 한다. 이 단계에서 장애물들은 종결 관계에 대한 실습생의 감정이 반영된 것일 수 있으므로, 실습생과 함께 양가감정의 근원과 장애물을 탐색하는 것이 필요하다. 종결에 대한 양가감정은 클라이언트와의 관계, 슈퍼바이저와의 관계, 동료집단과의 관계, 혹은 일반적으로 종결에서 나타날 수 있는 생각으로 인한 것이다. 또한 실습계약서를 토대로 전반적인 목표 성취를 점검하고 확인한다.

6) 슈퍼비전의 유형

슈퍼비전은 ① 자기분석 슈퍼비전(self-supervision), ② 개별 슈퍼비전(one-to-one supervision), ③ 동료 간 개별 슈퍼비전(one-to-one peer supervision),

④ 집단 슈퍼비전(group supervision), ⑤ 동료집단 슈퍼비전(peer group supervision), ⑥ 부서/팀 슈퍼비전(team/staff supervision) 등 6가지 유형으로 구분된다(이시연, 2004). 이 중 실습 슈퍼비전에서는 개별 슈퍼비전과 집단 슈퍼비전 그리고 동료집단 슈퍼비전의 활용이 유용하다.

7) 실습 슈퍼비전 내용

실습의 내용을 한국사회복지교육협의회(2005)에서는 필수공통 내용과 필수선택 내용, 선택 내용으로 구분하여 일반실습, 심화실습 1, 심화실습 2의 수준으로 설명하고 있다. 즉, 오리엔테이션과 행정업무를 필수공통 기본으로 하고 실습생의 욕구와 실습교육기관의 특성에 따라 사례관리, 집단지도, 지역복지 및 정책 개발의 3개 영역 중 최소 1개 영역을 선택하여 실습하도록 하고 있다. 그 외 자유 선택으로 개별상담, 가족상담 및 치료, 사회조사, 프로포잘 작성, 지역탐방, 타 기관방문 등이 포함되어 있으므로 이러한 내용을 충족시키는 범위 내에서 기관의 특성에 따라 내부지침에 이를 포함시키는 것이 바람직할 것이다. 이시연(2001)과 태화기독교사회복지관(2003)은 일반주의 실천을 위한 실습교육 내용을 포춘의 모델을 기본으로 다음과 같은 정리하고 있다(최원희, 2006 재인용).

(1) 전문적 발달을 위한 교육 내용

사회복지의 가치와 윤리에 대한 사명감, 인간의 다양성을 존중하고 다양한 배경의 사람과 일할 수 있는 능력을 기르는 것, 사회적 억압과 차별 그리고 경제적 부정을 극복하려는 책임감과 사명감, 자기에 대한 객관적 지식과 자신의 강점 및 약점에 대한 자아인식, 자신의 전문적 성장에 대한 책임, 자기 자신이 활동의 효과성을 평가할 수 있는 능력을 포함한다.

(2) 행정적 측면의 지식과 기술: 조직적 상황

조직적 상황을 이해하고 조직 내에서 효과적 서비스를 제공하는 데 도움이 되는 지식과 기술이다. 기관의 사명 이해, 기관의 구조 파악, 조직 내에서 기능하는 방법을 학습하는 능력, 기록 유지와 기록 학습 등을 포함한다.

(3) 정책적 측면의 교육 내용: 서비스전달체계의 상황

기관에 직접 영향을 주는 국가와 지방 사회복지정책들, 지역의 경제적 · 정치적 · 사회적 · 문화적 구조에 대한 지역사회 지식, 지역사회복지서비스 연계망인 서비스전달체계에 대한 지식 등을 포함한다.

(4) 기본적 대인관계의 기술

다른 사람과 협력적으로 일하거나 다른 사람들로부터 협력을 확보하는 데 필요한 기술로 기본적 대인관계에서의 의사소통 기술과 동료와의 관계 기술 등을 포함한다.

(5) 클라이언트체계의 개입을 위한 일반적 기술

개인, 가족, 치료적 집단을 포함하는 클라이언트체계에 대한 개입으로 문제해결 과정을 포괄적으로 다루는 기술이다. 인간행동과 다양성의 내용에 대한 지식 적용, 클라이언트와의 면접 기술, 클라이언트체계 사정, 개입이나 치료계획 기술, 평가 기술, 종결 기술, 집단에의 개입 기술, 의뢰와 사례관리 기술, 옹호활동 등을 포함한다.

참조 7: 실천 기술 목록

TIP 실천 기술 목록을 활용하여 실천 기술의 향상 정도를 측정할 수 있다.

오헤어 외(O'Hare et al., 1997)가 개발한 실천 기술 목록(Practice Skills Inventory: PSI)은 사회복지실천 능력의 다양한 지표들로 지지 기술, 개입 기술, 사례관리 기술, 통찰 촉진 기술의 4가지 요인을 포함하는 자기보고식 척도다. 이를 실습 전과 후에 측정해 보도록 하여 사회복지실천 역량과 정체성 향상을 측정해 볼 수 있다. 이는 5점 척도로 측정한다.

1. 클라이언트가 이해받는다는 느낌이 들도록 사고와 감정을 반영할 수 있다.
2. 클라이언트가 신뢰감을 느낄 수 있도록 공감을 사용할 수 있다.
3. 클라이언트에게 정서적 지지를 해 줄 수 있다
4. 클라이언트가 마음을 열고 싶다는 느낌을 갖게 할 수 있다.
5. 클라이언트가 수용된다는 느낌을 받을 수 있는 관계를 형성할 수 있다.
6. 클라이언트의 잘하는 것을 지목하여 격려할 수 있다.
7. 클라이언트가 스트레스 감소를 위한 기술을 활용하도록 도울 수 있다.
8. 클라이언트가 문제를 촉진시키는 역기능적 사고를 감소시킬 수 있도록 도와줄 수 있다.
9. 특정한 문제해결에 도움이 되는 기술을 적용할 수 있다.
10. 클라이언트가 자신의 문제 행동을 관리하는 법을 가르칠 수 있다.
11. 클라이언트가 보다 효과적으로 과업을 수행할 수 있도록 도울 수 있다.
12. 클라이언트가 좀 더 효과적으로 의사결정할 수 있도록 도울 수 있다.
13. 클라이언트에게 보다 적절한 서비스를 제공하기 위해 다른 기관에 의뢰할 수 있다.
14. 클라이언트의 문제와 관계가 있는 사회문제와 정책을 분석할 수 있다.
15. 클라이언트가 필요로 하는 서비스 이용에 대한 정보를 제공할 수 있다.
16. 서비스를 조정하기 위해 다른 기관들과 네트워크를 형성할 수 있다.
17. 지역사회의 문제 및 문제해결을 위한 표적 집단을 이해할 수 있다.
18. 지역사회의 서비스전달체계를 이해한다.
19. 사회복지를 전공하고 있는 것을 자랑스럽게 생각한다.
20. 사회복지사를 내 일생의 직업으로 생각하게 되었다.
21. 사회복지직이 추구하는 목표를 적극적으로 지지하게 되었다.

4 슈퍼바이저에 대한 이해[4)]

1) 슈퍼바이저 스타일

슈퍼바이저 스타일은 슈퍼바이지의 학습과 실천의 효과성을 증진시키는

4) 김융일, 양옥경(2002), 이시연(2004)에서 발췌하였다.

데에 영향을 미친다고 보기 때문에 슈퍼바이저의 기본적인 스타일을 규명하는 작업은 중요한 의미가 있다. 슈퍼바이저의 스타일은 슈퍼비전에서 상호관계에 영향을 미치기 때문에, 슈퍼바이저와 슈퍼바이지가 슈퍼비전 초기에 자신들의 스타일에 대한 인식을 확실하게 한다면 도움이 될 것이다.

스타일은 타인과 의사소통을 시도하는 데에서 사용되는 하나의 패턴이다(Munson, 2002). 스타일에는 슈퍼바이저가 슈퍼비전에 대한 철학, 그리고 그것을 슈퍼바이지에게 전달하는 방법 등이 내포되어 있다. 스타일을 구성하는 요소들로는 목소리의 성량과 음질, 얼굴 표정, 자세, 제스처, 묻는 질문, 묻는 질문에 대한 반응 방식, 제공하는 해설, 세션의 조직과 구조, 세션의 물리적 환경, 사용하는 예들, 사용하는 이론, 제안 내용, 제안 방법 등을 들 수 있다.

2) 슈퍼바이저 유형(Brown & Bourne, 1996)

(1) 의사소통 유형

의사소통 방법은 슈퍼비전 관계에서 매우 중요한 의미를 갖는다. 인간의 상호작용에 있어서 3가지 수준의 의사소통(시각, 청각, 촉각)은 모두 사용하지만 이 중에서도 자신이 가장 자신 있고 선호하는 방법을 주로 사용하려는 경향이 있다. 슈퍼바이저는 자신이 선호하는 의사소통 유형을 파악하여 이를 슈퍼비전 관계에 적용할 수 있어야 하고, 자신과 슈퍼바이지의 의사소통 방법을 인식하고 슈퍼비전 관계에 있어서 이를 고려하는 자세가 필요하다.

(2) 과업 중심과 과정 중심 유형

슈퍼비전 관계에서 결과를 중요시하는 과업 중심 슈퍼바이저와, 수단과 방법에 관심을 두는 과정 중심 슈퍼바이저로 구분하기도 한다. 과정과 과업의 측면은 인간에 대한 이해와 유연성 대 성취와 유능감이라는 양 차원을 고려할 때 모두 중요하다. 슈퍼바이저는 2가지 유형에 대한 균형감을 유지하면서 슈퍼바이지와 관계를 유지하여야 한다. 이는 이들 2가지 스타일 중 어느 1가지에 지나치게 치중하면 슈퍼비전 관계에서 갈등이 발생할 수 있기 때문이다. 슈퍼바이저는 자신의 스타일이 미치는 영향을 자각하려는 자기성찰을 지속하면서 슈퍼비전을 제공하여야 한다.

3) 학습 유형

슈퍼비전의 중요한 기능 중 하나는 교육이다. 그러므로 슈퍼바이저와 슈퍼바이지는 자신의 개인적인 학습 유형과 이것이 슈퍼비전에 어떤 영향을 미치는가를 규명하고 이해하는 것이 필요하다. 특히 슈퍼바이저가 가정, 학교, 현장에서 얻은 학습 경험이나 교육적 역할수행에 영향을 끼치므로, 슈퍼바이저는 이에 대해 자기성찰을 하여, 이것이 실습생에게 무의식적으로 영향을 미치도록 통제하는 노력을 하여야 한다.

(1) 가정과 학교에서의 경험

① 가족의 영향

슈퍼바이저와 슈퍼바이지의 관계는 그들 각자의 어린 시절에 부모나 보호자로부터 경험한 권위와 권한의 영향을 받게 된다. 특히 슈퍼비전에 있어서 가장 중요한 영향을 미치는 부분은 학대 경험과 관련된다. 신체적 학대뿐 아니라 언어적 · 정서적 학대 혹은 방임을 경험한 슈퍼바이저는 갈등 상황이 발생했을 때 자신이 경험한 대로 권위와 권한을 남용하여 학대를 반복하거나 자신이 갖고 있는 권한을 회피하거나 부정할 수 있다. 이는 슈퍼비전 관계에 치명적인 영향을 끼치고, 돕는 전문가가 되고자 하는 실습생의 동기를 약화시키는 것이므로 반드시 검토할 필요가 있다.

② 학교의 영향

슈퍼바이저 자신이 교육기관에서 한 교수(사)와 겪은 학습 방식 경험은 슈퍼비전 관계에 영향을 미칠 수 있다. 어떤 식으로든 자신에게 영향을 미친 교수(사)와의 관계 경험은 그들을 모델링하게 하기 때문이다. 그러므로 특히 자신에게 부정적인 감정을 경험하게 한 교수(사)와의 관계 혹은 학습 경험을 성찰하여 자신이 어떻게 모델링 혹은 보상하고 있는지 확인하여야 한다.

③ 육아 경험의 영향

슈퍼바이저–슈퍼바이지 관계와 부모–자녀 관계가 같을 수는 없지만 이 사람이 다른 사람에게 행사하는 권한에는 유사한 점이 발견된다. 부모의 역할을 하면서 자녀와의 관계에 있어서 안전한 경계를 설정하기 어렵고, 때로는 금기 이슈에 대해 수치심을 경험한 슈퍼바이저는 무의식적으로 이러한 기술들을 슈퍼비전 관계에 적용하여 문제를 유발할 수 있다.

(2) 전문적 실천가로서의 경험

전문적 실천가로서 관계 기술, 사람들과 집단으로 일하는 기술들, 옹호활동의 기술, 계약을 맺는 기술, 피드백 제공의 기술들도 슈퍼비전을 할 때 적절히 활용하는 것이 가능하다.

(3) 슈퍼비전 받은 경험

슈퍼비전은 그 접근법이 매우 다양하기 때문에 새롭게 슈퍼바이저가 될 때 슈퍼비전을 받은 경험이 많은 영향을 미치게 된다. 초보 슈퍼바이저들은 자신의 슈퍼비전 유형과 접근법을 만들기 위해 과거의 모든 경험(훌륭했거나 좋지 않았거나 평범했던 경험)에서 배운 교훈과 슈퍼바이저 훈련 과정에서 배운 경험을 통합해 독자적인 유형을 찾아야 할 것이다.

4) 스타일의 적용

(1) 자기 스타일의 관찰

슈퍼바이저가 슈퍼비전을 제공하는 스타일을 관찰하는 데 가장 좋은 방법은 슈퍼비전을 기록으로 관찰하는 것이다. 슈퍼바이저는 자기 자신의 스타일을 발달시키기 위해 다른 슈퍼바이저들과 일하는 시간을 의도적으로 가져야 한다. 슈퍼바이저의 스타일 정착을 위해 슈퍼바이저에게 슈퍼비전이나 자문을 제공할 필요가 있다.

슈퍼바이저는 자신의 고유한 스타일을 개발하기 위해 이론적 준거틀을 기초로 할 필요가 있다. 슈퍼비전의 상호작용 요소를 중시하면서 클라이언트에 대한 일차적 책임도 반드시 고려해야 한다. 즉, 슈퍼비전의 결과로서 슈퍼바이지, 클라이언트 그리고 기관환경에 미치는 영향을 고려하는 상호작용 맥락에서 슈퍼비전 스타일을 고려할 필요가 있다. 슈퍼바이지에 집중된 어떠한 상호작용도 클라이언트와의 실천 내용 및 기관 정책과 관계가 있어야 함을 항상 인식하여야 한다.

(2) 스타일 찾기

슈퍼바이저는 슈퍼바이지가 자신의 스타일과 그것이 결과에 어떻게 영향을 미치는지를 알 수 있도록 도와주어야 한다. 또한 슈퍼바이저는 자신의 스타일이 슈퍼비전의 목표 달성에 어떻게 영향을 주는지도 확인해야 한다. 즉, 스타일 찾기에서 중요한 것은 스타일 개념과 스타일 범주의 정의보다도, 상호작용을 탐색하는 데 있다.

(3) 스타일의 차이

해리슨과 브람슨(Harrison & Bramson, 1982)은 종합주의자, 이상주의자, 합리주의자, 분석자, 현실주의자라는 5가지 스타일에 기초해 스타일의 포괄적인 관점을 발전시켰다. 그들은 개별 사회사업에서 슈퍼바이저의 예를 제시하고 그 슈퍼바이저와 슈퍼바이지들 간의 스타일의 차이가 어떻게 문제가 되는지를 보여 주었다.

슈퍼바이저와 슈퍼바이지들 간에는 각자 가지고 있는 방법과 접근법, 가치 등에 따라 행동과 태도에 차이가 존재한다. 행동과 태도의 결정 요인으로서 개인 가치체계의 중요성은 모든 슈퍼바이저들에게 해당한다. 여기서 중요한 것은 그들의 가치, 가치판단, 도덕적 질문, 윤리적 원칙들에 부여하는 비중이며 이에 대한 서로의 차이를 어떻게 그리고 어느 정도 인정할 수 있느냐다. 그럼에도 불구하고 사회복지실천에서 클라이언트에 대한 개인의 성향 차이나 스타일의 차이로 설명하는 것에 그쳐서는 안 되며 윤리강령 등에 입각해서 생각해 보아야 한다.

실습생의 모습은 어떠해야 할까?

1. 당신이 생각하는 간 큰 실습생은 어떤 실습생인가요?

순위	내용	이유
1		
2		
3		
4		
5		

2. 당신이 생각하는 훌륭한 실습생은 어떤 실습생인가요?

순위	내용	이유
1		
2		
3		
4		
5		

이런 실습생 YES! YES!

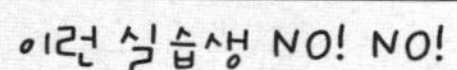

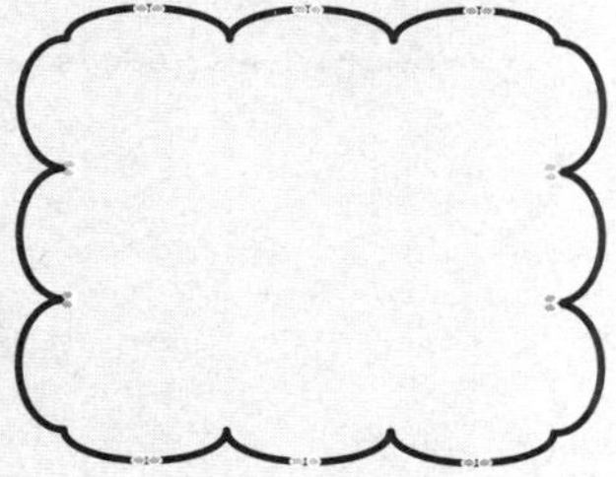

슈퍼바이저의 모습은 어떠해야 할까?

1. 당신이 생각하는 Best 슈퍼바이저를 뽑아 주세요.

순위	이름	이유
1		
2		
3		

2. 당신이 생각하는 Worst 슈퍼바이저를 뽑아 주세요.

순위	이름	이유
1		
2		
3		

3. 당신이 생각하는 훌륭한 슈퍼바이저란?

순위	이름	이유
1		
2		
3		

이런 슈퍼바이저 YES! YES!

이런 슈퍼바이저 NO! NO!

부 록

〈부록 1〉 한국사회복지사 윤리강령

〈부록 2〉 서 식

서식 1. 실습의뢰공문(교육기관용)
서식 2. 실습신청서
서식 3. 실습생 프로파일 양식
서식 4. 실습의뢰공문(실습기관용)
서식 5. 실습지도 계획서
서식 6. 슈퍼바이저 소개서(프로파일)
서식 7. 실습회답공문
서식 8. 실습생 출근부
서식 9. 실습지도 기록서
서식 10. 실습평가서(교육기관 발송용)
서식 11. 사회복지 현장실습교육 수료증
서식 12. 실습생 서약서
서식 13. 실습계약서
서식 14. 실습일지
서식 15. 실습기관 분석 보고서
서식 16. 사례관리 계획서
서식 17. 사례관리 진행일지
서식 18. 사례관리 종결 기록서
서식 19. 집단지도 계획서(소집단용)
서식 20. 집단과정 일지(소집단용)
서식 21. 집단의 개별회원 분석표(소집단용)
서식 22. 집단 종결 기록서(소집단용)
서식 23. 프로그램 계획서(대집단 및 지역사회복지)
서식 24. 프로그램 평가서(대집단 및 지역사회복지)
서식 25. 사회복지정책 분석 보고서
서식 26. 사회행동, 옹호활동 보고서
서식 27. 사회복지기관(사업) 홍보 기획서
서식 28. 개별면접일지
서식 29. 가족상담기록서
서식 30. 사회조사 계획서
서식 31. 사회조사 진행일지
서식 32. 사회조사 분석 평가서
서식 33. 기관방문 분석 보고서(정책개발 및 평가)
서식 34. 지역탐방 보고서
서식 35. 실습 중간평가서
서식 36. 실습 종합평가서
서식 37. 사회복지 현장실습 확인서

〈부록 3〉 사회복지 기본 어휘 정답

〈부록 1〉 한국사회복지사 윤리강령

◈ 전문

사회복지사는 인본주의 · 평등주의 사상에 기초하여, 모든 인간의 존엄성과 가치를 존중하고 천부의 자유권과 생존권의 보장활동에 헌신한다. 특히 사회적 · 경제적 약자들의 편에 서서 사회정의와 평등 · 자유와 민주주의 가치를 실현하는 데 앞장선다. 또한 도움을 필요로 하는 사람들의 사회적 지위와 기능을 향상시키기 위해 저들과 함께 일하며, 사회제도 개선과 관련된 제반 활동에 주도적으로 참여한다.

사회복지사는 개인의 주체성과 자기결정권을 보장하는 데 최선을 다하고, 어떠한 여건에서도 개인이 부당하게 희생되는 일이 없도록 한다. 이러한 사명을 실천하기 위하여 전문적 지식과 기술을 개발하고, 사회적 가치를 실현하는 전문가로서의 능력과 품위를 유지하기 위해 노력한다. 이에 우리는 클라이언트, 동료 기관 그리고 지역사회 및 전체사회와 관련된 사회복지사의 행위와 활동을 판단 · 평가하며 인도하는 윤리기준을 다음과 같이 선언하고 이를 준수할 것을 다짐한다.

◈ 윤리 기준

1. 사회복지사의 기본적 윤리 기준

1) 전문가로서의 자세

(1) 사회복지사는 전문가로서의 품위와 자질을 유지하고, 자신이 맡고 있는 업무에 대해 책임을 진다.

(2) 사회복지사는 클라이언트의 종교, 인종, 성, 연령, 국적, 결혼상태, 성적 취향, 경제적 지위, 정치적 신념, 정신 · 신체적 장애, 기타 개인적 선호, 특징, 조건, 지위를 이유로 차별 대우를 하지 않는다.

(3) 사회복지사는 전문가로서 성실하고 공정하게 업무를 수행하며, 이 과정에서 어떠한 부당한 압력에도 타협하지 않는다.

(4) 사회복지사는 사회정의 실현과 클라이언트의 복지 증진에 헌신하며, 이를 위한 환경 조성을 국가와 사회에 요구해야 한다.

(5) 사회복지사는 전문적 가치와 판단에 따라 업무를 수행함에 있어, 기관 내외로부터 부당한 간섭이나 압력을 받지 않는다.

(6) 사회복지사는 자신의 이익을 위해 사회복지 전문직의 가치와 권위를 훼손해서는 안 된다.

(7) 사회복지사는 한국사회복지사협회 등 전문가단체 활동에 적극 참여하여, 사회정의 실현과 사회복지사의 권익옹호를 위해 노력해야 한다.

2) 전문성 개발을 위한 노력

(1) 사회복지사는 클라이언트에게 최상의 서비스를 제공하기 위해 지식과 기술을 개발하는 데 최선을 다하며, 이를 활용하고 전파할 책임이 있다.

(2) 클라이언트를 대상으로 연구하는 사회복지사는 저들의 권리를 보장하기 위해 자발적이고 고지된 동의를 얻어야 한다.

(3) 연구과정에서 얻은 정보는 비밀보장의 원칙에서 다루어져야 하고, 이 과정에서 클라이언트는 신체적·정신적 불편이나 위험·위해 등으로부터 보호되어야 한다.

(4) 사회복지사는 전문성을 개발하기 위해 노력하되, 이를 이유로 서비스의 제공을 소홀히 해서는 안 된다.

(5) 사회복지사는 한국사회복지사협회 등이 실시하는 제반 교육에 적극 참여하여야 한다.

3) 경제적 이득에 대한 태도

(1) 사회복지사는 클라이언트의 지불능력에 상관없이 서비스를 제공해야 하며, 이를 이유로 차별 대우를 해서는 안 된다.

(2) 사회복지사는 필요한 경우에 제공된 서비스에 대해 공정하고 합리적으로 이용료를 책정해야 한다.

(3) 사회복지사는 업무와 관련하여 정당하지 않은 방법으로 경제적 이득을 취하여서는 안 된다.

2. 사회복지사의 클라이언트에 대한 윤리 기준

1) 클라이언트와의 관계

(1) 사회복지사는 클라이언트의 권익옹호를 최우선의 가치로 삼고 행동한다.

(2) 사회복지사는 클라이언트에 대하여 인간으로서의 존엄성을 존중해야 하며, 전문적 기술과 능력을 최대한 발휘한다.

(3) 사회복지사는 클라이언트가 자기결정권을 최대한 행사할 수 있도록 도와야 하며, 저들의 이익을 최대한 대변해야 한다.

(4) 사회복지사는 클라이언트의 사생활을 존중하고 보호하며, 직무 수행과정에서 얻은 정보에 대해 철저하게 비밀을 유지해야 한다.

(5) 사회복지사는 클라이언트가 받는 서비스의 범위와 내용에 대해, 정확하고 충분한 정보를 제공함으로써 알 권리를 인정하고 존중해야 한다.

(6) 사회복지사는 문서, 사진, 컴퓨터 파일 등의 형태로 된 클라이언트의 정보에 대해 비밀보장의 한계와 정보를 얻어야 하는 목적 및 활용에 대해 구체적으로 알려야 하며, 정보 공개 시에는 동의를 얻어야 한다.

(7) 사회복지사는 개인적 이익을 위해 클라이언트와의 전문적 관계를 이용하여서는 안 된다.

(8) 사회복지사는 어떠한 상황에서도 클라이언트와 부적절한 성적 관계를 가져서는 안 된다.

(9) 사회복지사는 사회복지 증진을 위한 환경 조성에 클라이언트를 동반자로 인정하고 함께 일해야 한다.

2) 동료의 클라이언트와의 관계

(1) 사회복지사는 적법하고도 적절한 논의 없이 동료 혹은 다른 기관의 클라이언트와 전문적 관계를 맺어서는 안 된다.

(2) 사회복지사는 긴급한 사정으로 인해 동표의 클라이언트를 맡게 된 경우, 자신의 의뢰인처럼 관심을 갖고 서비스를 제공한다.

3. 사회복지사의 동료에 대한 윤리 기준

1) 동료

(1) 사회복지사는 존중과 신뢰로서 동료를 대하며, 전문가로서의 지위와 인격을 훼손하는 언행을 하지 않는다.

(2) 사회복지사는 사회복지 전문직의 이익과 권익을 증진시키기 위해 동료와 협력해야 한다.

(3) 사회복지사는 동료의 윤리적이고 전문적인 행위를 촉진시켜야 하며, 이에 반하는 경우에는 제반 법률규정이나 윤리기준에 따라 대처해야 한다.

(4) 사회복지사가 전문적인 판단과 실천이 미흡하여 문제를 야기시켰을 때에는 적절한 조치를 취하여 클라이언트의 이익을 보호해야 한다.

(5) 사회복지사는 전문직 내 다른 구성원이 행한 비윤리적 행위에 대해 제반 법률규정이나 윤리기준에 따라 조치를 취해야 한다.

(6) 사회복지사는 동표 및 타 전문직 동료의 직무 가치와 내용을 인정하고, 이해하며, 상호 간에 민주적인 직무관계를 이루도록 노력해야 한다.

2) 슈퍼바이저

(1) 슈퍼바이저는 개인적인 이익의 추구를 위해 자신의 지위를 이용해서는 안 된다.

(2) 슈퍼바이저는 전문적 기준에 의해 공정하게 책임을 수행하며, 사회복지사 수련생 및 실습생에 대한 평가는 저들과 공유해야 한다.

(3) 사회복지사는 슈퍼바이저의 전문적 지도와 조언을 존중해야 하며, 슈퍼바이저는 사회복지사의 전문적 업무수행을 도와야 한다.

(4) 슈퍼바이저는 사회복지사, 수련생 및 실습생에 대해 인격적 · 성적으로 수치심을 주는 행위를 해서는 안 된다.

4. 사회복지사의 사회에 대한 윤리 기준

(1) 사회복지사는 인권존중과 인간평등을 위해 헌신해야 하며, 사회적 약

자를 옹호하고 대변하는 일을 주도해야 한다.

(2) 사회복지사는 필요한 사회서비스를 개발하기 위한 사회정책의 수립, 발전, 입법, 집행에 적극적으로 참여하고 지원해야 한다.

(3) 사회복지사는 사회환경을 개선하고 사회정의를 증진시키기 위한 사회정책의 수립, 발전, 입법, 집행을 요구하고 옹호해야 한다.

(4) 사회복지사는 자신이 일하는 지역사회의 문제를 이해하고, 그것을 해결하는 일에 적극적으로 참여해야 한다.

5. 사회복지사의 개관에 대한 윤리 기준

(1) 사회복지사는 기관의 정책과 사업 목표의 달성, 서비스의 효율성과 효과성의 증진을 위해 노력함으로써 클라이언트에게 이익이 되도록 해야 한다.

(2) 사회복지사는 기관의 부당한 정책이나 요구에 대하여 전문직의 가치와 지식을 근거로 이에 대응하고 즉시 사회복지윤리위원회에 보고해야 한다.

(3) 사회복지사는 소속기관 활동에 적극 참여함으로써 기관의 성장발전을 위해 노력해야 한다.

6. 사회복지윤리위원회의 구성과 운영

(1) 한국사회복지사협회는 사회복지윤리위원회를 구성하여, 사회복지윤리실천의 질적인 향상을 도모하여야 한다.

(2) 사회복지윤리위원회는 윤리강령을 위배하거나 침해하는 행위를 접수받아 공식적인 절차를 통해 대처하여야 한다.

(3) 사회복지사는 한국사회복지사협회의 윤리적 권고와 결정을 존중하여야 한다.

◈ 사회복지사 선서

나는 모든 사람들이 인간다운 삶을 누릴 수 있도록,
인간존엄성과 사회정의의 신념을 바탕으로,
개인 · 가족 · 집단 · 조직 · 지역사회 · 전체사회와 함께 한다.
나는 언제나 소외되고 고통받는 사람들의 편에 서서,
저들의 인권과 권익을 지키며, 사회의 불의와 부정을 거부하고,
개인이익보다 공공이익을 앞세운다.
나는 사회복지사 윤리강령을 준수함으로써,
도덕성과 책임성을 갖춘 사회복지사로 헌신한다.
나는 나의 자유의지에 따라 명예를 걸고 이를 엄숙하게 선서합니다.

〈부록 2〉 서 식

서식 1 실습의뢰공문(교육기관용)

실습의뢰공문

수신자

(참 조)

제 목 사회복지 현장실습 의뢰

1. 항상 사회복지 현장실습교육을 위해 애써 주시는 귀 기관에 감사드립니다.
2. 사회복지 현장실습을 수강하는 본교 사회복지학과 학생의 실습교육을 의뢰하오니 아래를 참조하시어 협조하여 주시기 바랍니다.

— 아 래 –

가. 학생명: (학생연락처:)
나. 실습 기간:
다. 실습지도교수:
라. 실습담당조교:
(연락처: 사회복지학과 ☎)

별첨: 실습신청서 1부. 끝.

○ ○ ○ 대학교(원) ○ ○ 대학 사회복지학과장(직인)

시행 처리과-일련번호(시행일자) 접수 처리과명-일련번호(접수일자)
우 주소 /홈페이지 주소
전화( ) 전송( ) /기안자의 공식 전자우편주소/공개구분

※ 교육기관의 상황에 따라 변경하여 사용할 수 있다.

서식 2 **실습신청서**

실습신청서

○ 실습기관: ______________________________

1. 실습생 인적사항

<table>
<tr><td>이름</td><td colspan="2"></td><td colspan="2">생년월일</td><td></td></tr>
<tr><td>소속</td><td></td><td>학과/
전공</td><td></td><td>학년/
학기</td><td></td></tr>
<tr><td>현주소</td><td colspan="5"></td></tr>
<tr><td>전화번호</td><td colspan="2">집:</td><td colspan="3">휴대폰:</td></tr>
<tr><td>E-Mail</td><td colspan="5"></td></tr>
</table>

2. 실습의뢰 내용

실습부서	
실습 분야	
실습 내용	
실습 기간	

* 상기 내용으로 귀 기관에 실습신청을 의뢰하며 실습생 프로파일을 동봉합니다.

신청인(학생명) : ____________________인

실습지도교수 : ____________________인

학과장/대학원장: ____________________인

서식 3 실습생 프로파일 양식

실습생 프로파일

1. 인적사항

(사진)	실습생명		성별		생년월일	
	소속	대학교(원) 전공 학년(학기)				
	주소					
	전화번호	집: 핸드폰:				
	E-mail					

2. 이수 전공과목

교과목명	이수 완료	현재 이수	교과목명	이수 완료	현재 이수	교과목명	이수 완료	현재 이수
사회복지개론			인간행동과 사회환경			사회복지실천론		
사회복지실천기술론			지역사회복지론			사회복지정책론		
사회복지행정론			사회복지법제론			사회복지조사론		
사회복지자료분석론			프로그램개발과 평가			가족복지론		
아동복지론			청소년복지론			노인복지론		
여성복지론			장애인복지론			정신건강론		
정신보건사회복지론			의료사회복지론			학교사회복지론		
산업복지론			자원봉사론			사회문제론		
사회복지발달사			사회보장론			교정복지론		
사회복지윤리와 철학			사회복지지도감독론			사회복지현장실습		

3. 경력

구분 (취업, 실습, 봉사)	기관	기간	내용

4. 사회복지를 전공하게 된 동기

5. 실습기관 선택 이유

6. 실습을 통해서 성취하고자 하는 목표

7. 실습을 마친 후 목표 달성 정도를 파악할 수 있는 기준

8. 사회복지를 실천하는 데 있어 자신의 강점과 약점

1) 사회복지 지식 및 기술의 측면

2) 개인적인 특성 측면

9. 취미 및 특기

10. 실습기관, 슈퍼바이저 및 실습지도교수에게 바라는 점

서식 4 실습의뢰공문(실습기관용)

실습의뢰공문

수신자
(참 조)
제 목 사회복지 현장실습 신청의뢰서

1. 사회복지교육 및 연구 활동을 통해 사회복지 발전에 전력을 다하시는 귀하와 귀교의 무궁한 발전을 기원합니다.
2. 아래와 같이 사회복지 현장실습교육이 가능하오니 관심 있는 학생들이 참여할 수 있도록 협조를 부탁드립니다.

– 아 래 –

1. 실습부서/분야:
2. 슈퍼바이저:
3. 대학별 배정가능 실습생수:
4. 실습담당직원: (연락처: ☎)
5. 실습비:

별첨1: 실습지도 계획서
별첨2: 슈퍼바이저 프로파일

실습기관장(직인)

시행 처리과–일련번호(시행일자) 접수 처리과명–일련번호(접수일자)
우 주소 /홈페이지 주소
전화( ) 전송( ) /기안자의 공식 전자우편주소/공개구분

서식 5 **실습지도 계획서**

실습지도 계획서

○ 슈퍼바이저:

1. 실습 목적:
2. 실습 목표:
3. 실습 분야:
4. 실습 기간:
5. 실습대상:
6. 교육계획

단위시간	내용	담당	비고

7. 실습지도방법
   - 개별 실습지도 계획:
   - 집단 실습지도 계획:
   - 기타 계획:
8. 실습 일정

주	월/일	시간	실습 내용	담당	과제물

9. 실습생의 책임과 과제

10. 참고도서

서식 6 **슈퍼바이저 소개서(프로파일)**

슈퍼바이저 프로파일

1. 인적사항

성 명		성 별	
기관명/부서		직 책	
담당 업무		전 화	
이 메 일		팩 스	
최종학력		최종학력의 전공	
사회복지사 자격번호		사회복지 총 실무 경험 기간	년 개월

2. 실습지도 및 실습 분야 관련 주요 교육 배경

교육명	주관단체	기간	수료/자격 여부

3. 사회복지 분야 근무경력

기관명	기간	직책	담당업무

4. 본인의 전공 분야(현재 자신의 관심분야, 실천모델, 실천기술과 기법)

5. 슈퍼바이저로서의 자신의 특성(강 · 약점)

6. 실습생에게 바라는 점

서식 7 **실습회답공문**

실습의뢰에 대한 회신

귀 대학의 실습생의 실습의뢰를 수락합니다.

실습생명		소속대학	
기관명			
기관주소		전화번호	
슈퍼바이저	직위: 부서: 성명:	연락처	전화: 팩스:
		E–mail	

실습 기간	년 월 일 – 년 월 일 (오리엔테이션 일정: 년 월 일 시)
필요서류	다음 서류를 실습개시일 ( )일 전까지 우송 바랍니다. • 실습생 프로파일 1부 • 실습비 (원) (실습개시일 납부요망) • 기타 필요한 서류 ( )
실습을 위한 기타 준비사항	• 참고문헌 • 사전 과제물
대학에 대한 의견	

슈퍼바이저 ____________(인)

기 관 장 ____________(인)

서식 8 실습생 출근부

실습생 출근부

□ 성명: 긴급연락처: 전자우편:

월 일	출근시간	퇴근시간	실습생 확인	슈퍼바이저 확인	지각, 조퇴, 결근여부	사유

* 기입요령: 출근시간, 퇴근시간 표시, 퇴근 시 실습생 및 슈퍼바이저가 확인하며, 지각, 조퇴, 결근 시 그 사유를 함께 기록한다.

서식 9 **실습지도 기록서**

실습지도 기록서

○ 슈퍼바이저:

○ 실습생:

일시	실습지도 내용	비고

서식 10 실습평가서(교육기관 발송용)

실습평가서(교육기관 발송용)

기관명		슈퍼바이저	
실습 부서		실습지도교수	
실습 기간			
실습생		평가 일시	

* 출석상황

☐ 무단결석 없음　☐ 무단결석 1회　☐ 무단결석 2회　☐ 무단결석 3회 이상

* 다음은 실습생에 관한 평가입니다. 실습생이 실습지도 기간 동안 보여 주었던 태도와 행동을 기준으로 아래 항목에 솔직하게 평가해 주기 바랍니다.
  실습 내용에 포함되어 있는 사항에 관해서만 평가하여 주시고, 평균에는 평가 항목 총점을 평가 항목 개수로 나눈 점수를 기입하면 됩니다.

(1점: 매우 그렇지 못하다~5점: 매우 그렇다)

항목	내용	1	2	3	4	5
실습 지도에 대한 태도	1. 실습지도 시간을 엄수한다.					
	2. 적극적이고 긍정적인 자세로 실습지도에 참여한다.					
	3. 실습지도에서 지적된 내용을 수용한다.					
	4. 배우는 입장에서 진지하게 노력하고 발전하려는 태도를 갖는다.					
	5. 슈퍼바이저와 실습생으로서 공식적 관계를 형성한다.					
기관 이해 및 관계 유지	6. 동료 실습생과 긍정적이고 원만한 협력관계를 유지한다.					
	7. 기관의 목적, 정책, 규칙, 사업내용을 이해한다.					
	8. 기관 내에서 실습생으로서의 권한과 한계를 알고 일한다.					
	9. 기관 내 타 직원과 협조적인 대인관계를 형성, 유지하여 업무를 처리한다.					
기본적 태도와 자질	10. 일의 우선순위를 결정하는 능력이 있다.					
	11. 할당된 시간 안에 일을 계획하고 수행한다.					
	12. 자신의 장점과 단점을 잘 인식하고 대응한다.					
	13. 사회복지실천 지식을 실습 내용에 적용한다.					
	14. 사회복지실천의 가치와 윤리를 갖고 임한다.					
	15. 전문가로서의 편견, 선입견, 고정관념을 인식하고 객관성을 유지한다.					
	16. 실습지도 내용을 실행에 옮긴다.					
	17. 실습 과정을 책임감 있게 수행한다.					
기록	18. 기록, 보고서 등을 정해진 일시에 제출한다.					
	19. 실습 내용을 사실에 근거하여 정확하게 기록한다.					
	20. 실습 내용을 체계적이고 구체적으로 기록한다.					
	21. 클라이언트와의 상호작용 및 실습생의 사고와 감정을 기록한다.					
	22. 실습지도를 통해 지적된 사항 및 배운 것을 정확히 기록한다.					

항목	내용	1	2	3	4	5
전문적 태도와 관계 형성	23. 클라이언트와 전문적 관계를 형성하고 활용한다.					
	24. 전문적 관계 형성에서 동정과 감정이입을 구별하여 적용한다.					
	25. 주변의 자원을 파악하고 그것을 활용하려고 노력한다.					
	26. 비심판적이며 경청과 수용의 태도를 갖는다.					
	27. 클라이언트의 능력과 동기의 한계를 수용한다.					
	28. 슈퍼바이저가 지시한 것을 잘 파악하여 실행에 옮긴다.					
개인에 대한 개입	29. 클라이언트가 표현한 의사소통과 암시적인 의사소통을 이해한다.					
	30. 실습생이 의도한 바를 클라이언트에게 명확하게 전달한다.					
	31. 클라이언트의 문제와 상황에 관련된 정확한 자료를 수집한다.					
	32. 수집된 자료를 체계적으로 종합하고 이론에 기초하여 사정한다.					
	33. 클라이언트 가족 등 주변의 지지자원을 활용한다.					
	34. 클라이언트와 환경의 상호역동성의 이해 아래 개입목표와 전략을 수립한다.					
	35. 개입목표에 따라 클라이언트의 긍정적인 변화를 유도한다.					
가족에 대한 개입	36. 가족의 역동성을 파악하고 가족상황에 관련된 정확한 자료를 수집한다.					
	37. 가족의 구조를 명확히 이해하여 필요한 가족개입의 기술을 활용한다.					
	38. 가족의 상호역동성의 이해 아래 개입목표와 전략을 수립한다.					
	39. 가족 구성원을 개별화하고 성원들이 긍정적으로 변화하도록 유도한다.					
집단에 대한 개입	40. 집단 역동을 파악하여 의미 있는 개입으로 집단을 지도한다.					
	41. 집단에서 주 진행자와 보조진행자의 의미와 역할을 알고 실천한다.					
	42. 집단의 구조를 명확히 하고 필요한 집단지도의 기술을 활용한다.					
	43. 집단 성원을 개별화하고 성원 간 의미 있는 관계를 형성하도록 한다.					
	44. 집단의 목적에 대해 정확히 사정한다.					
	45. 정확한 사정에 입각하여 적절한 프로그램을 계획하고 실행한다.					
	46. 집단의 상호작용이 목적 지향적이고 성원들이 긍정적으로 변화하도록 한다.					
지역사회에 대한 개입	47. 지역주민들이 지역사회의 요구와 문제를 파악하도록 돕는다.					
	48. 파악된 지역사회 요구를 사회행동으로 계획하고 실행한다.					
	49. 지역사회구조와 권력에 대해 이해하고 그 지역사회 상황을 정확히 파악한다.					
	50. 지역사회자원을 정확히 파악하고 접근한다.					
정책 및 행정 분야	51. 정책형성 및 개선과 관련된 이해집단들의 문제상황 및 요구와 정책발의자들 및 집행자들의 이해관계를 정확하고 객관적으로 이해한다.					
	52. 정책형성 및 개선과 관련된 이해집단과 건설적이고 전문적인 관계를 맺는다.					
	53. 문제상황에 적합한 정책대안을 개발하는 데 적극적으로 참여한다.					
	54. 기본정보를 정확히 사용하며 실증적인 자료분석의 지식을 갖고 문제를 분석한다.					
	55. 사회복지 행정체계 및 전달체계에 대해 정확하게 이해한다.					
기관 고유 항목*	56.					
	57.					
	58.					
	59.					
	60.					

* 기관 고유 항목에는 기관의 특성과 실습 상황에 맞는 평가 항목을 슈퍼바이저가 추가적으로 직접 기입하고 평가할 수 있습니다.

<table>
<tr><td>총평</td><td colspan="5">(※ 실습생의 실천가로서의 장단점 및 대학에 대한 건의)</td></tr>
<tr><td>평가문항
개수</td><td colspan="2"></td><td>총점</td><td colspan="2"></td></tr>
<tr><td>평균
(총점 ÷
평가문항개수)</td><td colspan="5">(※ 기록 후 테이프 부착 후 슈퍼바이저 서명 요망)</td></tr>
<tr><td rowspan="4">평점 부여</td><td colspan="5">※ 여기에 부여하는 평점은 실습생이 받게 되는 성적표상의 최종 평점은 아닙니다. 교육기관 실습지도 점수과 함께 사회복지 현장실습 평점 부여 시 주요 고려사항이 됩니다.</td></tr>
<tr><td>□A+</td><td>□B+</td><td>□C+</td><td>□D+</td><td rowspan="3">□F</td></tr>
<tr><td>□A0</td><td>□B0</td><td>□C0</td><td>□D0</td></tr>
<tr><td>□A−</td><td>□B •</td><td>□C−</td><td>□D•</td></tr>
</table>

슈퍼바이저: ________________인

기 관 장: ________________인

서식 11 사회복지 현장실습교육 수료증

사회복지 현장실습교육 수료증

수료번호: ○○○○(연도)-○○(번호)

○○대학(원) 성명: ○○○ (학번)

상기 학생은 아래의 과정을 수료하였으므로 사회복지 현장실습교육 수료증을 발급합니다.

―아 래―

1. 슈퍼바이저:
2. 실습교육기관:
3. 실습 기간:
4. 실습 분야:

년 월 일

○○기관장 (직인)

서식 12 실습생 서약서

실습생 서약서

본인은 ○○ 기관의 실습생으로서 다음의 사항을 준수할 것을 서약합니다.

1. 사회복지사 윤리강령

2. 클라이언트와 기관에 대한 비밀유지

3. 실습교육기관 및 슈퍼바이저의 요구사항

년 월 일

실습생: (인)

○○ 기관 귀중

서식 13 실습계약서

실습계약서

실습생명		소속 대학	
기관명		주소/전화번호	
슈퍼바이저		실습지도교수	

1. 일반적 사항
   (1) 실습 기간: _____년 _____월 _____일부터
   _____년 _____월 _____일까지 총 _____일
   (2) 업무시간: 주 _____일 근무, _____시부터 _____시까지
   (3) 대학 실습세미나 시간: _____요일, _____시부터 _____시까지
   (4) 결석에 대한 조치

2. 실습의 목적과 목표
   (1) 목적
   (2) 목표

3. 실습생의 의무와 책임

4. 슈퍼바이저의 의무와 책임

5. 실습지도교수의 의무와 책임

상기 사항을 성실하게 이행하여 실습을 진행하도록 하겠습니다.

년 월 일

실 습 생 _______________인
슈퍼바이저 _______________인
실습지도교수 _______________인

서식 14 실습일지

실습일지

1. 실습생명:

2. 실습일:

3. 오늘의 목표:

4. 진행 내용(시간, 내용 등을 중심으로 기록)

5. 실습생 의견(배운 점, 의문사항, 건의 등 포함)

6. 슈퍼바이저 의견

서식 15 실습기관 분석 보고서

실습기관 분석 보고서

실습생명		기관명	
기관주소	(전화:)		
기관소개자	(부서: 직책 :)		

1. 기관의 역사
   (1) 기관 설립 동기 및 설립 목적
   (2) 기관 사업의 역사적 변천
   (3) 기관 역사에 대한 실습생의 평가

2. 기관의 목적

3. 기관의 주요 사업 및 프로그램
   (1) 클라이언트 및 대상 지역
   (2) 주요사업
   (3) 서비스전달체계
   (4) 기관의 대상층 및 주요 사업에 대한 실습생의 평가

4. 기관의 행정사항
   (1) 기관의 조직구조
   (2) 예산, 후원 및 지원사항
   (3) 기관의 행정구조와 예산 사용 및 후원에 대한 실습생의 평가

5. 기관이 속한 지역사회, 물리적 환경의 특징
   (1) 지역사회
   (2) 물리적 환경(시설, 공간 등)

6. 사회복지기관으로서 지역 내 타 기관들과의 연계
   (1) 관계유형 및 내용
   (2) 기관의 타 기관과의 관계유지에 대한 실습생의 평가

7. 기관의 특별한 면이나 전반적인 사항에 대한 인상이나 느낌

서식 16 사례관리 계획서

사례관리 계획서

실습생명:

클라이언트명		성별		조사일	
주소		전화번호		작성일	
직업		학력		연령	
의뢰경위		경제 상태	□ 일반 □ 저소득 □ 수급자		

1. 일반적인 사항
   가족 상황, 경제 상황, 건강 상황, 일상생활 및 주거 상황, 사회심리적 상황, 자원 활용 상황

2. 클라이언트에 관한 사항
   신체, 인지, 정서, 행동기능면/클라이언트의 강・약점

3. 욕구진술

4. 개입계획

욕구	결과 목표	세부 목표	표적 체계	개입 전략 및 수행 방법	비고 (역할분담 등)

5. 서비스 일정표

날짜	담당	서비스 목표	서비스 내용	준비물	비고

서식 17 **사례관리 진행일지**

사례관리 진행일지(　　회)

클라이언트명		실습생명	
일 시		장 소	

1. 목표 및 내용

결과 목표	하위목표	서비스 목표	서비스 내용

2. 과정기록

3. 평가

1) 목표 달성 및 서비스 평가

2) 클라이언트에 대한 평가

3) 사례개입에 대한 자신의 역할 평가

4. 계획

서식 18 사례관리 종결 기록서

사례관리 종결 기록서

클라이언트명	
실습생명	
서비스 제공 기간	

1. 제공된 서비스

2. 사례관리 목표 달성 정도

3. 사후지도 계획

서식 19 집단지도 계획서(소집단용)

집단지도 계획서(소집단용)

집단명		집단지도자(실습생)명	
대상		성원 수	
기간		장소	

1. 실시 배경

2. 목적

3. 목표

결과 목표 1		결과 목표 2	
하위목표 1-1		하위목표 2-1	
하위목표 1-2		하위목표 2-2	

4. 목표 관련 지도 내용 및 구체적 수행방법

결과 목표	하위목표	지도 내용	수행 방법	비 고

5. 평가 계획

평가 지표	
평가 도구	
평가 방법	

6. 회기별 일정표

횟수	일시	목표	내용	준비물

7. 예산

서식 20 집단과정 일지(소집단용)

집단과정 일지(소집단용)

집단지도자(실습생)명		집단명	
집단진행 날짜		집단활동 장소	
참석자(명) 명단			
결석자(명) 명단			

1. 목표 및 세부 목표

1. 목표:

2. 세부 목표:
   2-1.
   2-2.

2. 집단진행 요약

시간	프로그램 내용	사회복지사의 역할

3. 과정기록
   1) 모임 전 단계(자리 위치 표시)
   2) 모임 단계
   3) 모임 후 단계

4. 평가
   1) 목표 달성 및 프로그램 평가
   2) 집단의 역동성(성원-성원, 성원-지도자)
   3) 성원의 개별 평가(개인의 변화, 참여도, 지도자 · 타회원과의 관계)
   4) 지도자 자신에 대한 평가(역할 및 의도적 개입)

5. 다음 집단모임 계획

서식 21 집단의 개별회원 분석표(소집단용)

집단의 개별회원 분석표*(소집단용)

회원명		집단명	
회원 수		집단지도자(실습생)	

집단의 목표	
개인의 목표	

회기	날짜	참석여부 /참석 인원	개인의 변화 정도 및 내용	참여도	지도자와의 관계	타 회원과의 관계
1		/				
2		/				
3		/				
4		/				
5		/				
6		/				
7		/				
8		/				

〈종합평가〉

* 모든 집단지도 상황에서 활용되어야 하는 것은 아니며, 집단과정에서 개인의 변화를 민감하게 기록할 필요가 있을 경우에 활용할 수 있다.

서식 22 집단 종결 기록서(소집단용)

집단 종결 기록서(소집단용)

집단명		집단지도자(실습생)명	
집단진행 날짜		집단활동 장소	
전체진행 회기 수		출석율	
주요 진행사항			

1. 회원의 평가
   1) 운영면
      (1) 프로그램 진행평가
      (2) 집단 참여 태도
   2) 프로그램 내용
   3) 목표 달성
   4) 다음 프로그램에 대한 의견
   5) 지도자에 대한 평가

2. 지도자(실습생)의 평가
   1) 집단의 특징
   2) 회원의 참여도
   3) 집단 성원에 대한 개별화의 정도
   4) 집단 역동의 활용 정도
   5) 집단에 대한 발달단계 분석

구분	초기	중기	말기
참여도			
개인의 변화			
지도자와의 관계			
타 회원과의 관계			
기타(　　　)			
기타(　　　)			

서식 23 **프로그램 계획서(대집단 및 지역사회복지)**

프로그램 계획서(대집단 및 지역사회복지)

프로그램명		지도자(실습생)명	
대상		참여자 수	
기간		장소	

1. 프로그램 실시 배경

2. 프로그램 목적

3. 프로그램 목표

결과 목표 1		결과 목표 2	
하위목표 1-1		하위목표 2-1	
하위목표 1-2		하위목표 2-2	

4. 목표 관련 지도 내용 및 구체적 수행 방법

결과 목표	하위목표	지도 내용	수행 방법	비 고

5. 평가계획

평가 지표	
평가도구	
평가 방법	

6. 회기별 일정표

횟수	일시	목표	내용	준비물

7. 예산

서식 24 **프로그램 평가서(대집단 및 지역사회복지)**

프로그램 평가서(대집단 및 지역사회복지)

프로그램명		지도자(실습생)명	
대상		참여자 수	
기간		장소	

1. 프로그램 목적 및 목표달성 평가

결과 목표	하위목표	달성 정도	평가 근거	의의

2. 프로그램 과정 평가

1) 준비 과정

2) 진행 과정

3) 종결 및 정리 과정

3. 프로그램 만족도 평가

4. 예산평가

5. 추후 프로그램을 위한 제언

서식 25 **사회복지정책 분석 보고서**

사회복지정책 분석 보고서

○ 분석자(실습생)명:

정 책 명	
관련법규/지침	
주무부서	

1. 문제 제기 및 분석 목적

2. 분석한 정책의 주요 내용

3. 자료 수집 및 분석 방법

4. 분석 결과 논의
   1) 정책 목표 분석
   2) 정책이 추구하는 가치 분석
   3) 급여 대상 분석
   4) 급여의 적절성 분석
   5) 급여의 전달체계 분석
   6) 재정 분석

5. 관련 정책과 관련한 주요 이해당사자의 입장 분석

6. 분석한 정책의 개선 방향 및 전망

7. 총평

서식 26 사회행동, 옹호활동 보고서

사회행동, 옹호활동 보고서

○ 분석자(실습생)명:

구분	요약 제시
사회행동명	
활동 목적	
참여자	
대상 집단	
옹호 대상	

1. 문제 제기 및 활동 목적

2. 참여자의 특성

3. 대상 집단의 특성

4. 옹호 집단의 특성

5. 주요 활동 경과

6. 활동 전략 분석
   1) 대상 집단을 이기기 위한 힘을 얻기 위한 전략
   2) 합법성을 확보하기 위한 전략(법적 행동 포함)
   3) 타조직과 협력하는 전략
   4) 전술을 연결시키는 전략
   5) 협상을 전개하는 전략
   6) 홍보 및 언론 활용 전략

7. 향후 행동 전략 제안

서식 27 사회복지기관(사업) 홍보 기획서

사회복지기관(사업) 홍보 기획서

○ 기획자(실습생)명:

1. 상품(홍보하려는 기관이나 사업)의 특성 분석
(상품의 내용, 경쟁기관이나 경쟁사업의 존재여부 등)

2. 유치하려는 소비자 집단의 특성별 구분

3. 대상별 소비자에게 호소하기 위한 전략
(담당, 장소, 방법 등을 일목요연하고 자세하게 제시)

4. 홍보 일정

5. 홍보 예산

7. 첨부(보도 자료, 광고전단, 안내지 자료, 홈페이지 자료 등)

서식 28 개별면접일지

개별면접일지

실습생명		면접 날짜와 시간	
클라이언트		면접 장소	

1. 면접 준비 과정

2. 면접 목표

1) 2)

3. 과정기록 및 분석

면접 내용	실습생 분석	실습지도 내용

* 주요한 면접 장면에 대해서는 대화체의 기록을 직접 인용하는 것이 권장됨
* 면접자의 의도적인 개입, 언어적 · 비언어적 의사소통 모두에 주의하여 기록할 것
* 상기 내용이 포함된다면, 기관 상황과 면접 상황에 맞추어 별도 양식 활용 가능

4. 면접 목표 달성에 대한 평가

5. 실습생 의견

6. 다음 면접 계획

서식 29 가족상담기록서

가족상담기록서

클라이언트 (IP)		성별		연령	
날짜		장소		총 횟수/시간	
실습생명				슈퍼바이저	

1. 의뢰 과정

2. 문제 상황에 대한 가족의 정의

3. 가계도

4. 가족생태도: 가족의 하위체계 간 관계 등 기록

5. 가족의 사회자원망

6. 가족생활주기

7. 가족 사정 및 이론적 근거

8. 개입 목표와 개입 전략

9. 개입 내용 정리

회기	내용	주요 질문과 클라이언트의 반응

10. 평가 및 사후 관리 계획

서식 30 사회조사 계획서

사회조사 계획서

조사 주제	
조사/분석일	
조사자(실습생)명	

1. 문제 제기 및 조사 문제의 제시
   1) 문제의 기술
   2) 검토될 조사 문제에 대한 진술
   3) 문제의 중요성과 조사 필요성 제시

2. 조사와 관련한 문헌자료 검토
   1) 이론적 · 역사적 관점
   2) 문헌에서 파악된 차이점들 검토

3. 조사 방법 제시
   1) 조사설계와 자료 수집 절차
   2) 표집설계
   3) 대상에 대한 기술
   4) 측정 방법 기술
   5) 자료 분석 절차

4. 예산

5. 기타 필요한 사항

6. 부록(관련 참고문헌, 설문지 등 필요한 자료를 첨부할 수 있음)

서식 31 사회조사 진행일지

사회조사 진행일지

조사 주제	
진행일	
조사자(실습생)명	

1. 조사 진행 단계 기록

2. 조사 과정에서 보완되어야 할 사항 기록

3. 추후 조사 진행 계획

서식 32 사회조사 분석 평가서

사회조사 분석 평가서

조사 주제	
진행일	
조사자(실습생)명	

1. 문제 제기 및 조사 문제의 제시
   1) 문제의 기술
   2) 검토될 조사 문제에 대한 진술
   3) 문제의 중요성과 조사 필요성 제시

2. 조사와 관련한 문헌자료 검토
   1) 이론적 · 역사적 관점
   2) 문헌에서 파악된 차이점들 검토

3. 조사 방법 제시
   1) 조사설계와 자료 수집 절차
   2) 표집설계
   3) 대상에 대한 기술
   4) 측정 방법 기술
   5) 자료 분석 절차

4. 조사 결과 제시
   1) 기술적 분석
   2) 인과적 분석

5. 논의점
   1) 밝혀진 사항에 대한 설명
   2) 실천에의 함의
   3) 평가의 한계와 약점

6. 참고문헌

7. 부록(설문지 외 조사와 관련된 주요 자료 첨부)

서식 33 기관방문 분석 보고서(정책개발 및 평가)

기관방문 분석 보고서

* 특정 분야나 내용에 관심을 가지고 방문을 추진한 경우에는 별도의 양식을 활용하거나, 특정 내용만 선택하여 기록할 수 있다.

실습생명		방문 기관명	
기관 소재지	(전화:)		
기관 소개자	(부서: 직책:)		

1. 기관방문 목적
2. 기관방문을 위한 질의사항 및 응답 정리
3. 기관방문을 통해 알게 된 지식

〈검토할 사항 예시〉

1. 기관의 역사
   1) 기관 설립 동기 및 설립 목적
   2) 기관 사업의 역사적 변천
   3) 기관 역사에 대한 실습생의 평가
2. 기관의 목적
3. 기관의 주요 사업 및 프로그램
   1) 클라이언트 및 대상 지역
   2) 주요 사업
   3) 서비스전달체계
   4) 기관의 대상층 및 주요 사업에 대한 실습생의 평가
4. 기관의 행정사항
   1) 기관의 조직 구조
   2) 예산, 후원 및 지원사항
   3) 기관의 행정구조와 예산 사용 및 후원에 대한 실습생의 평가
5. 기관이 속한 지역사회, 물리적 환경의 특징
   1) 지역사회
   2) 물리적 환경(시설, 공간 등)
6. 사회복지기관으로서 지역 내 타 기관들과의 연계
   1) 관계유형 및 내용
   2) 기관의 타 기관과의 관계유지에 대한 실습생의 평가
7. 기관의 특별한 면이나 전반적인 사항에 대한 인상이나 느낌

서식 34 지역탐방 보고서

지역탐방 보고서

○ 조사자(실습생)명: ○ 지역 소개자:

1. 탐방 지역

2. 지역의 주요 사회지표 제시

3. 지역의 인구사회학적 특성

4. 지역의 사회경제학적 특성

5. 지역의 사회복지기관 및 자원 탐색

6. 필요하거나 보완되어야 할 사회복지서비스 제안

7. 결론

8. 첨부(관련 지도를 비롯한 탐방 보고서 작성에 참조한 자료를 첨부할 수 있음)

서식 35 **실습 중간평가서**

실습 중간평가서

* 본 평가서는 사회복지 현장실습 지침서를 참고하여 실습생 본인이 작성하며, 서술양식으로 작성한 뒤 슈퍼바이저와 평가회를 갖는 것을 추천한다.

실습생명		기관명	
실습 기간		슈퍼바이저	
실습 평가일		실습지도교수	

1. 실습 목표와 관련된 실습 내용 및 역할에 대한 평가

   1) 수행한 실습 내용 및 역할의 요약

   2) 평가

   3) 앞으로의 계획

2. 실습에 임한 자세 및 노력

3. 실습을 통해 배운 점

4. 앞으로 더 필요한 지식과 기술

5. 실습에서 어려웠던 점

6. 기관 및 슈퍼바이저에게 건의할 점

서식 36 실습 종합평가서

실습 종합평가서

* 본 평가서는 사회복지 현장실습 지침서를 참고하여 종결평가 내용을 실습생 본인이 작성하며, 서술양식으로 작성한 뒤 슈퍼바이저와 평가회를 갖는 것을 추천한다.

실습생명		기관명	
실습 기간		슈퍼바이저	
실습 평가일		실습지도교수	

1. 실습 일정에 대한 평가

2. 실습 내용 및 역할에 대한 평가

3. 실습 목표에 대한 평가
   1) 구체적이고 적절한 목표 설정 여부
   2) 목표의 달성 여부

4. 서비스 실천 과정에 대한 평가/정책 및 행정 실습에 대한 평가
   1) 문제 파악 및 자료 수집 능력/문제 인식 능력
   2) 문제 사정 능력/문제 분석 능력
   3) 개입 기술/문제해결을 위한 대안제시 능력
   4) 면접 기술/기존 지식과 정보의 사용 능력
   5) 기록 기술/기록을 유지하고 활용하는 기술
   6) 클라이언트와의 전문적인 관계 형성/유관 기관 및 관련된 사람들과의 전문적인 관계 형성

5. 실습생의 자원 활용에 대한 평가(인적 · 물적 자원)
   1) 기관 외의 자원 활용
   2) 실습과 관련된 참고서적의 활용

6. 실습에 임하는 자세에 대한 평가
   1) 업무관리
      (1) 시간 준수, 과제 제출
      (2) 주어진 일에 대한 업무 조절 능력
   2) 직원과의 관계(슈퍼바이저, 타 직원, 타 전문직 직원)
   3) 다른 실습생과의 관계
   4) 실습에 있어서의 적극성 및 자발성

7. 전문적 태도에 대한 평가
   1) 사회복지사로서 실습생 자신의 장 · 단점에 대한 인식
   2) 전문가로서 윤리 및 가치관의 이행

8. 실습지도 활용 정도에 대한 평가
   1) 실습생 자신의 실습지도 활용 정도에 대한 평가
      (1) 기관 실습지도
      (2) 대학 실습지도
   2) 실습지도 자체에 대한 평가
      (1) 기관 실습지도
      (2) 대학 실습지도

9. 기관 이해도에 대한 평가
   1) 실습생의 과업과 관련된 기관의 목적, 정책, 행정 절차에 대한 이해
   2) 실습생으로서 기관 내의 권한과 한계에 대한 인식

10. 실습 기간 중 가장 유익했던 내용

11. 실습 기간 중 가장 안 좋았던 내용

12. 실습기관, 슈퍼바이저, 대학에 대한 건의사항

13. 기타 하고 싶은 말

서식 37 사회복지 현장실습 확인서

※ 실습생은 졸업 후 사회복지사 자격증 신청 시 성적증명서와 함께 제출해야 한다.

<table>
<tr><td colspan="5">사회복지 현장실습 확인서</td></tr>
<tr><td rowspan="4">실습생 인적 사항</td><td>성명</td><td></td><td>주민등록번호</td><td></td></tr>
<tr><td>주소</td><td colspan="3"></td></tr>
<tr><td>전화번호</td><td></td><td>휴대전화</td><td></td></tr>
<tr><td>학교/학과명</td><td></td><td>실습지도교수명</td><td></td></tr>
<tr><td rowspan="10">실습 기관</td><td>실습기관명</td><td></td><td>전화번호</td><td></td></tr>
<tr><td>주소</td><td colspan="3"></td></tr>
<tr><td>실습 기간</td><td colspan="3">년 월 일부터 ~ 년 월 일까지</td></tr>
<tr><td>실습 시간</td><td colspan="3">총 시간 (매주 요일부터 ~ 요일까지, 1일 시간)</td></tr>
<tr><td>실습 내용</td><td colspan="3"></td></tr>
<tr><td>슈퍼바이저명</td><td></td><td>사회복지사 자격번호</td><td></td></tr>
<tr><td colspan="2">슈퍼바이저 경력 기간</td><td colspan="2">담당 업무</td></tr>
<tr><td colspan="2">년 월 일 ~ 년 월 일</td><td colspan="2"></td></tr>
<tr><td colspan="2">년 월 일 ~ 년 월 일</td><td colspan="2"></td></tr>
<tr><td colspan="2">년 월 일 ~ 년 월 일</td><td colspan="2"></td></tr>
<tr><td colspan="5">위와 같이 실습 내용을 확인합니다.
20 . . .
슈퍼바이저: (인)

위의 내용이 사실임을 확인합니다.
20 . . .
기관장: (인)

한국사회복지사협회장 귀하</td></tr>
<tr><td colspan="5">※ 기관방문이나 자원봉사활동은 사회복지 현장실습에 포함되지 않습니다.
※ 허위사실 기재로 판명될 경우 관계 기관에 의해 처벌받을 수 있습니다.</td></tr>
</table>

〈부록 3〉 사회복지 기본 어휘 정답

1. residual model
2. social security
3. social safety-net
4. institutional model
5. working poor
6. workfare
7. privatization
8. settlement house movement
9. The Charity Organization Society: COS
10. human dignity
11. 도덕적 헤이
12. 소득재분배
13. 개별화
14. 비밀보장
15. 비심판적 태도
16. 사정
17. 초기면접
18. 체계
19. 클라이언트의 자기결정권
20. 통합적 방법

참고문헌

국내문헌

강철희, 최소연. "슈퍼비전의 개념과 모델 및 선행변인과 결과변인에 관한 고찰: 사회복지 조직을 위한 논의". 한국사회복지행정학회, 7(1): 29-66. 2005.

구종회. "사회복지실습의 당면과제와 실천모델 개발". 한국발달장애복지센터. 제3회 장애인 재활복지 강좌 자료집. 14-29. 1998.

구종회. "사회사업실습핸드북". 홍익제. 1992.

김경희. "학생실습지도의 방법 및 실습 프로그램 개발". 서울시사회복지관협회. 2001.

김누리. "실습슈퍼비전에 영향을 미치는 지역사회복지관의 조직요인에 관한 연구". 숭실대학교 석사학위논문. 1999.

김만두. "실습교육의 문제점과 개선". 1990년도 한국사회사업(복지)대학협의회 연찬회 보고서. 1990.

김선희. "사회복지대학 실습교육의 발전방안". 사회복지대학의 실습교육과 지역사회 산학협 동체계 구축. 강남대학 사회과학연구소. 1997.

김선희. "사회사업 실습교육의 실천업무에 관한 연구". 강남대 한국사회복지. 1999.

김선희, 조휘일. "사회복지실습". 양서원. 2000.

김수미. "슈퍼비전 기능이 지역사회 정신보건사회복지사의 역할인식 및 수행에 미치는 영향". 서강대학교 석사학위논문(미간행). 2005.

김연옥. 사회복지 학사과정의 교육목표와 교과과정의 발전방향에 관한 연구: 교수집단과 실무자집단의 평가를 중심으로. 한국사회복지학, 32: 1-24. 1997.

김영호, 오정옥, 이은경. "사회복현장실습의 이해". 양서원. 2001.

김윤정. "지역사회복지관의 직원 슈퍼비전 실천에 관한 연구". 서울여자대학교 석사학위논문. 1999.

김융일, 양옥경. "사회복지슈퍼비전론". 양서원. 2002.

김정진. "사회복지실습론". 서현사. 2004.

김종해. "사회복지 실습 교육의 문제점과 개선 방안". 한국사회복지교육협의회 학술세미나 자료집. 1999.

김주리. "사회사업 실습에 대한 학생의 만족도 연구". 연세대학교 석사학위논문. 1992.

김지연. "학교사회복지사의 학습조직 슈퍼비전 경험에 관한 연구: Senge의 학습조직 구성요소의 적용을 중심으로". 한국사회복지행정학, 9(1): 83-117. 2007.

김혜란, 홍선미, 공계순. "사회복지실천기술론". 나남출판. 2001.

나사렛대학교 사회복지학부. "나사렛대학교 사회복지학부 실습 아카데미 자료집". 2008.

나사렛대학교 종합인력개발센터. "꿈. NA-Star에서 이루다". 2008.

나사렛대학교. "나사렛대학교 현장실습 지침서(미간행)". 2010.

남세진 외. "한국사회사업 실습교육 지침 및 평가 모형개발". 한국사회사업대학협의회. 1993.
노상학. "사회사업실습교육의 과제". 강남대 한국사회복지. 1994.
류상렬. "사회사업 실제에 있어서 슈퍼비전 기능과 역할". 사회복지 118호. 한국사회복지 협의회.
류시향. "사회사업 지도감독에 대한 만족도 연구". 이화여자대학교 석사학위논문. 1990.
문지은. "사회복지관의 슈퍼비전이 사회복지사의 전문직업성에 미치는 영향에 관한 연구". 연세대학교 석사학위논문(미간행). 2004.
박경애. "지역사회복지관의 효과적인 행정적 슈퍼비전 연구". 가톨릭대학교 석사학위논문. 1998.
박미정. "지역사회복지관의 실습 지도과정 및 내용에 관한 연구". 서울여자대학교 석사학위논문. 1999.
박일연. "지역사회복지관 중간관리자의 지지적 슈퍼비전이 워커들의 직무만족에 미치는 영향에 관한 연구". 숭실대학교 석사학위논문(미간행). 1998.
박현옥. "Morton과 Kurtz의 교육적 슈퍼비전 모형에 따른 사회사업 슈퍼비전 사례 연구". 이화여자대학교 대학원 석사학위논문. 1990.
배태순, 최명민, 김영미 역. "전문사회복지실천기술". 시그마프레스. 2007.
서진환. "사회복지실습의 길잡이". 학지사. 2001.
서홍란, 이경아. "사회복지 현장실습핸드북". 나눔의 집. 1999.
성준모. "사회복지실습기록". 나사렛대학교 사회복지학부 실습 아카데미 자료집. 2008.
양옥경. "사회사업실습 지침서" 이화여자대학교 사회사업학과. 1993.
양옥경. "사회복지서비스와 전문자격제도". 사회복지 158호. 2003.
양옥경, 김융일. "사회복지슈퍼비전론". 양서원. 2002.
양옥경, 김정진, 서미경, 김미옥, 김소희. "사회복지실천론". 나남출판. 2002.
양옥경, 최소연, 이기연. "사회복지현장실습슈퍼비전". 한국사회복지사협회. 2007.
유조안. "사회복지 실습 교육의 문제점과 개선 방안". 한국사회복지교육협의회 학술세미나 자료집. 1999.
윤현숙. "사회복지 교육의 발전 방향: 실천현장 분석". 사회복지연구 Vol. 9. 서울대학교 사회복지연구소. 1997.
윤현숙, 김기환, 김성천, 이영분, 이은주, 최현미, 홍금자. "사회복지실천기술론". 동인. 2002.
윤혜정. "지지적 슈퍼비전이 사회복지사들의 사기에 미치는 영향에 관한 연구". 이화여자대학교 석사학위논문. 1996.
이기문. "두산동아 국어사전". 두산동아 출판사. 2000.
이명신. "사회복지사의 소진과정 (Burnout Process) 모델". 한국사회복지학, 56(1): 5-34. 2004.
이시연. "사회복지전공 학부생 실습지도 모델 개발에 관한 연구". 서울여자대학교 사회사업학과 박사학위논문. 2001.
이시연. 사회복지관 실습지도자교육 프로그램 개발에 관한 연구. 서울장신논단 제12집,

pp. 478-509. 서울장신대학교. 2004.
이은주. "사회복지관에서의 슈퍼비전 인식에 관한 연구". 이화여자대학교 석사학위논문(미간행). 2004.
이종국, 공지현, 이기원, 장화순, 이봉원. "정신보건에 종사하는 인력들의 소진(Burnout)의 현황과대책". 용인정신 의학보, 8(1): 25-43. 2001.
이지연. "의료사회복지사의 슈퍼비전 만족요인 연구". 한림대학교 석사학위논문(미간행). 2002.
전현숙. "1974-1984년간의 사회사업학과 학부 실습교육의 동향과 문제점에 대한 대책". 숭전대학교 석사학위논문. 1984.
정명숙. "사회복지전공학생의 실습기관 슈퍼비전 내용에 관한 연구". 강남대학교 석사학위논문. 2000.
조석영. "사례관리의 실제". 나사렛대학교 사회복지학부 실습 아카데미 자료집. 2009.
조휘일. "실습생을 위한 슈퍼비전과 학습계약". 서울여자대학교 제4회 실습 지도자 간담회 자료집. 1998.
조휘일. "사회사업실습교육에 있어서 학습계약개념 적용에 관한 연구". 정진영 교수 정년퇴임 기념논총. 서울여자대학교 사회사업학과. 1999.
조휘일. "사회복지실천과 슈퍼비전". 학지사. 2000.
진동숙. "사회복지관 중간관리자의 슈퍼비전과 사회복지사의 소진과의 관계연구". 부산대학교 석사학위논문(미간행). 2001.
차은영. "장애인복지관 사회복지사의 Burnout 과 지지적 슈퍼비전의 관계". 동덕대학교 석사학위논문(미간행). 2001.
최미경. "사회복지관에서의 슈퍼바이저와 사회복지사간의 슈퍼비전의 인식에 대한 연구". 이화여자대학교 석사학위논문(미간행). 1999.
최원희. "사회복지실습기관 슈퍼비전체계 개발". 사회복지실천 6호. 2006.
태화기독교사회복지관. "사회복지실습지도". 양서원. 2003.
학교사회복지학회, 학교사회복지사협회. "위기개입세미나 자료집". 2002.
한국사회복지교육협의회. "사회복지현장실습 교과목지침서 연구보고서". 2005.
한국사회복지사협회 편. "사회복지와 슈퍼비전". 슈퍼바이저 보수교육 교재, 185-305. 1996.
한국사회복지사협회. "사회복지현장실습 안내서". 2010.
한국학교사회복지사협회. "학교사회복지실습". 하계 워크숍 자료집. 2005.
한국학교사회복지사협회 부설 교육복지연구소. "학교교육과 복지". 양서원. 2006.
한국학교사회복지사업실천가협회. "학교사회복지 하계 워크숍 자료집". 2002.
한인영, 박인선, 김미옥. "사회복지실습". 이화여자대학교출판부. 2002.
한인영, 장수미, 최정숙. "위기개입". 나눔의 집. 2001.

국외문헌

Abramson, J. S., and Fortune, A. E. "Improving Field Instruction: An Evaluation of a Seminar for New Field Instructor". Journal of Social Work Education, Vol. 26, No. 3. 1990.

Austin, M. "Supervisory Management for the Human Services". Englewood Cliffs. NJ: Prentice-Hall. 1981.

Barry University School of Social Work. "Field Instruction Mannual". 2002.

Berg-Weger, M., and Birkenmaier, J. "The Practicum companion for social work". Allyn and Bacon. 2000.

Berkeley University School of Social Work. "Field Instruction Mannual". 2002.

Bogo, M., Regehr, C., Hughes, J., Power, R., and Globerman, J. "Evaluating a measure of student field performance in direct service: testing reliability and validity of explicit criteria". Journal of Social Work Education, 38(3): 385-401. 2002.

Bordin, E. "Theory and research on the therapeutic working alliance: New directions". in The Working Alliance. Theory, Research, and Practice, edited by A. O. Horvath and L. S. 1994.

Brown, A., and Bourne, I. The Social Work Supervisor, Buckingham, Pen University Press. 1996.

Charles s. Levy. "The ethics of Supervision" Social Work, Vol 18: 14. 1973.

Cole, D., Panchanadeswaran, S., and Daining, C. "Predictors of job satisfaction of licensed socialworkers: Perceived efficacy as a mediator of the relationship between workload and job satisfaction". Journal of Social Service Research, 31(1): 1-12. 2004.

Collins, D., Thronlison, B., and Grinnell, Jr R. "The Social Work Practicum A Student Guide". Itasca ILL F E Peacock. 1992.

Dolgoff, R. "An Introduction to Supervisory Practice in Human Services". Boston: Pearson. 2005.

Dollard, M. F., Winefield, H. R., and Winefield, A. H. "Occupational Strain and Eefficacy inHuman Service Workers". Norwell, MA: Kluwer Academic Publishers. 2001.

Dore, M. M., Morrison, M., Epstein, B. D., and Herrerias, C. "Evaluating students' micro practice field performance: Do universal learning objectives exists?". Journal of Social Work Education, 28: 353-362. 1992.

Efstation, J. F., Patton, M. J., and Kardash, C. M. "Measuring the working alliance in counselor supervision. Journal of Counseling Psychology, 37(3): 322-329. 1990.

Fortune, A. E., and Abramson, J. S. "Predictors of satisfaction with field practicum among social work students". The Clinical Supervisor, 11(1): 95-110. 1993.

Fortune, A. E. Fieldd education. In F. G. Reamer(Ed), "The Foundations of Social Work Knowledge". New York: Columbia University Press. 1994.

Fortune, A. E., McCarthy, M., and Abramson, J. S. "Student Learning Processes in Field Education: Relationship of Learning Activities to Quality of Field Instruction, Satisfaction, and Performance among MSW Students". Journal of Social Work Education, 37(1): 111-123 Win. 2001.

Friedman, C., and Issac, A. "Burnout in teachers: Shattered dreams of impeccable professional performance". JCLP/in Session Psychotherapy in Practice, 56(5): 595-606. 2000.

Gambrill. E. D. "Evaluating the outcomes of social work practice: a pilot program". Journal of Social Work Education, 38(3): 355-364. 2002.

Gambrill. E. D. "Evaluating the quality of social work education: options galore". Journal of Social Work Education, 37(3): 418-434. 2002.

Gibbs, A. "Maintaining front-line workers in child protection: A case for refocusing supervision". Child Abuse Review, 10: 323-335. 2001.

Goldstein, H. "Social work at the millennium". Families in society, 81(1): 3-10. 2000.

Guskey, T. R. "Competency-based education: Beyond minimum competency testing". edited by R. Nickse. New York: Teachers College Press. 1985.

Hackett, S. "Educating for competency and reflective practice: Fostering a conjoint approach in deucation and training". Journal of Workplace Learning, 13(3): 103-112. 2001.

Harkness, D. "The art of helping in supervised practice: Skills, relationships, and outcomes". The Clinical Supervisor, 13(1): 63-76. 1995.

Harrison, H. F., and B. M. Bramson. "Styles of Thinking: Strategies for Asking Questions, Making Decisions, and Solving Problems." Garden City, N.Y.: Anchor Press Doubleday. 1982.

Himle, D., Jayaratne, S., and Thyness, P. "The buffering effects of four types of supervisory support on work stress". Administration in Social Work, 13(1): 19-34. 2000.

Holden, G., J. Anastas, T. Meengaghan, and G. Metrey. "Outcomes of social work education: The case for social work self-efficacy". Journal of Social Work Education, 38(1). 2002.

James L., Greenstone, S., and Leviton, C. "Elements of Crisis Intervention: Crises and How to Respond to Them". Brooks/Cole. 2002.

Jayaratne, S., and Chess, W. "Job satisfaction and burnout in social work". pp.129-141. in Stress and Burnout in the Human Service Professions, edited by B. Farber. Elmsford, NY: Pergamon Press, Inc. 2003.

Kadushin, A. E. "In Field education in social work: Contemporary issues and treands". editied by D. Schneck, B. Grossman, and U. Glassman. Dubuque, Iowa: Kendall/Hunt. Introduction. pp.11-12. 1991.

Kadushin, A. "Supervision in Social Work" (3rd ed.). New York: Columbia University Press. 1992.

Kadushin. A. E. "Supervision in Social Work". Columbia University Press. 1993.

Kadushin, A., and Harkness, D. "Supervision in Social Work" (4th ed.). New York: Columbia University Press. 2002.

Kaye, L. "Coping skills and learning in social work field education". The Clinical Supervisor, 20(2): 31-42. 2001.

Knight, C, "The skill of teaching social work practic ein the generalist/foundation curriculum: BSW and MSW students views". Journal of Social Work Education, 37(3): 507-525. 2001.

Knowles, M. S. "Innovations in teaching styles and approaches based upon adult learning". Journal of Education for Social Work. 1972.

Koeske, F., and Kelly, T. "The impact of overinvolvement on burnout and job satisfaction". American Journal of Orthopsychiatry, 65(2): 282-292. 1995.

Lloyd, C., King, R., and Chenoweth, L. "Social work, stress, burnout: A review". Journal of Mental Health, 11(3): 255-265. 2002.

Louise C. Johnson. "Social Work Practice-A Gereralist Approach". Alyn and Bacon. 1995.

Maslach, C., Jackson, S., and Leiter, M. "Maslach Burnout Inventory Manual". Palo Altp, CA: Consulting Psychologists Press, Inc. 1996.

Mean, C., and Bailey, D. "The effects of the supervisory working alliance on worker outcomes". Journal of Social Service Research, 34(1): 55-65. 2007.

Michael Frumkin, Gary A. Lolyd. "Social Work Education" Encyclopedia of Social Work (19th ed.). 1995.

Mor Barak, M. E., Nissly, J. A., and Levin, A. "Antecedents to retention and turnover among child welfare, social work, and other human service employees: what can we learn from past research: A review and metaanalysis". Social Service Review, 75(4): 625-661. 2001.

Motta, R. W. "identification of characteristics and causes of childhood posttraumatic stress disorder". Psychology in the Schools, 31: 49-56. 1994.

Munson, C. E. "An Introduction to Clinical Social Work Supervision". New York: The Haworth Press, Inc. 1983.

Munson, C. E. "Handbook of Clinical Social work Supervision" (3rd ed.). New York: The Haworth Social Work Practice Press, Inc.

Newsome, M., & Pillari, V. "Job satisfaction and the worker-supervisor relationship". The Clinical Supervisor, 9(2): 110-129. 1991.

O'Hare, T., and P. Collins. "Development and validation of a scale for measuring social work practice skills". Research on Social Work Practice, 7: 228-238. 1997.

Overholser, J. "The four pillars of psychotherapy supervision". Journal of Clinical Supervision, 23(1): 1-13. 2004.

Perrault, E. "Coaching with social work field education. The Clinical Supervisor, 23(2): 47-64. 2005.

Pette, D. E. "Supervision In Social Work". George Allen & Unwin. 1967.

Pette, D. E. "Staff and Student Supervision: A Task-centered Approach London".

George Allen & Unwin. 1979.

Pines, A. "On burnout and the buffering effects of social support". pp.155–173. in Stress and Burnout in the Human Service Professions, edited by B. Farber. Elmsford, NY: Pergamon Press, Inc. 2003.

Posavac, E. J., and Carey, R. G. "Program evaluation: Methods and Case Studies"(5th ed.). Upper Saddle River, NJ: Prentice Hall. 1997.

Raskin, M. "The delphi study in field instruction revisited: Expert consensus on issues and research priorities". Journal of Social Work Education, 30: 75–88. 1994.

Rauktis, E., and Koeske, F. "Maintaining social worker morale: When supportive supervision is not enough". Administration in Social Work, 18(1): 39–60. 1994.

Regehr, C., Regehr, G., Leeson, J., and Fusco, L. "Setting priorities for learning in the field practicum: A comparative study of students and field instructors". Journal of Social Work Education, 38(1): 55–65. 2002.

Remer, . Social Work Values & Ethics, New York: Columbia University Press. 1995.

Riggs, S., and Bretz, K. "Attachment processes in the supervisory relationship: An exploratory investigation". Professional Psychology: Research and Practice, 37(5): 558–566. 2006.

Rogers, C. "The necessary and sufficient conditions of therapeutic personality change". Journal of Consulting Psychology, 21: 95–103. 1997.

Rovert H. Decker. "When a Crisis Hits: Will Your School Be Ready?". Corwin press, Inc. 1997.

Royse, D., Dhooper, S., Singh, R., and Lewis, E. "Field Instruction; A Guide for Social Work Students". Longman Publishing Group. 1993.

Shouksmith, G., Pajo, K., and Jepsen, A. "Construction of a multidimensional scale of job satisfaction". Psychological Reports, 67(2): 355–364. 1990.

Shulman, L. "Teaching the Helping Skill: A Field Instructor's Guied". Alexandra, VA: Council on Social Work Education. 1994.

Siebert, D. "Personal and occupational factors in burnout among practicing social workers: Implications for researchers, practitioners, and managers". Journal of Social Service Research, 32(2): 25–44. 2005.

Sumerel, M., and Borders, L. "Addressing personal issues in supervision: Impact of counselors' experience level on various aspects of the supervisory relationship". Counselor Education and Supervision, 35(4): 268–286. 1996.

Tsui, M. "Social Work Supervision". Thousand Oak, CA: Sage. 2005.

Walsh. Joseph A. "From Clinician to Supervisor: Essential Ingredients for Training". Journal of Conenmporary Human Service. 1990.

Wolpin, J., Burke, R., and Greenglass, E. "Is job satisfaction an antecedent or a consequence of psychological burnout". Human Relations, 44(2): 193–208. 2000.

Zunz, J. "Resiliency and burnout: Protective factors for human service managers". Administration in Social Work, 22(3): 39–54. 2006.

저자 소개

윤철수

가톨릭대학교 대학원 사회복지방법론 전공(문학박사)
전 한국학교사회복지사협회장
한국교육복지연구소장
현 나사렛대학교 사회복지학부 조교수

김정진

이화여자대학교 대학원 사회복지 전공(문학박사)
전 태화샘솟는집 관장
나우리정신건강센터 공동대표
현 나사렛대학교 사회복지학부 부교수
한국정신보건사회복지학회장
천안시알코올상담센터장

예비사회복지사를 위한
현장실습 길라잡이

2010년 6월 18일 1판 1쇄 발행
2013년 4월 25일 1판 3쇄 발행

지은이 • 윤철수 김정진
펴낸이 • 김 진 환
펴낸곳 • (주) 학지사
121-837 서울시 마포구 서교동 352-29 마인드월드빌딩 5층
대표전화 • 02) 330-5114 팩스 • 02) 324-2345
등록번호 • 제313-2006-000265호

홈페이지 • http://www.hakjisa.co.kr
커뮤니티 • http://cafe.naver.com/hakjisa

ISBN 978-89-6330-354-3 93330

정가 15,000원